Girgensohn-Marchand
Der Mythos Watzlawick und die Folgen

Bettina Girgensohn-Marchand

Der Mythos Watzlawick und die Folgen

Eine Streitschrift gegen systemisches und konstruktivistisches Denken in pädagogischen Zusammenhängen

3. Auflage 1996

Deutscher Studien Verlag · Weinheim

Über die Autorin:
Dr. Bettina Girgensohn-Marchand, Jg. 43, ist Professorin am Institut für Pädagogische Psychologie der Universität Göttingen.

1. Auflage 1992
2. Auflage 1994
3. Auflage 1996

Druck nach Typoskript (DTP)

Druck: Druck Partner Rübelmann, 69502 Hemsbach
Seriengestaltung des Umschlags: Atelier Warminski, 63654 Büdingen
Printed in Germany

ISBN 3 89271 353 7

Meinen Studentinnen und Studenten gewidmet

mit der Absicht, sie zu überzeugen,

doch ohne Hoffnung, es könne mir gelingen.

und

meinem geduldigsten Zuhörer und treuesten Anhänger,

meinem Liebsten auf Seite 63

Inhalt

"Since communication is defined as a form of action, an understanding of communicators requires an understanding of persons as social actors. We approach this topic with a genuine sense of humility" (PEARCE & CRONEN 1980, 124).

1. Vorbemerkung

1.1. Warum noch eine Arbeit über Watzlawick?

Zu den einflußreichsten Büchern, die sich mit interpersonellen Beziehungen[1] befassen, gehört die Monographie von WATZLAWICK, BEAVIN und JACKSON "Menschliche Kommunikation - Formen, Störungen, Paradoxien", die 1969 in der ersten und 1990 in der achten deutschsprachigen Auflage erschien. Die Ideen WATZLAWICKS[2] sind bereitwillig, ja geradezu enthusiastisch für die Pädagogik, Psychologie als Nebenfach und speziell den Deutschunterricht aufgenommen worden (siehe dazu ZIEGLER 1978; RAMSENTHALER 1982). Auch systemisch orientierte Familientherapeuten bekunden immer wieder, wie sehr sie sich den Gedanken WATZLAWICKS verpflichtet fühlen (z.B. SELVINI PALAZZOLI et al. 1978, 17). "In den letzten Jahren haben mehrere Generationen von Studenten der Erziehungs- und Sozialwissenschaften die Arbeit von Paul Watzlawick und Mitarbeitern ... mit großem Interesse und sicher auch mit persönlichem Gewinn aufgenommen," stellt LÜCK (1985, 81) fest.
WATZLAWICK und seine Mitautoren sind dafür gepriesen worden, daß sie die Grundgedanken der Palo-Alto-Gruppe um BATESON "äußerst rigoros organisiert" (BODIN 1981, 281)[3] und einen "einzigartigen und grundlegenden, konsistenten und systematischen Text" präsentiert haben (RAUSH, GREIF & NUGENT 1979, 470, 478). Demgegenüber gibt es scharfe Kritik bis hin zu vernichtenden Urteilen: "Zum Vorschein kommt ein Konglomerat von anspruchsvoller, aus Philosophie und Mathematik sinnwidrig entwendeter Begrifflichkeit, falschen Tatsachenbehauptungen, unausgewiesenen Mutmaßungen, willkürlichen Verknüpfungen und - vom Standpunkt der Suggestion aus gesehen -

---

1 Da WATZLAWICK Kommunikation und Verhalten gleichsetzt, wird deutlich, daß es in seiner und seiner Mitautoren Abhandlung eigentlich um zwischenmenschliches Verhalten geht.

2 Ich schreibe im folgenden "WATZLAWICK", wo ich WATZLAWICK, BEAVIN & JACKSON (1969) meine.

3 Englische Zitate habe ich übersetzt.

geschickt gewählten Beispielen ... bestenfalls ein wissenschaftliches Märchen" (MEISTER 1987, 124). Dazu paßt der verzweifelt wirkende Versuch eines Anhängers, herauszufinden, was WATZLAWICK eigentlich meinte (RAMSENTHALER 1982).

Es ist mehr als merkwürdig, daß ein Wissenschaftler, der sich mit Störungen der Kommunikation befaßt, erst mühselig übersetzt werden muß: "Man kann hier meinen Versuch mit dem eines Archäologen vergleichen, der sich vor die Aufgabe gestellt sieht, aus ihm vorliegenden Bruchstücken ein Gefäß zu rekonstruieren" (RAMSENTHALER 1982, 4). Das ist eine Folge des Umstandes, daß es sich nicht um eine Theorie im Sinne eines konzeptionell organisierten Gedankengebäudes handelt, sondern um eine verwirrende Ansammlung von Beobachtungen, Mutmaßungen, Ideen, Analogien und Beispielen. Die benutzten Begriffe werden außerdem nicht oder nur unzureichend definiert, so daß man mutmaßen muß, was sie bedeuten. Es wundert dann nicht, daß sie auch sehr unterschiedlich verstanden werden (HALEY 1976, 89; WILDER 1979, 179f).

Es ist an der Zeit zu fragen, "wie eine derartig schwache Theorie so populär und erfolgreich werden konnte" (MEISTER 1987, 189). Es ist, wie ich vermute, der subjektiv empfundene persönliche Gewinn, der dieses Phänomen erklärt, erleichtert einerseits durch die suggerierte Wissenschaftlichkeit, andererseits durch die äußerst selektive Rezeption einzelner zunächst plausibel erscheinender Gedankengänge. Das werden die folgenden Erwägungen verdeutlichen.

1.2. Zur Rezeption von Watzlawick

Auffällig ist die nach wie vor beobachtbare Faszination der Studentinnen und Studenten, die sich in meinem Erfahrungsbereich (Psychologie als Nebenfach) schon dadurch zeigt, daß das Thema "Kommunikation", erarbeitet mit WATZLAWICK und SCHULZ VON THUN (1981), zu einem der beliebtesten Prüfungsthemen gehört. Es gibt kaum etwas anderes, was als so nützlich für das Verständnis und gelegentlich auch für die Verbesserung der eigenen zwischenmenschlichen Beziehungen empfunden wird. Das ist auf den ersten Blick nicht abwegig.

Das Studium fällt in eine Lebensphase erhöhter Konfliktanfälligkeit. In einer Zeit, in der Studierende in der Regel noch in den Prozeß der Ablösung von den Eltern verwickelt sind, müssen sie zugleich Beziehungen zu möglichen Freunden und Partnern aufnehmen und Berufsentscheidungen treffen. In einer oft als anonym und unfreundlich erlebten Universität leiden sie in nicht unerheblichem Maße unter Beziehungs- und Kontaktstörungen, und zwar beim Umgang miteinander, mit den Dozenten und ebenso noch mit den Eltern (KRÜGER &

STEINMANN 1981). In dieser Situation, in der sie sich in ernsthafte oder auch nur alltägliche zwischenmenschliche Schwierigkeiten verwickelt sehen, mögen ihnen einige der Gedanken WATZLAWICKs Entlastung bringen, und andere können als hilfreich empfunden werden, unverstandene Situationen besser zu analysieren und zu verstehen, wenn auch nur vermeintlich.
Es ist anzunehmen, daß auch sie - wie viele von uns - gewohnt sind, zwischenmenschliche Probleme in Kategorien von Ursache und Wirkung, Schuld und Unschuld wahrzunehmen. Gerade junge Menschen werden sich oft fragen, was sie in ihren Beziehungen falsch machen und ob sie die Probleme selbst verursachen. Kommt nun eine Autorität daher und beweist ihnen, daß sie nicht allein schuld sein können oder Ursache sind, erleben sie natürlich eine große innere Entlastung. Genau dies erreicht WATZLAWICK.
Die Annahmen der Kreisförmigkeit der Kommunikationsabläufe (WATZLAWICK 1969, 47ff), der Interaktionen als System (141ff) und der Ganzheit des Systems (119) laufen darauf hinaus, daß der einzelne für sein Verhalten nicht verantwortlich ist, sondern daß die Struktur seiner Beziehung sein Verhalten "bedingt und fortbestehen läßt" (145). Wenn es heißt: "Psychiatrische Symptome ..., im weiteren Kontext der zwischenmenschlichen Beziehungen des Patienten gesehen, erweisen sich jedoch als adäquate Verhaltensweisen, die in diesem Kontext sogar die bestmöglichen sein können" (49), dann bedeutet das natürlich auch, daß alle sonstigen Verhaltensweisen, Gedanken und Gefühle adäquate Reaktionen in einer zwischenmenschlichen Beziehung sind, vor allem in der Familie. Diese Sichtweise ermöglicht ohne Zweifel eine Neudefinition in dem Sinn: "Ich bin nicht schlecht, schüchtern, depressiv, unbeliebt etc., sondern ich kann mich gar nicht anders verhalten, weil ich in einem bestimmten Interaktionskontext aufgewachsen bin und das Spiel mitmachen mußte."
Nimmt man WATZLAWICKs Konstrukte der Paradoxie und der Doppelbindung hinzu, führt dies zu einer weiteren Erleichterung. Die Verwirrung, das Unverstandene der erlebten Beziehungen kann leicht dem paradoxen, dem doppelbindenden, zumindest aber dem auf der Beziehungs- und Inhaltsebene widersprüchlichen Verhalten des anderen, vor allem dem der Eltern, zugeschrieben werden. So mag es geschehen, daß "bisher unbegriffene, der rationalen erfassung schwer zugängliche persönliche beziehungskonflikte und kommunikationsschwierigkeiten scheinbar mühelos eine erklärung finden" (ZIEGLER 1978, 11).[4] Man ist also nicht nur erleichtert, man wird also nicht nur von Verantwortung und eventuell Schuld freigesprochen, sondern man meint zugleich, die vergangene oder gegenwärtige Situation ver-

---

4 ZIEGLER verzichtet auf die Großschreibung.

standen zu haben.
Schließlich ist zu vermuten, daß Begriffe wie "Inhalts- und Beziehungsaspekt", "Interpunktion von Ereignisfolgen" zusammen mit der Annahme, durch Metakommunikation und Feedback könnten zwischenmenschliche Probleme gelöst werden, ein Gefühl der Kontrolle aufkommen lassen und zugleich eine Legitimation für Gespräche über Beziehungsschwierigkeiten bieten. Beides aber - das Gefühl, etwas zu verstehen und beeinflussen zu können, und eine wiedergewonnene Handlungsfähigkeit - führt, so weiß man aus der sozialpsychologischen Forschung, zu einer erheblichen Steigerung des psychischen Wohlbefindens (KRAMPEN 1982).
In ihrer scheinbaren Evidenz können sich auch die sogenannten Axiome WATZLAWICKs als erhellend erweisen. So hilft die Aussage "man kann nicht nicht kommunizieren" möglicherweise, Situationen, in denen eindeutige Aussagen vermieden werden, besser zu identifizieren und zu besprechen. Dies gilt zweifellos in noch höherem Maße für das zweite Axiom. Allein der Hinweis darauf, daß in Interaktionen mehr ausgetauscht wird als nur eindeutig zu Verstehendes, kann die Augen öffnen für die Komplexität interpersoneller Beziehungen. Dies gilt umso mehr, als mit den Dichothomien "Inhalt/Beziehung" und "analog/digital" WATZLAWICK auch noch ein vermeintlich problemlos anzuwendendes Analyseraster zur Verfügung stellt. Haben wir aber erst einmal einen Begriff für etwas, so scheint es, wird alles viel leichter.
Für einfache Mißverständnisse mag dies auch zutreffen. Geht es allerdings um diffuse, ambivalente Gefühle in Beziehungen, etwa als Folge unerkannter Machtkämpfe, dann nutzen die Begriffe und auch die Metakommunikation nichts mehr, denn dann verlagert sich die Problematik wahrscheinlich auf den Streit um Bedeutungen und Bedeutungen von Bedeutungen: "Das habe ich so nicht gemeint. Das verstehst du falsch." Und so weiter.
Das Interpunktionsaxiom deutet darauf hin, daß vor allem bei Uneinigkeit und Streit die Beteiligten unterschiedliche Ursachenzuschreibungen vornehmen. Bei einer fruchtlosen Auseinandersetzung darüber, wer angefangen hat, kann es zum Nachdenken anregen, wie das jeweilige Verhalten ineinandergreift und ob es nicht besser sei, von beiden Seiten her etwas zu verändern. Die Symmetrie-Komplementaritäts-Annahme verweist auf Abhängigkeiten und Machtverhältnisse. Möglicherweise sind es hier eher die Beispiele der symmetrischen Eskalation (etwas "gleicher" sein zu wollen als der andere; das Sagen haben wollen: WATZLAWICK 1969, 103) und der starren Komplementarität (104), die zum Erkennen ähnlicher Strukturen beitragen.
Schließlich kann die Annahme der Relativität: "Wirklichkeit ist für uns vermutlich das, was wir für wirklich halten" (244) bewirken, daß man erst einmal die eigene Sicht der Dinge und die der anderen ak-

zeptiert und sich über diese unterschiedlichen Wahrnehmungen und Deutungen austauscht statt zu streiten, wer recht hat.
Es handelt sich bei dem, was hilfreich ist oder so scheint, um "es gibt"-Aussagen wie: es gibt subjektiv unterschiedliche Wirklichkeiten, es gibt Inhalt und Beziehung, sprachlich und nicht-sprachlich übermittelte Information sowie Widersprüche dazwischen, es gibt Interpunktionen usw. Diese Aussagen können als erster Erkenntnisgewinn auch nützlich sein, etwa als Orientierungshilfe nach dem Ratschlag "achte auf X und Y" (RAUSH, GREIF & NUGENT 1979, 484). Gibt man sich aber mit solchen Ist-Aussagen zufrieden, verschließt man sich weitergehenden und - wie ich meine - den eigentlich zu stellenden Fragen: Sind diese Analyse-Instrumente sinnvoll, hinreichend und vollständig? Sind die Aussagen so eindeutig, exakt und klar, daß man die mit ihnen gemeinten Phänomene genau identifizieren kann? Unter welchen Umständen tritt ein Phänomen auf und wann nicht? Gibt es empirisch haltbare Theorien, die die gemeinten Phänomene genauer und differenzierter behandeln?
Mir scheint, der vermeintliche Erkenntnisgewinn verhindert den kritischen Umgang mit WATZLAWICK, so daß "man die wissenschaftstheoretischen und philosophischen grundlagen dieser theorie so gut wie nicht beachtet und sich statt dessen gläubig auf scheinbar evidente theoriestücke und statements verläßt" (ZIEGLER 1978, 10). Erleichtert wird diese unkritische Rezeption durch WATZLAWICKs Geschick, mit dem er durch weiträumige und dramatisch anmutende Rückgriffe auf andere Wissenschaften wie Kybernetik, Sprachwissenschaft, Mathematik, Logik und Philosophie den Eindruck höchster Präzision erweckt.
Tatsächlich aber verbirgt sich hinter seinen Analogien und Ableitungen oftmals nur wenig Einleuchtendes, gelegentlich Unsinn. Weil dies jedoch nur mühsam zu durchschauen ist, erliegt man leicht dem Fehlschluß, die vergebliche Anstrengung, WATZLAWICK zu verstehen, sei Ausdruck des eigenen Unvermögens. Hinzu kommt, daß solche Anleihen suggerieren, es handele sich tatsächlich um eine ganz neue Sichtweise der Realität. So behauptet WATZLAWICK, sich "von der monadischen Auffassung vom Menschen" (1969, 23), "von unbeweisbaren Annahmen über die Natur des Psychischen" (22), d.h. von der - pauschal abqualifizierten - gängigen Psychologie abzuwenden. Auf dieser Grundlage ist später gerühmt worden, daß die Palo-Alto-Gruppe um BATESON, also auch sein Mitarbeiter WATZLAWICK, einen wissenschaftlichen Paradigmenwechsel im Sinne KUHNs (1967), ja eine "kopernikanische Revolution" der Verhaltenswissenschaften erreicht hätten (WILDER 1979, 172, GUNTERN 1980).[5] Als sein Anhänger kann

5 Zur Kritik daran siehe BRUNNER (1986, 67ff).

man sich also auch noch in dem Glauben wähnen, auf der Höhe der wissenschaftlichen Forschung zu sein, und das nur halb Verstandene erhält höhere wissenschaftliche Weihen.
Ich nehme an, die Leser verlassen sich darauf, mit dem "theoretischen" Überbau und dessen geheimnisvoller Bedeutsamkeit werde es schon seine Richtigkeit haben, und akzeptieren deshalb die nachvollziehbareren Teile, vor allem die sogenannten Axiome, die Paradoxien und das Konstrukt der Doppelbindung. Es ist allerdings auch schwer, sich von der Suggestion, der "spontanen identifikation" freizumachen und die "vagheiten und doppeldeutigkeiten, die undurchsichtigkeit der argumente, die analogische denkweise" (ZIEGLER 1978, 12) zu durchschauen. Mir ist es selbst so ergangen, daß mich sowohl der Rückgriff auf von WATZLAWICK benutzte (BATESON 1981)[6] und z.T. mißbrauchte Autoren (MORRIS 1938/1972, 1946/1973) als auch die Lektüre der Autoren in der Tradition BATESONs und WATZLAWICKs (zuletzt z.B. SIMON 1988a, SIMON 1988b)[7] noch mehr verwirrte, zumal gerade die Begrifflichkeit, die sich dem Verstehen immer wieder entzieht, nicht präzisiert wird.[8] Man weiß also nie genau, was gemeint ist. Mehrerlei hat mich dazu bewogen, WATZLAWICK einer kritischen Analyse zu unterziehen. Es wurde mir zunehmend unwohl, eine selbst nicht verstandene "Theorie" zu lehren und zu prüfen. Ich wollte herausfinden, ob meine z.T. vagen Bedenken gerechtfertigt seien oder nicht. Schließlich geht es mir jetzt darum zu zeigen, daß man, verführt durch WATZLAWICK, davon abgehalten wird, differenziertere Fragen zu stellen, und daß treffende Antworten eher in der traditionellen Psychologie und Sozialpsychologie zu finden sind. Mir ist dabei bewußt, daß diese Disziplinen allerdings meist nicht die Faszination auslösen und die Aha-Erlebnisse vermitteln können wie WATZLAWICKs Ideen und Axiome.[9]

---

6 Die Gedanken, die WATZLAWICK als seine präsentiert, entstammen fast ausnahmslos der Palo-Alto-Gruppe. BATESON (1981) selbst, Begründer der Gruppe, denkt und schreibt noch komplizierter als WATZLAWICK und ist deshalb noch unverständlicher.

7 Dieser Autor ist nur beispielhaft genannt. Die an BATESON und WATZLAWICK orientierte Literatur ist nicht mehr zu überschauen.

8 So rät dann auch WILDER: "The researchers ... need not spin their wheels in an effort to reconcile what may be irreconcilable in the literature" (1979, 179).

9 Es gibt allerdings auch in der Sozialpsychologie faszinierende klassische Monographien wie LEWINs "Die psychologische Situation bei Lohn und Strafe" (1964/1982b), HOMANs Arbeit zur Austauschtheorie (1961/1968) und FESTINGERs zur Dissonanztheorie (1957/1978), um nur ein paar zu nennen.

Wenn ich im folgenden WATZLAWICK entschieden beim Wort nehme, so ist das nicht nur legitim, sondern unvermeidbar. Jeder Autor, der sich der Wissenschaft verpflichtet zu sein behauptet, muß sich das gefallen lassen. Man könnte einwenden, daß WATZLAWICK selbst gelegentlich die Gültigkeit seiner Aussagen einschränkt: "Die Pragmatik der menschlichen Kommunikation ist eine Wissenschaft in Kinderschuhen" (13); "Diese Beispiele sind nicht als Beweis gedacht" (14); "In diesem Sinne handelt das vorliegende Kapitel also von provisorischen Formulierungen, die weder den Anspruch auf Vollständigkeit noch auf Endgültigkeit erheben können" (50). Ich hoffe, im Laufe meiner Argumentation deutlich machen zu können, daß diese Einschränkungen nicht besonders ernst gemeint sein können, sondern eher wie Immunisierung gegen Kritik aussehen.
Die Unzulänglichkeiten der "Theorie" hat ZIEGLER (1977, 1978) aus wissenschaftstheoretischer Sicht, SCHÜLEIN (1977) u.a. gesellschaftskritisch und MEISTER (1987) textkritisch aufgewiesen. Das soll hier nicht wiederholt werden. Ich will vielmehr versuchen, die sogenannten begrifflichen Grundlagen (vor allem 19-49) und die Ausführungen zur Organisation menschlicher Interaktion (114-137) darzustellen. Auch der wissenschaftstheoretisch ungeschulte Leser soll nachvollziehen können, ob sie eindeutig, sinnvoll und nützlich sind. Dabei kann ich nicht immer auf den Ballast des theoretischen Überbaus, der verwirrenden und verführenden Analogien und vermeintlichen Ableitungen aus anderen Wissenschaften verzichten. Die Schwierigkeit, WATZLAWICK zu verstehen, ihm zuzustimmen oder ihm zu widersprechen, liegt oft im Detail. In einem zweiten Schritt sollen die Axiome und das Konzept der Doppelbindung untersucht werden. WATZLAWICK hat sich in späteren Veröffentlichungen zum radikalen Konstruktivisten gewandelt. Es ist zu prüfen, ob damit ein Erkenntnisgewinn verbunden ist oder neue Trivialitäten wohlverpackt angeboten werden. Ein Exkurs über die Rezeption systemischen und konstruktivistischen Denkens in der Pädagogik schließt sich an. Am Ende ist zu fragen, ob wenigstens bestimmte Interventionsmethoden für das alltägliche und pädagogische Handeln nützlich sein können.

2. Begriffliche Grundlagen

WATZLAWICK wirft der traditionellen Psychologie vor, sie habe künstlich isolierte einzelne Individuen ohne Berücksichtigung des Kontextes untersucht (22). Dies führe zu Fragen nach der "*Natur*" bestimmter Zustände, wie z.B. gestörtem Verhalten oder Konformität im ASCH-Experiment (21)[10] und "damit im weiteren Sinn nach dem *Wesen* der menschlichen Seele" (22). So habe die Psychologie letztlich nur "unbeweisbare intrapsychische Hypothesen" (45) hervorgebracht. "Neue Ausgangspunkte müssen schon allein deswegen gewonnen werden, weil die herkömmlichen Begriffsrahmen nicht mehr ausreichen. Auf der Suche nach solchen Ausgangspunkten zeigt sich, daß in anderen Wissenschaften Fortschritte gemacht wurden, die von unmittelbarer Bedeutung für das Studium der menschlichen Kommunikation sind" (34).

Mit seiner - allerdings äußerst pauschalen - Kritik an der bisherigen Psychologie steht WATZLAWICK nicht allein. So wird von Sozialpsychologen auch heute noch bemängelt, daß sich das Fach vorwiegend mit dem Individuum - jedoch zumindest in sozialen Kontexten - befaßt hat (CARLSON 1984; FORGAS 1981: 266, GRAUMANN, 1979). Auch die Orientierung an Erkenntnissen anderer Wissenschaften ist legitim. So haben MILLER, GALANTER & PRIBRAM - angeregt durch kybernetisches Denken - schon 1960 "Plans and the Structure of Behavior" (Strategien des Handelns)[11] geschrieben und damit einen Grundstein für neuere Handlungstheorien gelegt.

Bei WATZLAWICK erweist sich jedoch vor allem ein Widerspruch als ärgerlich. Durch die Art, wie er sich auf andere Wissenschaften bezieht, erweckt er die Hoffnung auf neue und präzise Erkenntnisse über zwischenmenschliches Verhalten. Sieht man sich diese Gedankengänge aber genauer an, verlieren sie an Klarheit, Bedeutsamkeit und Sinn. Dies soll in vier Punkten gezeigt werden: WATZLAWICKs Rekurs auf andere Wissenschaften, seine damit zusammenhängende Zielsetzung, Regeln und Axiome zu identifizieren, seine Vorschläge zur Forschungsmethode und schließlich seine Sichtweise in bezug auf zwischenmenschliche Systeme.

---

10 ASCH (1956) hat im übrigen nicht nach der "Natur" oder dem "Wesen" von irgend etwas gefragt, sondern danach, ob und wie sich eine naive Versuchsperson einer erkennbar falschen Mehrheitsmeinung beugen würde.

11 WATZLAWICK erwähnt dieses Buch auch lobend (245).

2.1. Rekurs auf andere Wissenschaften

WATZLAWICK meint, den Schlüssel zur Erforschung der menschlichen Kommunikation u.a. in Erkenntnissen der Mathematik, der Informationstheorie und Mengenlehre sowie der Theorie der Sprachstufen gefunden zu haben. Die Beschränkung der Psychologie auf die Untersuchung von Individuen will er u.a. dadurch aufheben, daß er Überlegungen zur Nützlichkeit des mathematischen Begriffs der Funktion auch für zwischenmenschliche Beziehungen anstellt (24ff). Es geht ihm um "die Phänomene, die in den Wechselbeziehungen zwischen Organismen im weitesten Sinne des Wortes auftreten", und diese "unterscheiden sich wesentlich von den Eigenschaften der beteiligten Einzelorganismen" (21). Wenig später handelt es sich nicht mehr um Phänomene zwischen Organismen, sondern nur noch um die Beziehung selbst (23). Ohne irgendeinen Hinweis darauf, was eine Beziehung zwischen Menschen als solche ist, zeigt er sich beglückt, den Begriff in der Mathematik wiedergefunden zu haben.
Dort bezeichnet man die Beziehung zwischen Variablen als Funktion. Für diese gilt: "Im Gegensatz zur Zahl als Ausdruck einer wahrnehmbaren Größe haben die Variablen keine ihnen innewohnende Bedeutung; sie sind nur *in Beziehung zueinander* sinnvoll" (25). Also - so WATZLAWICK - muß das eine etwas mit dem anderen zu tun haben: "Nun besteht ein eindrucksvoller Parallelismus zwischen der Ausbildung des Funktionsbegriffs in der Mathematik und dem Erwachen der Psychologie zum Begriff der Beziehung" (26).
Ohne weitere Begründung setzt WATZLAWICK im nächsten Schritt Funktion in der Mathematik mit Beziehung zwischen Menschen gleich und kann so auch an deren Fortschritt teilhaben: "Die Wissenschaftsphilosophen scheinen sich darüber einig zu sein, daß der bedeutendste Fortschritt des modernen mathematischen Denkens in der Entwicklung eines neuen Zahlenbegriffs besteht" (24). Zugleich erhält die Pragmatik der zwischenmenschlichen Kommunikation auf wunderbare Weise eine Legitimation in der Mathematik: "So aufgefaßt gründet sich die Pragmatik auf die beobachtbaren Wechselwirkungen menschlicher Beziehungen im weitesten Sinn und ist damit der traditionellen Psychologie viel weniger verwandt als der Mathematik" (23). Diese merkwürdige Ableitung wirkt eindrucksvoll. Darüber geht aber der Sinn verloren. Menschen oder ihr Verhalten in zwischenmenschlichen Situationen werden zu bedeutungslosen Variablen, die in einem nicht näher bezeichneten Verhältnis zueinander stehen.
Ich kann beim besten Willen nicht erkennen, was dies soll. Meint WATZLAWICK am Ende nur, daß der Forscher das Verhalten eines Menschen nicht als Folge seiner Eigenschaften (28), sondern als Funktion des Verhaltens anderer Menschen und des Kontextes auffas-

sen soll (22)? Wozu dient dann aber der ausschweifende Exkurs in die Mathematik? Was ist gewonnen, wenn etwa eine mathematische Formel "x = a + y" mit dem gleichgesetzt wird, was zwischen Menschen geschieht?

Auch die Einführung der Begriffe Information und Rückkopplung (29ff) aus der Kybernetik liest sich dramatisch, führt letztlich aber nur zu der einfachen - und wie später zu zeigen ist - falschen Aussage, "... daß alles Verhalten in einer zwischenmenschlichen Situation Mitteilungscharakter hat" (51). WATZLAWICK beginnt mit einer äußerst verkürzten und damit nicht schlüssigen Kritik an der Psychoanalyse und führt dabei den Begriff "Informationsaustausch" ein, während in Wirklichkeit das faktische Verhalten bei der Kommunikation gemeint sein muß: "Im wesentlichen blieb die wechselseitige Abhängigkeit des Individuums und seiner Umwelt ein eher vernachlässigtes Gebiet der Psychoanalyse, und gerade auf diesem Gebiet ist es unerläßlich, den Begriff des *Informationsaustausches*, also der Kommunikation, zu berücksichtigen" (30). Nach dem illustrierenden Beispiel, daß ein Hund einen Tritt als Information und nicht als Energie auffaßt, folgt wieder die implizite Ankündigung, mit einem neuen Begriff Fortschritte machen zu können: "Die Begriffsverschiebung von Energie zu Information ist verantwortlich für die fast schwindelerregende Entwicklung der Wissenschaftslehre und der Technologie seit dem Ende des Zweiten Weltkriegs, und sie hat auch das Bild vom Menschen neu bestimmt" (30f).

Nun wartet man vergeblich auf eine Erläuterung, wie sich das Bild vom Menschen denn gewandelt habe. Man muß wohl stillschweigend annehmen, es handele sich um jenes, welches WATZLAWICK soeben präsentiert hat, d.h. um den Menschen als bedeutungslose Variable. Oder wird der Mensch auf einmal unter der Hand zum informationsverarbeitenden Wesen? Dann müßte man sich aber um sein kognitives Funktionieren, z.B. seine Wahrnehmung, sein Denken, sein Gedächtnis kümmern, wie es in den Theorien zur Informationsverarbeitung beim Menschen geschieht (z.B. FREY & IRLE 1985).

Der Begriff der Rückkopplung wird ebenso lautstark eingeführt: "Solange sich die Wissenschaft nur mit dem Studium linearer und progressiver Kausalitätsabläufe befaßte, verblieben gewisse hochwichtige Phänomene außerhalb des ungeheuren Gebiets, das die Wissenschaft während der letzten vier Jahrzehnte erschlossen hat" (31). "Das Prinzip der Rückkopplung ist nicht zu Unrecht als das Geheimnis aller natürlichen Vorgänge genannt worden" (33). Es ist schwer, jetzt nicht zu erwarten, daß WATZLAWICK mit kybernetischen Begriffen das Geheimnis der Kommunikation lösen wird. Gesagt hat er allerdings nur, daß es Rückkopplung zwischen Menschen gibt.

2.2. Auf der Suche nach Regeln und Axiomen

Welche Konsequenzen ergeben sich nun für WATZLAWICK aus seinen bisherigen Überlegungen? Sein Buch habe - neben der Syntax und Semantik - "hauptsächlich die Pragmatik, d.h. die verhaltensmäßigen Wirkungen der Kommunikation, zum Thema" (23). Da - wie ausgeführt - die Beziehung zwischen an sich bedeutungslosen Elementen im Blickpunkt stehen soll, darf man also nicht die Menschen als solche betrachten. Zu untersuchen sei "die zwischenmenschliche *Sender-Empfänger-Beziehung auf der Basis der Kommunikation*" (23). Zum Vorschein kämen dann "komplexe Strukturen von Beziehungen und Wechselwirkungen" (24) im Unterschied zu isolierten Einzelphänomenen. Um was kann es sich dabei handeln?
Wiederum erweist sich die Kybernetik als Retter in der Not: ASHBYS Homöostat (34) wird eingeführt. "Diese Vorrichtung besteht aus vier gleichartigen selbstregulierenden Teilsystemen, die untereinander so vollkommen verbunden sind, daß jede Störung in einem von ihnen alle anderen beeinflußt" (34).[12] Entsteht in einem solchen System eine Störung, wird durch wahlloses Suchen, also durch Zufall, eine neue Stabilität erreicht. Für menschliche Systeme sei nun einerseits Ähnliches und andererseits Verschiedenes anzunehmen. Auch dort gebe es Häufungen von Verhaltensweisen, die einem nicht weiter spezifizierten *"stochastischen Prozeß"*, d.h. "der probabilistischen Regelmäßigkeit, die einer Folge von Symbolen oder Geschehnissen innewohnt" (35), entsprechen. "Im Sinn der Informationstheorie kann man auch sagen, daß stochastische Prozesse *Redundanz* zeigen - ein Begriff, der mit dem bereits häufiger verwendeten Begriff der Struktur praktisch gleichbedeutend ist" (35). Dabei handele es sich auch um eine zunächst zufällige Anpassung an eine Störung in einem Teilsystem, die jedoch in menschlichen Systemen für spätere Fälle beibehalten wird: einmal geleistete Anpassungen werden gespeichert, "so daß die Suche nach der bestmöglichen Anpassung nicht jedesmal erneut vorgenommen werden muß" (35). Hier wie dort bestehe aber "keinerlei Notwendigkeit, diesen Häufungen irgendeinen besonderen Sinn zuzuschreiben" (35). Den darf es bei WATZLAWICK - wie man inzwischen weiß - ja auch nicht geben. Umso glücklicher muß er sich geschätzt haben, in ASHBYS Homöostat eine - wenn auch nicht ganz - zutreffende Analogie gefunden zu haben.
Wo aber werden einmal gefundene Lösungen für zwischenmenschliche Probleme gespeichert? Man muß irgend etwas Ähnliches wie ein

---

12 Ohne es auszusprechen, findet WATZLAWICK hier also so etwas wie eine Funktion: Die Veränderung eines Teilsystems, einer Variablen, verändert alle anderen Variablen. Später nennt er das allerdings ein System.

Gedächtnis annehmen. Und was genau ist dort gespeichert? Zufällige Lösungen oder begreifbare Zusammenhänge? Wenn z.B. in einer Mutter-Kind-Interaktion die Sequenz "Kind weint - Mutter tröstet - Kind beruhigt sich" zunimmt, ist das nach WATZLAWICK zunächst ganz zufällig und auf Dauer ohne Sinn. Nun muß man sich aber das konkrete Verhalten ansehen. Eine Mutter wird etwa auf die Frage, wie sie ihr Kind tröstet, antworten: "In den Arm nehmen, über den Kopf streicheln, mit Worten beruhigen." Das heißt, sie wird aus den gezeigten Verhaltensweisen solche aussuchen, die für ihr Tun Bedeutung haben, und solche nicht nennen, die zwar beim ersten Trösten dabei waren, die für sie aber mit Trösten nichts zu tun haben wie: "Ich muß ein blaues Kleid anhaben, das Kind auf den linken Arm nehmen." Nähme man jedoch WATZLAWICK beim Wort, könnte sie diese Unterscheidung zwischen sinnvollen und unbedeutenden Teilaspekten ihres Verhaltens nicht treffen.

Schon hier sei eine Vermutung aufgestellt. Das wichtigste Material für die Untersuchung der menschlichen Kommunikation durch die Gruppe um BATESON stammte aus Familien mit einem schizophrenen Mitglied (HALEY, 1976). Ohne Zweifel sind dort Interaktionssequenzen zu finden, die unverständlich wirken. Ich kann mich des Verdachts nicht erwehren, daß die Forschergruppe von der generellen Annahme ausging, die in diesen Familien gemachten Beobachtungen müßten auf nicht gestörte oder normal gestörte Beziehungen übertragen werden können, d.h. für menschliches Verhalten generell gelten. Wenn die betroffenen Familien und Forscher jedoch keinen Sinn in der schizophrenen Kommunikation entdecken, so ist das noch lange kein Grund, daß sie nicht doch irgendeinen Sinn hat. Vor allem aber ist das kein Grund, anzunehmen, es wäre generell eine gute Forschungspraxis, von der Bedeutungslosigkeit der Kommunikation auszugehen.

WATZLAWICK muß es aber darum gehen, zu zeigen, daß uns diese Regelmäßigkeiten nicht bewußt sind. Allerdings verwickelt er sich bei seiner Argumentation in unauflösbare Widersprüche, indem unausgesprochen grammatische Regeln gleichgesetzt werden mit Regelmäßigkeiten des zwischenmenschlichen Verhaltens. "Redundanz" wird für die Pragmatik gleichgesetzt mit "der statistischen Wahrscheinlichkeit der Syntaktik und der Semantik", d.h. der "Wahrscheinlichkeit des Auftretens ... von Buchstaben oder Wörtern" (36). Der Regeln der Sprache müssen wir uns nicht bewußt sein: "So ist es durchaus möglich, daß jemand seine Muttersprache fehlerfrei und fließend beherrscht, ohne irgend etwas von ihrer Grammatik und Syntax zu wissen." Analog heißt es dann für die Pragmatik, d.h. die Wirkungen der Kommunikation: "Die für unsere Studie wichtigen Regeln" liegen "fast ausnahmslos ... soweit außerhalb unseres Bewußtseins, daß wir sie selbst dann nicht zu erkennen vermögen, wenn andere uns auf sie verweisen" (38). Aus einem anderen Argumentationsstrang folgt aber, daß wir uns der Regeln zumindest soweit bewußt sind, daß wir Regelverletzungen erkennen. "Verhalten, das im Widerspruch mit seinem Kontext steht, das pragmatische Regeln verletzt oder dem ein Mindestmaß an Redundanz fehlt, erscheint uns als weitaus störender, als es bloß syntaktische oder semantische Regelverletzungen je sein können" (37).

Wie ist dieser Widerspruch aufzulösen? Handelt es sich womöglich um Regeln, die unterschiedlich bewußt oder bewußtseinsfähig sind? Sind es die idiosynkratischen Regeln einer bestimmten Beziehung? Sind es Normen, die für alle gelten? Auf jeden Fall wird man wieder einmal differenzieren müssen.

Nimmt man einmal an, WATZLAWICKs Regel-Begriff beziehe sich auf unterschiedlichste Regelmäßigkeiten des menschlichen Verhaltens. Um was kann es sich dann handeln?

Erwachsene Mitglieder einer Sprachgemeinschaft folgen einer "Grammatik" des Sprechens. So geht SEARLE davon aus, "daß eine Sprache sprechen eine regelgeleitete Form des Verhaltens ist" (1971, 66). Regeln in diesem Sinn unterscheiden sich von bloßen auf vergangene Ereignisse bezogene Regelmäßigkeiten dadurch, "daß wir im allgemeinen Verhaltensabweichungen als irgendwie falsch oder fehlerhaft bezeichnen" und daß diese "Regeln, anders als auf vergangene Ereignisse bezogen Regelmäßigkeiten, automatisch auch für neue Fälle gelten" (SEARLE 1971, 67). So kennen wir z.B. die Regeln, die zu Beginn und am Ende eines Gesprächs (CLARK & CLARK 1977, 229) einzuhalten sind, in der Weise, daß Abweichungen bemerkt werden. Es handelt sich dann um mehr oder weniger bewußte Normen, wann wer was zu wem und wie sagen darf. Obwohl WATZLAWICKs Rekurs auf die Syntax und Grammatik diese Auslegung nahelegt, meint er diese Regeln wohl nicht. Er bezieht sich vermutlich auch nicht auf mehr oder weniger bewußte Normen des Verhaltens wie z.B. Regeln der Höflichkeit, Regeln des Umgangs mit dem Eigentum anderer oder Regeln der körperlichen Distanz in unterschiedlich engen Beziehungen. Es muß sich wohl um ganz idiosynkratische Verhaltensabfolgen handeln, z.B. die ganz einmaligen Umgangsformen eines einzelnen Paares oder die Spielregeln, die Familien im Laufe der Zeit entwickeln, seien sie funktional für das Wohlbefinden oder nicht.

So verstanden, ist es jedoch nichts als eine Binsenweisheit, daß in Familien Regeln, Normen und Rollen entstehen, die mehr oder weniger bewußt oder bewußtseinsfähig sind. Daß einige Regeln, wie man sich gegenseitig verhält, durch einen Versuch-Irrtums-Prozeß einstehen können, mag sein. Häufiger dürfte es sein, daß Interaktionsregeln ihren Ursprung "in den jahrelangen impliziten und expliziten Verhandlungen unter den einzelnen Mitgliedern" haben (MINUCHIN 1977,

71). Das Verdienst der Gruppe um BATESON dürfte es sein, darauf aufmerksam gemacht zu haben, daß es sinnvoll ist, in gestörten Familien nach rigiden, sich wiederholenden Mustern der Interaktion zu suchen. Diesen Gedanken greifen SELVINI PALAZZOLI und Mitarbeiter auf, wenn sie schreiben: "Familien, die einen oder mehrere Angehörige mit einem Verhalten aufweisen, das man traditionellerweise als 'pathologisch' diagnostiziert, regulieren sich durch Transaktionen (Beziehungsmuster), die genau auf die Art dieser Pathologie zugeschnitten sind. Des weiteren zielen ihre Kommunikationsweisen und ihr Antwortverhalten darauf ab, diese Regeln und damit die pathologischen Transaktionen aufrechtzuerhalten" (1978, 13). Ob dies so ist, ist aber eine empirische Frage, die mit WATZLAWICKs Überbau nichts zu tun hat.

Mit der Einführung der Axiome wird das Bild noch verwirrender. WATZLAWICK argumentiert, daß ein außenstehender Beobachter aufgrund der einzelnen Züge die Spielregeln, die für alle gelten, erkennen könne (39). Diese nennt er Metaregeln, denn immer dann, wenn bei WATZLAWICK etwas allgemeineres dem individuellen entgegengesetzt wird, heißt es "Meta". Nun kann WATZLAWICK wieder die Mathematik zu Hilfe nehmen: Die so gewonnenen Kenntnisse "haben eine augenfällige Ähnlichkeit mit dem mathematischen Begriff des *Kalküls*" (41). Da man beim Schachspiel "Metaschach-Theoreme" aufstellen könne, müsse man durch Beobachtung von Verhaltensregelmäßigkeiten auch auf metakommunikative Regeln, d.h. "Abläufe einer menschlichen Wechselwirkung, die einer strengen, komplexen Gesetzmäßigkeit folgen" (43), schließen können. "Wenn wir aber feststellen können, daß einem Verhalten *a* - was immer seine 'Ursachen' sein mögen - stets ein Verhalten *b*, *c* oder *d* des Partners folgt, während es anscheinend ein Verhalten *x*, *y* oder *z* ausschließt, so kann davon auf eine metakommunikative Regel geschlossen werden" (43). "Was wir damit im weiteren Sinn vorschlagen ist, daß sich alle Wechselbeziehungen in Begriffen der Spielanalogie verstehen lassen, also als Folge von 'Zügen', die festen Regeln unterworfen sind; Regeln, bei denen es letztlich belanglos ist, ob sie den aufeinander bezogenen Individuen bewußt oder unbewußt sind" (43). "Damit postulieren wir ..., daß hinter den myriadenfachen Erscheinungen der menschlichen Kommunikation ein noch nicht interpretierter pragmatischer Kalkül steht, dessen Axiome in erfolgreicher Kommunikation berücksichtigt, in pathologischer Kommunikation dagegen gebrochen werden" (43f). Diese "Regeln der menschlichen Kommunikation 'erklären' nichts, sie sind vielmehr evident durch ihr Sosein, sind ihre eigene beste Erklärung" (44).

Wie problematisch der Begriff Regel ist, wurde oben gezeigt. Völlig unklar ist aber auch, was ein Axiom ist. Ist es eine Metaregel, die man verletzen kann oder nicht? Dann ist es kein Axiom im strengen Sinn. Handelt es sich um ein Axiom, d.h. eine prinzipiell nicht beweisbare, aber einsichtige Aussage, aus der widerspruchsfrei andere Aussagen gefolgert werden können? Dann kann es nicht verletzt werden. Unabhängig vom logischen Status des Konstrukts "Axiom" ist die Aussage, die Axiome würden in erfolgreicher Kommunikation berücksichtigt, in pathologischer dagegen gebrochen werden, unsinnig. Dies soll hier nur am Beispiel des zweiten Axioms gezeigt werden. Kurz gesagt heißt es dort: Es gibt in jeder Kommunikation eine Sachaussage (Inhalt) und eine Anweisung, wie diese zu verstehen sei (Beziehung). Wie soll man dieses Axiom aber verletzen, wenn beide Aspekte unvermeidbar vorhanden sind? Es kann allenfalls bedeuten, daß man, um Kommunikationsstörungen zu vermeiden, in bestimmten Situationen darauf achtet oder achten sollte, was mit einer sprachlichen Äußerung zusätzlich übermittelt wird.

Wie ist das Verhältnis zwischen Regeln und Axiomen? Beide sollen irgendwie aus nicht weiter spezifizierten Verhaltenssequenzen erschlossen werden können, aber dennoch nicht das gleiche sein. Aufgrund welcher Beobachtungs- und Ableitungsregeln soll man aber entscheiden, was eine Regel und was ein irgendwie darüber oder dahinter liegendes Axiom ist? Man weiß es nicht, kann es auch nicht wissen. An dieser Stelle kann man nur ahnen, daß sich Axiome irgendwie von Regeln unterscheiden sollen. Axiome, die er später "Prinzipien der menschlichen Kommunikation" (72) und "Bausteine, aus denen sich die Vielfältigkeit der Kommunikation aufbaut" (114) nennt, müssen für alle Menschen gelten. Regeln dagegen beziehen sich auf ganz bestimmte, konkrete Systeme. So werden später Beziehungsregeln von Familien umschrieben als "zulässige Verhaltensformen" (128), als "Kalibrierung von gebräuchlichem und zulässigem Verhalten" (136), also normiertes Verhalten einer Familie. Sind diese Normen nun das gleiche wie die nicht-bewußten wichtigen Regeln (der gestörten Familie)?

Sieht man sich normale Familien an, paßt der Gedanke nicht. Die Normen einer Familie können mehr oder weniger bewußt sein, z.B. "Die Kinder unter 10 Jahren müssen um zehn Uhr ins Bett gehen" im Unterschied zu "Immer, wenn ein Konflikt ansteht, bekommt die Mutter Kopfweh". Sie können mehr oder weniger allgemein sein, z.B. "In den Ferien gibt es bei uns meist keinen Streit" im Unterschied zu einer grundlegenden familiären Ideologie wie "Bei uns sind alle immer glücklich" (BOSCOLO et al. 1985, 277). Sie können aber auch mehr oder weniger für alle Familien üblich sein, z.B. "Jugendlichen muß man mehr Freiheiten einräumen als Kindern" im Unterschied zu "In unserer Familie darf es keine Konflikte geben". Wir erfahren nichts Genaueres. Wiederum drängt sich der Verdacht auf, daß WATZLAWICK im Grunde Verhaltensmuster meint, die in pathologischen Familien vielleicht angetroffen werden können.

2.3. Zur Forschungsmethode

Welche Methode empfiehlt WATZLAWICK dem Forscher, um Regeln und Axiome erschließen zu können? Obwohl an späterer Stelle betont wird, die "Ausführungen sollten auf keinen Fall dahin mißverstanden werden, daß wir mit ihnen die Realität des Intrapsychischen ... leugnen wollen" (44), obwohl eingeräumt wird, daß "Motivation, Bedürfnis, soziale oder kulturelle Faktoren" mit der Aufrechterhaltung einer unglücklichen Beziehung zu tun haben (125), gelten diese Faktoren für das Studium zwischenmenschlicher Beziehungen als fragwürdig (125). Innerpersönliche Motivierung bleibe eine Annahme, aber zwischenpersönlicher Prozeß sei beobachtbar (113, s.a. 93). Da seiner Meinung nach alles Intrapsychische letztlich unbeweisbar ist, "gründet sich die Pragmatik auf die beobachtbaren Wechselwirkungen menschlicher Beziehungen" (23).

Für den Beobachter (Forscher, Therapeut), der menschliches Verhalten erfassen will, ist es deshalb - so WATZLAWICK - nicht sinnvoll, Menschen durch bestimmte Attribute wie Einstellungen, Abhängigkeit, Extraversion und Intraversion zu beschreiben oder ihr Verhalten damit zu erklären. Diese Eigenschaften seien als solche bedeutungslos, sie zeigen sich in unterschiedlicher Ausprägung gerade erst in bestimmten Beziehungen (28). Es geht auch nicht darum, einzelne Individuen (Entitäten) zu untersuchen, sondern die "Beziehungen zwischen" Menschen (23). Die individuellen Dispositionen, die Resultate der Geschichte eines Menschen interessieren nicht, sondern nur das, was sich in der "Jetzt und Hier"-Situation abspiele (47). Ebenfalls unwichtig seien die subjektiven Bedeutungen, die die Interaktionspartner ihrem eigenen Verhalten und dem der anderen zuschreiben. Es gehe auch nicht darum zu verstehen, welches Verhalten des einen das des anderen beeinflußt, ob es absichtlich oder unabsichtlich ist, ob bewußt oder unbewußt.

Nicht sinnvoll sei es auch, "die betreffenden Personen danach zu befragen, welche Kommunikationsweisen sie gewöhnlich anwenden, oder anders gesagt, welche Regeln sie für ihre Beziehung ausgearbeitet haben", "denn der Befragte kann sehr wohl etwas *sagen* und etwas ganz anderes *meinen*", zudem seien die hier interessierenden Regeln sind meist außerhalb des Bewußtseins (38). "Der außenstehende Beobachter ... befindet sich in derselben Lage wie jemand, der einer Schachpartie zusieht, aber weder die Regeln noch das Ziel des

Spiels",[13] auch nicht "die Sprache der Spieler kennt ... und daher außerstande sei, sie um Erklärung zu fragen" (39). Eine Analogie aus der Fernmeldetechnik, "die black box", hilft hier scheinbar weiter. "Die Untersuchungen können sich vielmehr auf die direkt beobachtbaren Ein- und Ausgaberelationen menschlicher Beziehungen, also Kommunikation, beschränken" (45). Aus dem Verlauf der Phänomene sollen dann Redundanzen und Regeln abgeleitet werden (128), die aber nicht einmal für den Beobachter einen erkennbaren Sinn zu haben brauchen (39f).

Was genau soll beobachtet werden? Es geht um die "beobachtbaren Manifestationen menschlicher Beziehungen". *"Das Medium dieser Manifestationen ist die menschliche Kommunikation"* (22). Nun handelt es sich aber keineswegs darum, nur sprachliches Verhalten zu beobachten. Da jedes Verhalten Information sei, gehe es um Verhalten ganz allgemein. "In diesem Zusammenhang sei von Anfang an darauf verwiesen, daß wir die beiden Begriffe Kommunikation und Verhalten hier als praktisch gleichbedeutend verwenden. Denn das Material der Pragmatik sind nicht nur Worte, ihre Konfigurationen und ihre Bedeutungen - also die Daten der Syntaktik und Semantik -sondern auch alle nichtverbalen Begleiterscheinungen, die sogenannte Körpersprache inbegriffen. Und schließlich ist die ... mitbestimmende Rolle des Kontextes, also der 'Umwelt' jeder Kommunikation, in Betracht zu ziehen" (23). Der gedachte Beobachter muß also alles und das auch noch bedeutungsfrei wahrnehmen, da Intrapsychisches ja nicht interessieren darf.

Das geht aber nicht. Es ist schlicht falsch, man könnte zwischenmenschliche Beziehungen durch voraussetzungsfreie Beobachtung verstehen "wie jemand, der einer Schachpartie zusieht, aber weder die Regeln noch das Ziel des Spiels kennt" (WATZLAWICK 1969, 39; WATZLAWICK 1988, 9). Jeder Beobachtung liegen Annahmen und Vorwissen zugrunde, welche spezifischen Verhaltensweisen zu beachten sind. Die Bedeutung eines "Ja" auf dem Standesamt etwa kann man nur verstehen, wenn man die Institution "Heirat" kennt (SEARLE 1971, 80). Auch Regelmäßigkeiten können nur auf dem Hintergrund von Vorannahmen über Zusammenhänge zwischen bestimmten Verhaltensweisen gefunden werden. So geht man z.B. in der Familientherapie mit jugendlichen Symptomträgern oft von der Hypothese aus, daß das symptomatische Verhalten des Kindes dazu dient, von einem

---

13 Analogien sollen nützlich und angemessen sein. Diese ist es nicht. Schachregeln sind explizit und unveränderbar, Kommunikationsregeln dagegen sind von Intention und Interpretation abhängig und veränderbar. Es gibt keine Meta-Schach-Regel, wohl aber Meta-Regeln der Kommunikation (KRIZ 1988).

Konflikt zwischen den Eltern abzulenken. Daraus folgt die - mehr oder weniger explizite - Anweisung, in einer Therapiesitzung darauf zu achten, welches Verhalten der Eltern dem störenden oder auffälligem oder merkwürdigen Verhalten des Kindes vorausging. Die weit hergeholte Schach-Analogie verschärft also höchstens den Blick auf bedeutsame sich wiederholende, den Beteiligten aber unklare Verhaltenssequenzen.
Weder die Teilnehmer an einer Interaktion noch der Beobachter können also irgend etwas - sei es einen Satz, eine Interaktionssequenz, Redundanzen oder Regeln - wahrnehmen oder verstehen, wenn sie nicht mit Hilfe von vorhandenem Wissen und Deutungsmustern zunächst entschlüsseln, was geschieht und was gemeint sein könnte, d.h. also interpretieren. "Der Ort der Bedeutung der Kommunikation ist intrapersonal, aber der Ort der Handlung ist interpersonal" (PEARCE & CRONEN 1980, 148). "Regeln sind kognitive Organisationen von Bedeutungseinheiten in den Köpfen der Familienmitgliedern" (CRONEN, JOHNSON & LANNAMANN 1983, 132).
Indem WATZLAWICK Menschen und ihrem Verhalten die Bedeutung nimmt, leugnet er, daß es diese Enkodierungs- und Dekodierungsprozesse geben muß. Er suggeriert, es gäbe nicht anderes als sinnloses Verhalten, das sinnloses Verhalten hervorruft. Das ist aber schlichter Unsinn, und das kann er beim besten Willen nicht glauben, denn er selbst verwendet größte Mühe auf die Interpretation der Interviews von Ehepaaren (1969, 106-113) und der Ausschnitte aus "Wer hat Angst vor Virginia Woolf?" (138-170), kommt dann allerdings zu angreifbaren Deutungen.
Es fehlt also bei WATZLAWICK an dieser Stelle das wesentliche Zwischenstück: die Interpretation, die subjektive Deutung, aber auch das Herstellen von Konsens, d.h. übereinstimmender Auffassung über die Bedeutung. Man kann durch die Beobachtung einer Interaktion ausschließlich im Jetzt und Hier (1969, 47), ohne Bezug zur Vergangenheit der Partner, deren Verhalten nicht verstehen. WATZLAWICK behauptet, man könne eine dreiteilige Sequenz aus sich selbst heraus interpretieren (113). Eine von mir erfundene Folge: "Sollen wir heute abend essen gehen?" "Ja, gern. Wohin denn?" "Ich dachte: zum Griechen?" ist allenfalls als kooperativ klassifizierbar. Sie bleibt in ihrer Bedeutung jedoch unverstanden, je weniger man sonst über die Interaktionspartner und deren subjektiv erlebte Situation weiß. Ist dies z.B. nach einem Streit ein Versöhnungsversuch? Oder soll nach einem anstrengenden Tag aufs Kochen verzichtet werden? Oder gehen die beiden ausnahmsweise abends essen, um etwas zu feiern? Oder ist dies die erste Einladung zu einem gemeinsamen Essen überhaupt? Mit seiner unhistorischen Sichtweise ignoriert WATZLAWICK, daß "Kommunikation überdies in gewissem Umfang auf dem *gemeinsamen sozialen*

Wissen von Sender und Empfänger beruht. Mit anderen Worten, Botschaften sind gewöhnlich nur in einem gegebenen, wohldefinierten sozialen Raum (einer Familie, einer Schulklasse, einer kulturellen Gruppe) bedeutungsvoll." Verstehen von sprachlichem und nicht-sprachlichem Material ist außerdem umso eher möglich, je mehr sich die Partner "auf gemeinsames Wissen um Vergangenes und die gemeinsame Geschichte" stützen können (FORGAS 1987, 107).

2.4. Zwischenmenschliche Beziehungen als System

Welche Konsequenzen zieht WATZLAWICK aus der kybernetischen Sichtweise für die Analyse zwischenmenschlicher Beziehungen, vor allem der Familie? Offensichtlich möchte er miteinander interagierende Menschen als System definieren, um daraus Folgerungen zu ziehen. Aber es wird nicht so recht deutlich, was er unter System im zwischenmenschlichen Bereich verstehen will. Einmal schreibt er: "Interaktion kann als System betrachtet werden" (115), "wobei unter den *Objekten* die Bestandteile des System, unter *Merkmalen* die Eigenschaften der Objekte zu verstehen sind und die *Beziehungen* den Zusammenhalt des Systems gewährleisten" (116). Übersetzt würde dies heißen: Die Bestandteile des Systems sind Menschen, ihre Merkmale sind "kommunikatives Verhalten (und nicht z.B. ihre intrapsychischen Merkmale)" (116) und dann gibt es noch - nicht weiter definierte - Beziehungen. An anderer Stelle heißt es: "Zwischenmenschliche Systeme sind demnach *zwei oder mehrere Kommunikanten, die die Natur ihrer Beziehung definieren*" (116).
Bedeutet das zusammengenommen, daß sich ein zwischenmenschliches System durch Verhaltensweisen auszeichnet, durch die die Beziehung zwischen den Beteiligten definiert wird? Geht es um (von außen) beobachtbare Interaktionen oder (von innen) definierte Beziehungen oder ist beides gemeint? Oder handelt es sich um umgangssprachlich definierte Formen des Miteinander-Umgehens, wie seine Beispiele nahelegen: "Freundschaften, gewisse geschäftliche oder berufliche Beziehungen und vor allem Ehe- und Familienbeziehungen" (124)? Unabhängig davon, was er wirklich sagen wollte, kann seine inhaltlich leere Definition bedeutsame Fragen nicht beantworten, z.B.: Wie unterscheiden sich konkrete Beziehungen? Welches sind in ihnen wichtige und bemerkenswerte Verhaltensweisen, die von bedeutungslosen und unwesentlichen unterschieden werden müssen?
Diese Systeme stehen in "lebenswichtigen Wechselbeziehungen zu ihrer Umwelt" (117), und sie zeichnen sich dadurch aus, "daß eine Änderung in einem Teil eine Veränderung in allen Teilen und damit dem ganzen System verursacht" (119). Veränderung heißt Verhaltensände-

rung. "Jedes Verhalten eines Teilnehmers in einer zwischenmenschlichen Beziehung beeinflußt das Verhalten aller Teilnehmer und ist seinerseits von dem Verhalten aller anderen bedingt" (32), d.h. "daß das, was immer *B* tut, auf *A* zurückwirkt" (37). Eine Verhaltensfolge ist also "in Wirklichkeit kreisförmig und jede Reaktion stellt gleichzeitig auch den Reiz für das nächste Verhalten der Partner dar" (121). In zwischenmenschlichen Systemen - z.B. "Gruppen, Ehepaaren, Familien, psychotherapeutischen oder selbst internationalen Beziehungen usw." - gibt es negative und positive Rückkopplung, also die Tendenz zu Homöostase (Ruhezustand, Gleichgewicht, Stabilität) und Transformation (Veränderung) (32). Ein System muß eine gewisse Stabilität haben. Der Vorgang der gegenseitigen Beziehungsdefinition (siehe 2. Axiom) "verdient unsere Aufmerksamkeit, denn zur Herstellung einer stabilen Beziehung kann die Frage ihrer Definierung durch die Partner nicht ungelöst oder im Hin und Her unvereinbarer Auffassungen gelassen werden" (127). Eine gewisse Stabilisierung muß erreicht werden, und "selbst sogenannte pathologische Familien ... erweisen sich oft als überraschend regelgesteuert" (127). "Alle Familien, die nicht auseinanderfallen, müssen einen gewissen Grad von negativer Rückkopplung besitzen, um den Belastungen seitens der Umwelt oder ihrer individuellen Mitglieder entgegenwirken zu können" (134). Veränderungen hin zu einer höheren Stufe (Neukalibrierung, d.h. das Entstehen neuer Regeln durch Anwendung von Metaregeln) sind "fast unvermeidbar", wenn "intrafamiliäre Veränderungen (vor allem die Zunahme von Alter und Reife bei allen Familienmitgliedern)" eintreten und aufgrund von "oft viel drastischeren Umwelteinflüssen (wie Beginn des Schulbesuchs, Militärdienst, Ablösung der Kinder durch Ergreifen eines Berufs oder durch Heirat, Pensionierung das Vaters und dergleichen mehr)" (135).

In Systemen können verschiedene Anfangszustände zu gleichen Endzuständen und gleiche Anfangszustände zu verschiedenen Endzuständen führen (122f.). Man kann also zu einem gegebenen Zeitpunkt nicht vorhersagen, was später sein wird (Äquifinalität). Soweit WATZLAWICK.

Sinnvoll ist der Versuch, stringenter als es in anderen, auch sozialpsychologischen Theorien geschieht, in Kategorien der zwischenmenschlichen Interaktion zu denken. Tatsächlich ist dieser Versuch aber mißglückt. Die entscheidende Frage, wie sich Menschen durch das, was sie wann und wie sagen und tun, gegenseitig beeinflussen, kann mit den Annahmen Watzlawicks nicht beantwortet werden.

Seine Behauptung, jedes Verhalten beeinflusse das Verhalten aller anderen und sei seinerseits vom Verhalten aller anderen bedingt, sowie seine dazugehörenden Ausführungen über Verhalten und dessen Kontext sind entweder trivial oder falsch und insgesamt wenig hilfreich.

Trivial ist, daß sich Menschen gegenseitig beeinflussen und verändern und daß dies in bestimmten Situationen geschieht - wie sonst? Falsch ist, daß jedes Verhalten so wirkt. Wenn eine Ehepaar z.B. zum 7000. Mal nach dem gleichen Ritual ins Bett geht, beeinflussen sich ihre Verhaltensweisen selbstverständlich gegenseitig, aber diese Abfolge hat keinen informativen Gehalt für ihre Beziehung - außer in dem nicht besonders bemerkenswerten Sinn, es sei alles wie immer. Was geschieht aber, wenn einer von beiden am 7000. Tag ihrer Ehe in einem anderen Bett landet? Dies ist ja wohl die von WATZLAWICK gemeinte Kommunikation, die Information ist.[14] Sinnvoller ist es also, die Frage zu stellen, welches Verhalten in welcher Situation so bedeutsam ist, daß es zu Veränderungen führt, und welches Verhalten eine gegebene Beziehung unverändert läßt. Einige Antworten dazu lassen sich in den gängigen psychologischen und sozialpsychologischen Theorien und deren empirischer Überprüfung finden.
Verhalten ganz allgemein erforschen und verändern zu wollen erweist sich als unmöglich: Es muß immer ein spezifisches Verhalten sein, und es muß ein spezifischer theoretischer Zugang gewählt werden. Veränderung bestimmter Verhaltensweisen und Verfahrensweisen, die auch für die Praxis relevant ist, geschieht etwa durch Abbau von Aggression oder sozialer Unsicherheit vermittels Verhaltensmodifikation (PETERMANN & PETERMANN 1987), durch Aufbau von Kontrollüberzeugung aufgrund mikrosozialer und kognitiver Veränderungen (LANGER 1983) und in der Therapie der verstrickten Familie durch Differenzierung und Neustrukturierung (MINUCHIN 1977).
Die Forderung, Beziehungen zwischen Menschen zu untersuchen, hat als richtigen Kern die Erkenntnis, daß wir uns je nachdem, mit wem wir es zu tun haben, unterschiedlich verhalten. Deshalb ist es ebenfalls richtig, daß individuelle Dispositionen allein meist kein bestimmtes Verhalten hervorrufen. So ist z.B. das Verhältnis zwischen Einstellung und Verhalten gegenüber anderen oftmals nur durch weitere situationsspezifische Variablen zu erfassen. Personen, die Vorurteile gegenüber Mitgliedern anderer Rassen äußern, lehnen reale Personen, mit denen sie zu tun haben, nicht unbedingt ab. Eine beobachtbare "zwischenmenschliche Beziehung" als solche gibt es nicht, sondern nur in bestimmten Beziehungen gezeigtes Verhalten. Dieses ist aber abhängig von Eigenschaften der handelnden Personen, ihrer jeweiligen Einstellung zum und Erfahrung mit dem Interaktionspartner und der Situation, in der sie sich befinden.

---

14 Und so etwas versteht er vielleicht unter Bedeutung von Relationen, wobei er wohl Unterschiede meint (28) und sich vermutlich auf den Satz von BATESON "Es sind die Unterschiede, die einen Unterschied machen" bezieht (1981, 408).

Es kann also nicht auf Variablen der interagierenden Menschen und solche der Situation verzichtet werden. Schon LEWIN hat dies durch seine Formel "Verhalten = Funktion der Person und der Umwelt = Funktion des Lebensraums: V = F (P,U) = F (L)" (1939/1982a, 196)[15] klar herausgearbeitet, die auch besagt, daß es um subjektiv wahrgenommenes spezifisches Verhalten und subjektiv wahrgenommene spezifische Situationen geht, z.B. um das Verhalten bestimmter Personen bei unterschiedlichen Konflikten. Im übrigen entspricht dieses kognitivistische Konzept des Lebensraums der Annahme der Relativität der Wirklichkeit bei WATZLAWICK. "Wir hören nie auf, Wissen über die Gegebenheiten unserer Erfahrung zu suchen, ihre Bedeutung für unsere Existenz zu verstehen und zu ihnen auf Grund dieses Verstehens Stellung zu nehmen" (1969, 243). An dieser Stelle wird ein unbegreiflicher Widerspruch deutlich. Mit der Beschränkung auf das Beobachtbare plädiert WATZLAWICK für einen radikalen Behaviorismus, während er am Ende des Buches und vor allem in seinen späteren Veröffentlichungen als ein ebenso radikaler Konstruktivist auftritt, für den nur die jeweils subjektiv konstruierte Wirklichkeit gilt.
Gegen die Annahme der Kreisförmigkeit der Interaktionsabläufe, der Aussage, das Verhalten von B wirke auf A zurück, ist im Prinzip nichts einzuwenden. Unter Berücksichtigung der Zeit wäre es jedoch glücklicher zu formulieren, daß ein Verhalten die nachfolgende Interaktion beeinflussen kann.[16] Bildlich handelt es sich dann aber nicht um einen Kreis, sondern um Abläufe in der Zeit, wie sie bei JONES & GERARD (1967, 507; siehe auch IRLE 1975, 398ff; LÜCK 1987, 72f) zu finden sind. Diese Art der Darstellung hat zudem den Vorteil, daß unterschiedliche Grade der Beeinflussung aufgezeigt werden können - etwa bei den folgenden Extremen. Pseudo-Interaktion bedeutet, daß beide Interaktionspartner nach einem inneren Plan handeln, sich also nicht gegenseitig beinflussen. Beispielsweise geben sich Schauspieler nur jeweils Stichworte für die Darstellung der eigenen Rolle, formale Rituale laufen nach einem definierten Schema ab und manche Party-Gespräche ähneln auch eher vorgefertigten Abläufen. Bei totaler Interaktion dagegen haben die Beteiligten einen eigenen Plan, aber sie revidieren diesen kontinuierlich aufgrund der Handlungen des anderen: etwa bei einem Entscheidungsprozess.

---

15 Sofern es sich um Literatur handelt, die WATZLAWICK hätte verwenden können, gebe ich im Text das Jahr der ersten Veröffentlichung und nach dem Querstrich das der deutschen Ausgabe an. In diesen Fällen habe ich beide Ausgaben in die Literaturangaben aufgenommen.

16 WATZLAWICK meint offenbar Ähnliches: "Jede Mitteilung wird zu einem Bestandteil des Kontextes und bedingt die nachfolgenden Interaktionen" (126). Es sollte sich aber um eine "kann-Aussage" handeln.

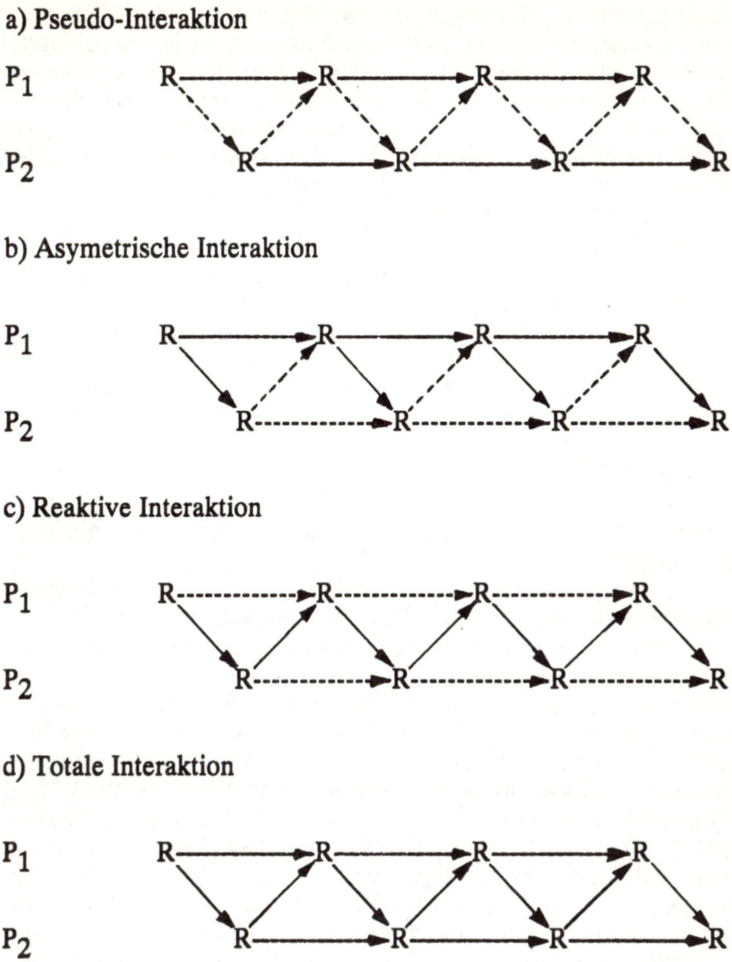

Abb. 1 - Grundmuster sozialer Interaktionen
(IRLE 1975, 400; nach JONES & GERARD 1967, 507)

Interessant ist in diesem Zusammenhang die Frage, wie man sich das genauer genauer vorstellen muß. Dazu liefern klassische sozialpsychologische Theorien einige Hinweise. Eine verstärkende Reaktion von B auf ein Verhalten von A beeinflußt die zukünftige Aktion von A (Bekräftigungslernen: GAGE & BERLINER 1979, 99-128). So fördert z.B. eine zugewandte und interessierte Reaktion angesichts einer persönlichen Aussage die Bereitschaft zu weiteren Aussagen dieser Art. Aus der Dissonanztheorie kann man ableiten, daß eine Person auf eine diskrepante und zugleich wichtige Reaktion des Partners so reagiert, daß die Dissonanz u.a. durch Umdeuten beseitigt wird (FESTINGER 1957/1978). Wenn etwa die Einschätzung der eigenen Intelligenz von einem kompetenten anderen bezweifelt wird, ändert man seine Meinung über sich selbst, den anderen und eventuell noch andere Kognitionen (GÖTZ-MARCHAND, GÖTZ & IRLE 1978). Je nachdem, wie die Erklärung für ein unerwartetes Verhalten des anderen ausfällt, folgt die eine oder andere Handlung (Attributionstheorie: HERKNER 1980). Wenn man etwa die schlechte Laune des anderen mit seiner Überbelastung in Zusammenhang bringt, kann man geduldiger reagieren, als wenn man glaubt, der andere sei unzufrieden mit einem selbst. Wie komplex die Beeinflussung von Verhalten und Erleben durch eigene Pläne, durch den anderen und durch die Umwelt sind, zeigen KELLEY et al. (1983b). Schließlich ist Kommunikation mindestens ein "dynamischer Prozeß in zwei Richtungen, wobei die Beteiligten *gleichzeitig* Botschaften senden und darauf achten, was der Partner signalisiert" (FORGAS 1987, 107).

WATZLAWICK weist - zu recht - immer wieder darauf hin, daß Verhalten nur in "dem Kontext, in dem alles dies stattfindet" (1969, 22, s.a. 23, 51) zu verstehen sei, und wirft gerade der Psychologie vor, diesen Aspekt traditionell außer acht gelassen zu haben (21, 77). Wenn aber offen bleibt, was darunter zu verstehen sei, ist diese Aussage trivial. WATZLAWICK schreibt dazu: "Erst nach der Reaktion des Partners und der Reaktion auf diese Reaktion kann eine bestimmte Mitteilung klassifiziert werden" (1969, 113). Dies genügt aber nicht, wie das obige Beispiel zeigt. Weiter heißt es "Kontext - also der Familie, der Anstalt usw." (124), "Familie, das Gemeinwesen und schließlich die Kultur" (118), und "für ein gegebenes System ist die Umwelt die Summe aller Objekte, deren Veränderung das System beeinflußt, so wie jener Objekte, deren Merkmale durch das Verhalten des Systems verändert werden" (117). Das führt offensichtlich nicht weiter, und zwar bleibt ungeklärt, wie eng oder wie weit der zu berücksichtigende Kontext sein muß und ob es sich um eine subjektiv oder objektiv wahrgenommene Situation handeln muß.

Er gibt keine Antwort auf die Fragen: Um das Verhältnis von zwei oder mehr Menschen zueinander zu verstehen, was und wieviel muß ich wozu wissen? Für welchen Zweck genügt eine Interaktion, ein wechselseitiger Ablauf von Mitteilungen (WATZLAWICK 1969, 50f), wofür muß man Strukturen von Interaktionen (51) im Jetzt und Hier erkennen, wann geht es um Rahmen und Skripte (GOFFMAN 1977), Formate (BRUNER 1985, 39ff) oder soziale Episoden (FORGAS 1979)?

Muß man, um der Komplexität gerecht zu werden, vielleicht sogar hierarchisch angeordnete Bedeutungsebenen (Inhalt, Sprechakt, Episoden, Beziehung, Selbstkonzept/Lebens-Skript, kulturelle Normen: CRONEN, JOHNSON & LANNAMANN 1983, 117; s.a. PEARCE & CRONEN 1980) berücksichtigen, je nachdem, was man analysiert? WATZLAWICKs dauernder Wechsel der Analyseeinheit legt dies nahe. Er benutzt Worte (z.B. Katze: 1969, 62), Sätze (Glauben Sie, daß das genügt? 56), Episoden (Familientherapiesitzung: 87), gewordene interpersonale Beziehungen (Ehepaar: 81) und sogar Nationen (81), um seine Ideen zu illustrieren. Dabei bezieht er sich meist nicht auf den jeweils höheren und niedrigeren Bedeutungs-Kontext. Welche Verwirrungen hierdurch entstehen, behandle ich im Zusammenhang mit den Axiomen zu den Inhalts-/Beziehungsaspekten und der digitalen/analogen Kommunikation.

Es bleibt undiskutiert, daß die Wahl der Analyseeinheit und ihres Kontexts oder ihrer Kontexte mit dem jeweiligen Forschungsvorhaben zu tun hat. Bei Untersuchungen zur Mutter-Kleinkind-Interaktion hat es sich z.B. bewährt, von spezifizierten Formaten auszugehen. Diese Szenarien, z.B. Füttern, gemeinsam ein Buch ansehen, Wickeln etc., zeichnen sich - vereinfacht gesagt - jeweils durch einen erkennbaren Anfang und Schluß, durch beidseitig kontingente Interaktion und durch je gesetzte und erreichte Ziele aus (BRUNER 1985, 39ff).

Die Aussage, daß es in Familien Stabilität und Veränderung gibt, ist ebenfalls wenig informativ. Überlegungen zur Entwicklung von Beziehungen hat schon HOMANS (1961/1968) in seiner Austauschtheorie angestellt. In ihrem Lehrbuch legen THIBAUT & KELLEY (1959) Austausch- und Verhandlungsprozesse zu Grunde. Wie sich zwischenmenschliche Beziehungen tatsächlich entwickeln, wird in den letzten Jahren genauer untersucht (DUCK & GILMOUR 1981a; KELLEY et al. 1983; DUCK 1988a). Es gibt einige Versuche, konkrete Verhaltensweisen zu identifizieren, die eine funktionale von einer dysfunktionalen Familie unterscheiden (SATIR 1964/1973; ARGYLE & HENDERSON 1986).

Die Einführung kybernetischer Begriffe (WATZLAWICK 1969, 114-137) bleibt konsequenzenlos. Für die Analyse zwischenmenschlicher Interaktionen sind sie viel zu allgemein und deshalb wenig nützlich oder sogar unbrauchbar, wie jede Überprüfung seiner Interpretation konkreter Interaktionen zeigt. Am Beispiel der kybernetischen Annahmen, daß negatives feedback[17] für Homöostase und positives feedback für Transformation zuständig ist, haben RAUSH, GREIF & NUGENT (1979, 476ff) zeigen können, daß diese Begriffe hinreichend vage

---

17 Wenn man feedback hört, denkt man wahrscheinlich an die alltagssprachliche Bedeutung. Das ist jedoch nicht gemeint.

sind, um alles mögliche zu bedeuten. Daß es in Systemen Stabilität und Veränderung gibt und daß sich Familien bei bestimmten Anlässen neu strukturieren müssen, ist richtig, aber trivial, außerdem tautologisch, weil System genau so definiert wurde (WATZLAWICK 1969, 124ff).

Die interessante Frage ist ja gerade, welche Veränderungen in welchen Situationen not tun und welche Ressourcen, diese Veränderungen vorzunehmen, der Familie zur Verfügung stehen oder nicht. Dieses sind aber höchst facettenreiche Prozesse, mit denen sich z.B. die Forschung zu kritischen Lebensereignissen (FILIPP 1981; ROSCH INGLEHART 1988) oder zu Bewältigungsprozessen (BRÜDERL 1988) und auch die Entwicklungspsychologie (SCHNEEWIND 1987) befaßt.

Am Beispiel der kritischen Lebensereignisse kann gezeigt werden, daß die aus WATZLAWICK abzuleitende, völlig unspezifische Aussage "es gibt Situationen, in denen Änderungen angebracht sind" absolut belanglos ist. ULICH (1985) hat empirisch untersucht, welche verschiedenen Bedingungen zu den unterschiedlichsten Reaktionen auf Arbeitslosigkeit bei Lehrern führen. In der gerontologischen Forschung herrscht nach wie vor Unklarheit darüber, wie für wen eine gelungene Verarbeitung der Pensionierung aussieht. Man könnte seitenlang offene Fragen formulieren, auf die man, geleitet von WATZLAWICKs Einsichten, nur antworten könnte, es müsse sich eben etwas ändern.

Die Annahme der Nichtvorhersehbarkeit von Endzuständen ist ebenfalls zu allgemein und nicht immer richtig. Auch Therapeuten müssen ihre Interventionen auf mehr oder weniger explizite Annahmen über ihre Wirkung in der Zukunft stützen (SIMON 1983). In seinem Kapitel über "Paradoxien der Psychotherapie" unternimmt WATZLAWICK (1969, 213-238) selbst nichts anderes: "Wenn ein Therapeut seinem Patienten vorschreibt, sich symptomatisch zu verhalten, so verlangt er spontanes Benehmen und erwirkt durch diese paradoxe Aufforderung eine Verhaltensänderung des Patienten" (221f). Eine noch deutlichere Prognose macht er an anderer Stelle: "Fast mit mathematischer Sicherheit läßt sich voraussagen, daß auf eine Besserung des Patienten eine Ehekrise der Eltern folgt, die den Patienten dann sehr oft wieder in seine Pathologie zurückfallen läßt" (81). Im Zusammenhang mit seiner Kritik an der Verhaltenstherapie wiederholt er diese Annahme. Seiner Erfahrung nach geht eine "oft drastische Verbesserung des Patienten ... meist Hand in Hand mit dem Auftauchen eines neuen Problems oder der Verschlechterung eines bestehenden Zustandes bei einem *anderen* Familienmitglied" (223).[18]

---

18 Diese Behauptung wird im übrigen von fast allen systemisch orientierten Autoren wiederholt. Ich habe nirgends einen empirischen Beleg dafür gefunden, nur einen Verweis auf den Roman "Tender is the night" von

Tatsächlich ist das Problem der Vorhersehbarkeit von Verhalten eine höchst komplizierte Angelegenheit und wird auch in der Psychologie unterschiedlich behandelt und beantwortet (SELG & DÖRNER 1985). Einerseits hat die Psychologie die Aufgabe, Verhalten zu beschreiben, zu erklären, zu beeinflussen und vorherzusagen. Es ist ihr auch gelungen, Gesetzmäßigkeiten zu formulieren, etwa derart: "Wenn Verhalten verstärkt wird, dann nimmt die Wahrscheinlichkeit zu, daß dieses Verhalten wieder auftritt" (GAGE & BERLINER 1979, 100), oder "Je mehr ein Therapeut sich kongruent, wertschätzend und empathisch verhält, umso eher wird sich ein Klient ihm öffnen" (ROGERS 1942/1972, 1961/1973). Andererseits handelt es sich um Wahrscheinlichkeitsaussagen, die im Einzelfall nicht zutreffen müssen, weil die große Anzahl von unerkannten Randbedingungen auch andere Ergebnisse zuläßt (DÖRNER 1983).
Hier schließt sich die - gerade in der Praxis - sehr schwer zu entscheidende Frage an, in welchem Ausmaß ein bestimmtes Verhalten determiniert oder frei gewählt ist (MONTADA 1983, 1985). Hat sich ein Mädchen entschieden, anorektisch zu werden, oder ist es Opfer der familiären Umstände?

SCOTT FITZGERALD (RAUSH, GREIF & NUGENT 1979, 470). Es ist im übrigen kaum denkbar, daß dieses Phänomen nicht den vielen Therapeuten, die Einzeltherapie machen, aufgefallen wäre. Schleierhaft bleibt dann auch, unter welchen Umständen WATZLAWICK mit einzelnen Personen arbeitet (z.B. WATZLAWICK, WEAKLAND & FISCH 1974, 174).

3. Die Axiome

3.1. Zur Behauptung, man könne sich nicht nicht verhalten[19]

Scheinbar gewichtig führt WATZLAWICK das erste Axiom "Man kann nicht nicht kommunizieren" (1969, 53) ein: "Verhalten hat vor allem eine Eigenschaft, die so grundlegend ist, daß sie oft übersehen wird: Verhalten hat kein Gegenteil, oder um dieselbe Tatsache noch simpler auszudrücken: Man kann sich nicht *nicht* verhalten" (51).[20]
Für WATZLAWICK ist Kommunikation gleichzusetzen mit "Verhalten jeder Art" (23, 51), weil beides, verbaler wie nonverbaler Ausdruck, Mitteilungscharakter habe, d.h. Information sei. Diese Gleichsetzung ist problematisch: "Wenn alles Verhalten, das in Gegenwart eines anderen Menschen stattfindet, kommunikativ ist - was für einen wissenschaftlichen Nutzen kann man dann noch aus der Kennzeichnung eines Verhaltens als 'kommunikativ' ziehen?" Verhalten hat nur dann einen Informationswert, "wenn es uns veranlaßt, etwas zu wissen oder zu glauben, was wir bisher nicht gewußt oder geglaubt haben" (HÖRMANN 1976, 316, 317). Dann handelt es sich aber um ein bestimmtes, zu spezifizierendes Verhalten.
In der Informationstheorie bezieht sich der Begriff Information auf die Auftretenswahrscheinlichkeit eines Zeichens. Ist diese gering, hat eine Nachricht einen hohen Informationswert. Ist sie 100%, hat das Zeichen dagegen keinen Informationswert. "Verhalten" als Gesamtmenge aller Äußerungen von Menschen hat eine Wahrscheinlichkeit von 100%, hat also keinen Informationswert. Bestimmte, festgelegte Verhaltensweisen aus einem Verhaltensrepertoire haben nur dann einen Informationsgehalt, wenn ihre Auftretenswahrscheinlichkeit wesentlich darunter liegt.
Menschen als lebende Organismen geben ständig irgendwelche Lebensäußerungen von sich. Per Definition verhalten sie sich. Entkleidet man das Axiom der doppelten Verneinung - also: "Menschen verhalten sich" -, so wird es banal, da bedeutungslos, im Unterschied etwa

---

19 Ich behandele zunächst das erste, dritte und fünfte Axiom, die voneinander unabhängig sind. Das zweite und vierte Axiom sowie die Ausführungen zu Paradox und Doppelbindung gehören zusammen, weil in ihnen immer die Annahme gemacht wird, ein Aspekt sei logisch höher als ein anderer.

20 Diesen Sachverhalt hatte schon 1963 GOFFMAN weniger dramatisch formuliert "Ein Mensch kann aufhören zu sprechen, er kann aber nicht aufhören, mit seinem Körper zu kommunizieren; er muß damit entweder das Richtige oder das Falsche sagen, aber er kann nicht gar nichts sagen" (1971, 43).

zu der Aussage: "Menschen können miteinander reden oder nicht". Hier gibt es einen klaren Gegensatz: reden und nicht reden. Existenz, d.h. die Tatsache, daß es etwas - wie z.B. Verhalten - gibt, ist keine Eigenschaft, die ein Gegenteil hat. Wenn man sich vorstellt, ein Meteorologe käme auf die Idee zu sagen: "Wetter hat vor allem eine Eigenschaft. Es gibt kein Nicht-Wetter. Also kann es nicht nicht sein", würde man ihn sicher für etwas merkwürdig halten. Es kann dagegen regnen oder nicht regnen. Ebenso wie in der Meteorologie nicht über Wetter im Abstrakten gesprochen wird, handelt es sich auch in der Psychologie um konkretes Verhalten.

Zudem verschleiert diese Verallgemeinerung, daß Sprache als solche (AUSTIN 1962/1972; HERRMANN 1972, 1982), ihre nonverbalen Begleiterscheinungen (ARGYLE 1979) oder auch Sprachformen und -situationen - z.B. Klatsch (HARRE 1985), Mutter-Kind-Gespräche (BRUNER 1985), Diskriminierung mit sprachlichen Mitteln (GRAUMANN & WINTERMANTEL 1989) - untersucht werden können.

Das Axiom verweist lediglich darauf, daß es prinzipiell möglich ist, Verhaltensweisen eines anderen als Information aufzufassen, und daß man dies als Sprecher oder Handelnder in Anwesenheit eines zweiten nicht verhindern kann. WATZLAWICKs Formulierung versperrt jedoch den Blick darauf, daß tatsächlich nicht jedes Verhalten in einer Interaktion für den Sender oder Empfänger von Bedeutung ist, d.h. Informationsgehalt hat. Es stellt sich die Frage: Unter welchen Umständen ist welches Verhalten bedeutungsvoll oder bedeutungslos? Beispielsweise sagt in stark ritualisierten (strukturierten, normierten) Situationen ein an das Zeremoniell angepaßtes Verhalten gar nichts über die Person, während das gleiche Verhalten bei einer inoffiziellen Angelegenheit äußerst auffällig und erklärungsbedürftig sein dürfte (vgl. das Moment der Distinktheit in der Attributionstheorie: KELLEY 1967).

"Die Unmöglichkeit, nicht zu kommunizieren," ist - so WATZLAWICK - "Teil des schizophrenen Dilemmas ... So hat es den Anschein, als versuche der Patient, *nicht zu kommunizieren.*" Er stehe vor der fast unmöglichen Aufgabe, "jede Mitteilung zu vermeiden und gleichzeitig zu verneinen, daß sein Verneinen selbst eine Mitteilung ist" (52). Er trachte danach, eine Stellungnahme, seine Definition der Beziehung zu vermeiden (53). "Eine Stellungnahme geben" ist aber wiederum nicht Verhalten allgemein, sondern eine konkrete Verhaltensweise, die man tun oder lassen, deutlich oder undeutlich übermitteln kann.

In diesem Sinn kommentiert WATZLAWICK auch die unklare Antwort eines Mannes auf die Frage, warum er mit seiner Familie und den Eltern in der gleichen Stadt lebe. "Praktisch jeder, der sich in einer Situation befindet, in der er einerseits auf Fragen des anderen antworten soll, andererseits sich dem anderen nicht eröffnen möchte, wird er in dieser oder einer ähnlichen Form reagieren" (77). Auch hier ist es sinnlos zu behaupten, der Mann wolle sich nicht verhalten. Man kann allenfalls interpretieren, er wolle oder könne sich zu dieser Frage nicht deutlich äußern.

Nimmt man die Ausführungen WATZLAWICKS zum Verhalten Schizophrener[21] als Ausgangspunkt, ergeben sich einzig zwei Hinweise. Es kann Personen geben, deren Verhalten so wirkt, als ob sie bestimmte Handlungen nicht ausführen wollten oder könnten, und es können bestimmte Situationen eintreten, in denen Menschen etwas Bestimmtes nicht tun (z.B. reden, sich entscheiden), weil sie nicht wollen oder können. Die zu stellenden Fragen sind dann aber, ob man diese Personen und Situationen systematisch erfassen und unterscheiden kann. Sofern dies gelingt, handelt es sich um empirisch prüfbare Aussagen und nicht um unklare Axiome. Zum besseren Verständnis werden ein paar Überlegungen nützlich sein.

WATZLAWICKS wichtigstes Beispiel aus dem Alltag - im Unterschied zu pathologischen Situationen - handelt von dem Mann im Wartesaal, der weder sprechen noch angesprochen werden will, der vor sich auf den Boden starrt oder mit geschlossenen Augen dasitzt und der dadurch den anderen mitteilt, daß er weder sprechen noch angesprochen werden will (51). Es geht in diesem Fall nicht darum, daß der Mann sich nicht nicht verhalten oder auch nicht nicht kommunizieren (etwas mitteilen) will, sondern er will sich nicht unterhalten, also etwas Spezifisches nicht tun. Er hat sich zwischen mindestens zwei sozial erlaubten Möglichkeiten, sich zu unterhalten oder nicht, entschieden und versucht nun, dies auf eine akzeptable und verständliche Art und Weise, in diesem Fall nonverbal, zu signalisieren. Das Verhalten des Mannes im Wartesaal ist der Situation durchaus angemessen - wie auch das Schweigen in der Kirche angemessen und keinesfalls der Versuch ist, etwas nicht zu tun. Schweigen wird bei WATZLAWICK unversehens zu einer pathologischen, nicht weiter differenzierten Verhaltensweise. Es ist jedoch anzunehmen, daß normalerweise "Schweigen ... genau so regelgebunden ist wie Reden" (WILDER 1979, 183).

Auch WATZLAWICKS "hypothetischer Flugpassagier" (74ff, 127), dessen Nachbar sich unterhalten will, soll sich in der Situation befinden, "wo der Wunsch besteht, die jeder Kommunikation innewohnende Stellungnahme zu vermeiden" (74). Dort jedoch geht es darum, daß es nach "den Regeln guten Benehmens" unhöflich (75) wäre, auf ein Gesprächsangebot mit einer klaren Abweisung zu reagieren. Offensichtlich unterscheidet sich die Situation des Flugpassagiers von dem des Mannes im Wartesaal darin, daß er größere Mühe hat, ein Gespräch

21 Bei der oft ungenauen Diagnose ziehe ich es mit SELVINI PALAZZOLI (1978, 34) vor, von Menschen zu sprechen, die schizophrenes Verhalten zeigen. Ich wage nicht zu entscheiden, ob sie es sind.

auf höfliche Art zu verhindern.
Es gibt demnach Interaktionen, in denen alle ehrlichen Aussagen negativ oder sozial unerwünscht, ausweichende Antworten hingegen legitim (aber nicht immer leicht zu finden) sind. BAVELAS untersucht solche Situationen, die im Sinne LEWINS als Vermeidungs-Vermeidungs-Konflikte ohne die Möglichkeit, das Feld zu verlassen, aufzufassen sind und in denen versucht wird, "nichts zu sagen, während man etwas sagt, oder etwas zu sagen, ohne wirklich etwas zu sagen" (1985, 191, s.a. 1983). Beispiele sind: Man bekommt ein bizarres Geschenk und weiß nicht, ob es ernstgemeint oder ein Witz ist; die Ehefrau hat eine neue Frisur, die der Mann scheußlich findet. In diesen Fällen wird oft eine - zwischen Lüge und Ehrlichkeit - ausweichende Antwort gesendet wie etwa: "nicht schlecht, interessant, ganz was Neues" etc. Manche Politiker beherrschen diese Kunst in besonderem Maße.
Es gibt zum anderen Situationen, in denen eine bestimmte Reaktion legitimerweise erwartet wird und werden kann, so daß man sich kaum dafür entscheiden kann, der Erwartung nicht zu folgen. Z.B. gehört es sich, bei einer Begrüßung die ausgestreckte Hand des anderen zu schütteln. Es nicht zu tun, ist ein mehr oder weniger gut getarnter Affront, wenn nicht bloß Unaufmerksamkeit.
Weiterhin kann es existentiell bedeutsame Situationen geben, in denen man handeln muß, so daß der Versuch abzuwarten, also nichts zu tun, auch eine Entscheidung ist, z.B. wenn es um die Berufs- und Partnerwahl geht. So erweist sich die Behauptung, Verhalten habe kein Gegenteil, als töricht, denn sie lenkt ab von den wirklich tragischen Konflikten, in denen sich ein Mensch zwischen zwei gleichermaßen unerträglichen Alternativen entscheiden muß. Die durch SINGER (1989) erneut ausgelöste Debatte über aktive Sterbehilfe verweist auf solche Entscheidungen: Lasse ich den schwerstbehinderten Säugling am Leben, nehme ich in Kauf, daß er monatelang unter erbärmlichen Qualen dahinstirbt. Muß und darf ich ihn töten?
Schließlich kann man sich Menschen vorstellen, die ihre Lebenssituation insgesamt so wahrnehmen, daß sie lieber nicht handeln möchten oder können. Erlernte Hilflosigkeit (SELIGMAN 1979), depressive Verstimmungen und Depressionen (HOFFMANN 1976, 1979) können dazu führen, daß Menschen ihren Handlungen keinen gewünschten Effekt mehr zuschreiben und aktiv planendes Handeln aufgeben.
All dies heißt nur: Situationen unterscheiden sich darin, was in ihnen als angemessenes und unangemessenes verbales oder nonverbales Verhalten gilt; Situationen werden in ihrer Konflikthaftigkeit und dem Wunsch, sie zu vermeiden, unterschiedlich erlebt. Menschen unterscheiden sich in der Befolgung sozialer Normen und in der subjektiv erlebten Kontrolle. Das alles sind nun aber "keine grundlegenden Ei-

genschaften der Kommunikation oder des Verhaltens" (51), sondern Variationen von Situationen und Personen. Zu fragen wäre eher: Unter welchen Umständen soll, kann oder will man gar nicht oder nicht deutlich mit einer bestimmten Verhaltensweise reagieren oder agieren? Welche - angemessenen - Handlungsstrategien gibt es dann?

3.2. Interpunktion ist zu wenig

Das dritte Axiom: "Die Natur einer Beziehung ist durch die Interpunktion der Kommunikationsabläufe seitens der Partner bedingt" (WATZLAWICK 1969, 61), folgt aus zwei Überlegungen. Die Annahme der Kreisförmigkeit von Interaktionen, von Redundanzen und Regeln führt zu dem Schluß, daß es in einer Interaktion keinen Anfang geben kann. "Jeder Teilnehmer in einer Interaktion muß ihr jedoch unvermeidlich eine Struktur zugrundelegen" (57), d.h. interpunktieren.
WATZLAWICK illustriert dieses Axiom mit dem - oft überstrapazierten - Beispiel der nörgelnden Ehefrau und des sich zurückziehenden Ehemannes (1969, 58ff). Damit wird aber nur gezeigt, daß es Sequenzen aus sich ergänzenden Verhaltensweisen der Partner geben kann und daß die Beteiligten bei negativen Verhaltensweisen dazu neigen, dem jeweils anderen die Schuld am eigenen Verhalten zu geben. Wenn WATZLAWICK nun aber behauptet, "die Natur der Beziehung einer Beziehung ist durch ihre Interpunktion bedingt" (61), und "Diskrepanzen auf dem Gebiet der Interpunktion sind die Wurzeln vieler Beziehungskonflikte" (58), ist das falsch. Das Ehepaar hat Schwierigkeiten wegen der irgendwann und irgendwie entstandenen Abfolge spezifischer, hier unangenehmer Verhaltensweisen und den jeweiligen Zuschreibungen, in diesem Fall von Schuld. Man könnte die Aussage WATZLAWICKs ebenso umdrehen: Die Art der Interpunktion, die die Partner vornehmen, ist durch die Natur ihrer Beziehung bedingt. Tatsächlich aber gehen die schlechte Beziehung und die gegenseitigen Beschuldigungen Hand in Hand.
WATZLAWICK beachtet nicht, daß unterschiedliche Zuschreibungen als solche nicht problematisch sein müssen, sondern daß es auf die Art des attribuierten Verhaltens ankommt. Erwünschte, positive, angenehme Verhaltensweisen und diskrepante Attributionen können geradezu umgekehrt zu besseren Beziehungen führen. So kann man sich vorstellen, daß sich zwei Personen gegenseitig als Ursache für eine beglückende Erfahrung sehen (A: "Ich bin freundlich zu dir, weil du so offen warst", B: "Ich bin so offen, weil du so freundlich bist") und daß diese Ursachenzuschreibung die gute Beziehung stabilisiert. Wieder einmal wird also das konkrete Verhalten ignoriert und dadurch eine zumindest teilweise falsche Aussage formuliert. Die Beschränkung

auf negative Verhaltensweisen führt zudem dazu, daß die selbstwerterhaltende Funktion von Attributionen übersehen wird (STAHLBERG, OSNABRÜGGE & FREY 1985).
WATZLAWICK behauptet mehrfach, daß es in Systemen mit Rückkopplung bedeutungslos sei, vom Anfang und Ende der Kette zu sprechen (47, 60). Im Zusammenhang mit dem Phänomen der selbsterfüllenden Prophezeiung wird jedoch die Relevanz des historischen Anfangs gesehen. "Wir haben es hier also mit Interaktionen zu tun, deren Beginn nicht irgendwo in der Vergangenheit einer langdauernden Beziehung liegt, sondern die insofern tatsächlich einen Anfangspunkt haben, als hier die zwischenpersönliche Prämisse eines Menschen praktisch jedem Partner ein gewisses Verhalten mehr oder weniger aufzwingt. Wer z.B. davon überzeugt ist, daß ihn niemand respektiert, wird ein mißtrauisches, abweisendes oder aggressives Benehmen an den Tag legen, auf das seine Umwelt höchstwahrscheinlich mit Unmut reagiert und damit seine ursprüngliche Annahme 'beweist'" (95).
Zumindest am Beginn von Beziehungen kann es also wichtig sein, auslösende Verhaltensweisen (Anfänge, Ursachen) zu kennen. Diesen Prozeß hat man experimentell nachweisen können. Wenn der Partner A erwartet, B wird aggressiv reagieren, beginnt er selbst - sozusagen prophylaktisch - mit einem aggressiven Zug. Damit erweckt er bei B den Eindruck, er - A - sei aggressiv, so daß nun auch B aggressiv kontert. Wird B nun noch dazu gebracht, sein Verhalten seiner Persönlichkeit zuzuschreiben, verhält er sich selbst in neutralen Situationen so: er wird tatsächlich aggressiv (SNYDER & SWANN 1980). Ebenso ist der umgekehrte Fall nachgewiesen worden, daß positive Zuschreibungen positive Reaktionen nach sich ziehen. Eine negativ eskalierende Zuschreibungssequenz kann aber auch unterbrochen werden, wie der Pygmalion-Effekt nahelegt (ROSENTHAL & JACOBSON 1971).
Wenn ich WATZLAWICK richtig verstehe, ist es bei langdauernden Beziehungen nicht sinnvoll, in Kategorien von "Ursache und Wirkung" (47ff) zu denken. Ich stimme zu, daß es oft müßige Diskussionen darüber gibt, wer angefangen habe. Mir ist aber nicht wohl dabei, wenn WATZLAWICK vor dem Trugschluß warnt, in "komplementären Beziehungen wie zwischen Führer und Geführtem, einer starken und einer schwachen Person, Eltern und Kindern die Ganzheit der Interaktion aus dem Auge zu verlieren und sie in voneinander unabhängige lineare Kausaleinheiten zu zerlegen" (121). Gerade in Beziehungen, in denen die eine Person mehr, oft entscheidend mehr Macht hat, muß man kausal denken. Es gibt Opfer, die nicht Mittäter sind. Zirkuläres Denken ist Hohn angesichts der Opfer des Holocaust. Für die Behandlung von Familien ist es wichtig, unterscheiden zu lernen, wann man zirkulär und wann man linear denken, beobachten und intervenieren muß (SIMON & SCHMIDT 1984). Wenn schon kleinste Kinder in ihren Fami-

lien mißhandelt und kleinste Mädchen sexuell mißbraucht werden, kann die Annahme an eine Mitverursachung oder ein Mitmachen höchstens zu noch mehr Unrecht führen.[22]
Richtig an dem sogenannten Axiom ist allein die - inzwischen als trivial erkennbare - Aussage, daß Menschen Ursachenzuschreibungen vornehmen. Dies ist jedoch nur ein Aspekt des Bedürfnisses und der Notwendigkeit, Erfahrungen zu strukturieren, also ein weit vielschichtigerer Prozeß, als Watzlawick an dieser Stelle suggeriert. Hätte er auch nur einmal die amerikanische Psychologie seiner Zeit zur Kenntnis genommen, hätte er bemerken müssen, daß HEIDER (1958/1977), JONES & DAVIS (1965) und KELLEY (1967) sich mit wesentlich komplexeren Fragen zu Attributionsprozessen zu beschäftigen begannen. Nimmt man nun diese Autoren und die Erkenntnisse vieler anderer nach ihnen, so kann man sich längst nicht mehr mit der Feststellung begnügen, daß es Attributionen gibt. Es sind viel differenziertere Fragen gestellt und beantwortet worden, z.B. wann wird überhaupt attribuiert; auf welchen Dimensionen wird attribuiert; geschehen Attributionen anders, je nachdem, ob es sich um erwünschtes oder unerwünschtes Verhalten, eigenes oder fremdes Verhalten handelt; und schließlich: was sind die Konsequenzen von Attributionen (dazu u.a. HERKNER 1980; KRAMPEN 1989)? Hier genügt die Feststellung, daß Menschen nicht immer interpunktieren oder attribuieren, sondern nur bei "identitätsrelevanten, d.h. subjektiv bedeutsamen und betroffen machenden Erfahrungen" (HAUßER 1983, 47), bei z.B. erwartungswidrigen, neuartigen und belastenden Ereignissen.
WATZLAWICK benutzt den Begriff "Interpunktion" allerdings nicht nur in dem engeren Sinn der Ursachenzuschreibung in zwischenpersönlichen Situationen und den daraus entstehenden Konflikten, denen allen "die widersprüchlichen Annahmen der Partner hinsichtlich dessen, was Ursache und Wirkung ist, gemeinsam ist" (93). Wenn er davon spricht, daß "Interpunktionsweisen einer Kultur zur Regulierung dessen gelten, was als ... 'richtiges' Verhalten betrachtet wird" (58), meint er, daß es normative Erwartungen über die Abfolge von Ereignissen gibt, z.B. wann es angemessen ist, den ersten Kuß zu geben (20). Das ist aber etwas ganz anderes als Attribution. Unzulässig, zumindest verwirrend ist es, wenn mit "Interpunktion" auch noch etwas viel allgemeineres als Attribution bezeichnet wird: "Es kann aber kein Zweifel darüber bestehen, daß man als Mensch nicht nur die Ereignisabläufe in zwischenpersönlichen Beziehungen interpunktiert, sondern daß dieselbe Interpunktion in dem ständig notwendigen Auswertungs- und Ordnungsprozeß der zehntausend Sinneseindrücke am Werk ist,

22 Siehe dazu den Abschnitt "Kausalität, Macht und Veränderung" in dieser Arbeit.

die man in jeder Sekunde von seinem inneren und äußeren Milieu erhält" (244). "Aller Wahrscheinlichkeit nach ist das, was wir subjektiv als Wirklichkeit erleben, das Resultat unserer Interpunktionen" (92f). Jetzt bezieht sich "Interpunktion" auf die viel grundlegendere Tatsache, daß Menschen ihre Erfahrung strukturieren, d.h. wahrnehmen, Begriffe bilden, Probleme lösen, unendlich viel lernen etc. - man denke nur an die Leistungen, die ein heranwachsendes Kind vollbringt. Es ist bemerkenswert, daß der Teilaspekt der Interpunktion - verstanden als Attribution - als scheinbar grundlegend herausgegriffen wird und den Status eines Axioms erhält. Warum gilt dies nicht für den ungleich allgemeineren Sachverhalt, daß Menschen ihre Erfahrung strukturieren, um handlungsfähig zu bleiben? Hier drängt sich die Frage auf, warum nicht dieses Phänomen zum Axiom wurde; auf einer solchen Grundlage wäre nämlich zu diskutieren, welche einzelnen Prozesse der Strukturierung von Erfahrung Konsequenzen für interpersonale Beziehungen haben können. Spätestens an dieser Stelle empfiehlt sich der Blick in ein gängiges psychologisches Lehrbuch (z.B. ZIMBARDO 1983).

3.3. Wo sind symmetrische und komplementäre Kommunikationen?

Das fünfte Axiom "Zwischenmenschliche Kommunikationsabläufe sind entweder symmetrisch oder komplementär, je nachdem, ob die Beziehung zwischen den Partnern auf Gleichheit oder Unterschiedlichkeit beruht" (WATZLAWICK 1969, 70), wird weiter erläutert: "Symmetrische Beziehungen zeichnen sich durch Streben nach Gleichheit und Verminderung von Unterschieden zwischen den Partnern aus, während komplementäre Interaktionen auf sich gegenseitig ergänzenden Unterschiedlichkeiten basieren" (69). "Symmetrie und Komplementarität haben nichts mit Werturteilen wie 'gut' oder 'schlecht', 'normal' oder 'abnormal' und dergleichen zu tun. Die beiden Begriffe beziehen sich ganz einfach auf zwei grundlegende Kategorien, in die sich alle zwischenmenschlichen Kommunikationen einteilen lassen" (103).

Eingeführt wird dieses Axiom durch Beobachtungen BATESONs über Verhalten, das er komplementär nennt: "Wenn z.B. das Verhalten eines Individuums *A* in der betreffenden Kultur für dominant gilt und als kulturbedingtes Verhalten von *B* darauf Unterwerfung erwartet wird, so ist es wahrscheinlich, daß diese Unterwerfung ein weiteres Dominanzverhalten auslöst, das seinerseits weitere Unterwerfung erfordert, ... wenn nicht andere Faktoren mitspielen und diesem Übermaß an Dominanz und Unterwerfung Grenzen setzen" (69; siehe dazu

BATESON 1935/1981). Symmetrische Eskalation entstehe nun, wenn es sich z.B. um Prahlen als kulturbedingtes Verhalten einer Gruppe handelt und die andere Gruppe ebenfalls mit Prahlen reagiert, so daß sich daraus ein Wettstreit entwickelt, in dem Prahlen zu mehr Prahlen führt.

Dieses Axiom ist nur auf den ersten Blick einsichtig und eindeutig. Fast unproblematisch scheint die Annahme, daß es Beziehungen gibt, die auf Gleichheit oder Unterschiedlichkeit beruhen. Unklar wird es allerdings, wenn man sich den postulierten Zusammenhang zwischen Art der Beziehung und den in ihr ablaufenden Interaktionssequenzen genauer ansieht.

Über komplementäre Beziehungen wird ausgesagt: Es gibt Beziehungen, die auf Ungleichheit beruhen, und ihre Kommunikationsabläufe sind komplementär. Ungleichheit bezieht sich auf verschiedene Positionen. "Ein Partner nimmt die sogenannte superiore, primäre Stellung ein, der andere die entsprechende inferiore, sekundäre" (69). Weiter heißt es dazu: "Komplementäre Beziehungen beruhen auf gesellschaftlichen oder kulturellen Kontexten (wie z.B. im Fall von Mutter und Kind, Arzt und Patient, Lehrer und Schüler), oder sie können die idiosynkratische Beziehungsform einer ganz bestimmten Dyas sein. In beiden Fällen muß jedoch die ineinander verzahnte Natur der Beziehung hervorgehoben werden" (69f). Komplementäre Kommunikation geschieht durch "unterschiedliche, aber einander ergänzende Verhaltensweisen, die sich gegenseitig auslösen" (70). Soweit WATZLAWICK.

Es ist relativ einfach, formelle komplementäre Beziehungen zu identifizieren. Es handelt sich dabei um einander zugeordnete unterschiedliche Rollen wie z.B. Gefängniswärter-Gefangener, Käufer-Verkäufer, Arzt-Patient, Lehrer-Schüler, Prüfer-Prüfling, Mutter-Kind, an die - als gesellschaftliche Kategorie - bestimmte Verhaltenserwartungen geknüpft sind. Nun unterscheiden sich diese Beziehungen aber in für die Interaktion wesentlichen Aspekten, z.B. in der Dauer, im Formalisierungsgrad (partikular oder universalistisch), in dem Machtverhältnis, durch die Anzahl der zugelassenen Themen und durch den Grad der Intimität, so daß man nicht erwarten kann, daß Vergleichbares in ihnen vorgeht. Es ist jedoch nicht immer leicht zu erkennen, worauf sich die Unterschiedlichkeit bezieht: Handelt es sich um Ungleichheit der Macht, d.h. der "Chance, innerhalb einer sozialen Beziehung den eigenen Willen auch gegen Widerstreben durchzusetzen" oder der Herrschaft, d.h. der "Chance für einen Befehl bestimmten Inhalts bei angebbaren Personen Gehorsam zu finden" (WEBER 1964, 38)? Geht es um Unterschiedlichkeit des Wissens, des Status, der Bildung, des Einkommens?

Gänzlich undurchsichtig wird es, wenn man nach beobachtbaren komplementären Kommunikationsabläufen sucht, d.h. "unterschiedliche, aber einander ergänzende Verhaltensweisen". Welche Beobachtungseinheit soll man zugrundelegen? Schon bei BATESON taucht dieses Problem auf, aber es wird nicht erkannt. Als Beispiel für komplementäres Verhalten führt er an: "Wenn ... Gruppe A gewöhnlich Sago an B verkauft, während diese gewöhnlich Fisch an A verkauft, müssen wir wohl das Muster als komplementär bezeichnen" (1981, 109). BATESON sieht nicht, daß man dies ebenso gut als symmetrisch ansehen kann, wenn man auf einer etwas allgemeineren Ebene formuliert: "A verkauft an B und kauft von B; B verkauft an A und kauft von A". So gesehen sind A und B gleichberechtigte Handelspartner. Den logisch möglichen symmetrischen, aber ökonomisch unsinnigen Fall "A verkauft Sago an B; B verkauft Sago an A" erwähnt BATESON nicht. Aus konkreten, sich scheinbar ergänzenden Verhaltensweisen kann man also nicht auf Symmetrie oder Komplementarität, Gleichheit oder Ungleichheit schließen.

Im weiteren Fortgang seiner Argumentation geht es auch nicht mehr um einzelne Verhaltensweisen, sondern um Qualitäten von Beziehungen, z.B. "Zustimmung - Unterwürfigkeit", "Exhibitionismus - Bewunderung", Beschützung und Ausdruck von Schwäche" (109) sowie "Herrschaft - Unterwerfung", " Unterstützung - Abhängigkeit" (136). WATZLAWICK übernimmt den Fehler, daß sich Symmetrie im gleichem konkreten Verhalten zeige, wenn er behauptet, eine Äußerung könne "nach der Reaktion des Partners und der Reaktion auf diese Reaktion" als "symmetrisch oder komplementär klassifiziert werden" (113). Genau dies führt zu Problemen, wie am Beispiel des Prüfer-Prüfling- und Lehrer-Schüler-Verhältnisses zu zeigen ist.

Das komplementäre Verhältnis in einer Prüfungssituation zeichnet sich dadurch aus, daß einer urteilt und der andere beurteilt wird, und es ist zu erwarten, daß der Prüfer fragt und der Prüfling antwortet. Aus einer klaren Rollenverteilung ergeben sich in diesem Fall auch (fast) eindeutige Interaktionssequenzen. Es wäre unangemessen, wenn der Prüfling die Rollen und das Verhalten umtauschen wollte. Stellt man sich aber eine länger andauernde Lehrer-Schüler-Situation vor, so ist anzunehmen, daß in ihr auch symmetrische Sequenzen vorhanden sein müssen, etwa bei einer Diskussion. Die sich ergänzenden Rollen führen also nur in ganz spezifischen Situationen auch zu kleinsten komplementären Verhaltenseinheiten.

Wie sieht es nun bei gesellschaftlich definierten, lang andauernden, primären komplementären Beziehungen aus? Man kann sich eine ganz alltägliche Beziehung ansehen, die Interaktion zwischen Mutter und Kind. Die Ungleichheit dieser Beziehung besteht darin, daß das Kind von der Mutter physisch und psychisch abhängig ist, daß Pflegeverhalten und Pflegebedürfnis sich ergänzen. Natürlich versorgt die Mutter das abhängige Kind durch Füttern, Waschen, Wickeln etc., d.h.

man kann Verhaltensweisen identifizieren, die einander ergänzen. Ihre Interaktion dabei ist aber nicht in dem Sinne komplementär, daß etwa die Mutter immer führt und das Kind folgt oder - allgemeiner gesagt - agiert und das Kind reagiert. Schon BELL (1968) hat nachgewiesen, daß beide agieren und reagieren. Man hat beobachtet, daß bestimmte Interaktionssequenzen, die zunächst von der Mutter initiiert und geregelt wurden, bald "symmetrisch werden, und das Kind kann sie genau so einfach initiieren wie ein Erwachsener" (BRUNER 1985, 43). Kinder dirigieren z.B. ihre Eltern, indem sie sie dazu bewegen, ihnen Gegenstände zu bringen. Sie kommen, wenn man so will, zunehmend auch in die superiore Position. Sind nun aber die kürzesten Kommunikationsabläufe komplementär in dem Sinne, daß sich unterschiedliche, einander ergänzende Sprechakte gegenseitig auslösen? Natürlich paßt sich die Mutter mit ihrer Sprache dem kognitiven Entwicklungsstand des Kindes an. Schon sehr kleine Kinder gehen aber auch aktiv mit der Sprache um. So übernehmen sie z.B. Wörter und geben ihnen ihre eigene Bedeutung, so daß die Mutter erraten muß, um was es sich handelt (FERRIER 1978). Ist das noch komplementär? Es ist offensichtlich schwierig, den konkreten Austausch zwischen Mutter und Kleinkind als ausschließlich komplementär zu bezeichnen.

WATZLAWICK selbst schildert als Beispiel eine komplementäre idiosynkratische Beziehung. Es handelt sich um ein Ehepaar, in dem die Amnesie und Hilflosigkeit der Frau es dem Ehemann ermögliche, stark und realistisch zu sein und umgekehrt. Zur Illustration dient ein Ausschnitt aus einem Interview, das mit der Frage begann, wie sie sich kennengelernt hätten. Der Ehemann sagt oder fragt etwas und die Ehefrau reagiert stereotyp mit "ich weiß nicht" oder etwas Ähnlichem (WATZLAWICK 1969, 110). Die komplementäre Beziehung, die sich ergänzenden Rollen der Ehepartner spiegeln sich in ihrem Sprachverhalten. Der starke Mann fragt und die hilflose Frau weiß keine Antworten. So etwas mag in der besonderen Interview-Situation vorkommen. Es ist aber kaum vorstellbar, daß dieses Ehepaar immer und überall so miteinander redet, daß er immer fragt und sie immer hilflos reagiert. Zumindest für ein nicht-pathologisches Ehepaar, in dem über längere Zeit hinweg der eine als der stärkere, der andere als der schwächere Partner gesehen wird, muß man annehmen, daß es auch andere als komplementäre Interaktionssequenzen gibt. So fanden MILLAR & ROGERS (1976) in einer empirischen Untersuchung der sprachlichen Interaktion von Ehepaaren, die sich explizit auf WATZLAWICKs Konzepte bezieht, nur 10% komplementäre Sequenzen. Daraus dürfte deutlich geworden sein, daß sich Komplementarität der Rollen nicht in kleinsten Interaktionseinheiten zeigen kann, in dem Sinne, daß ungleiche Verhaltensweisen ausgetauscht werden.

Ein Unbehagen bleibt. Niemand wird behaupten, daß sich Unterschiedlichkeit der Rollen nicht auf das Verhalten und Erleben der Beteiligten auswirkte. Um hierzu begründete Aussagen machen zu können, reicht es aber nicht, von einer nicht weiter definierten Verschiedenheit (oder auch Gleichheit) der Beteiligten auszugehen. Die unglückliche Dichotomie "Beziehungen beruhen entweder auf Gleichheit oder Verschiedenheit" verstellt den Blick darauf, daß es Grade der Ungleichheit gibt und vor allem daß das Verhalten und Erleben in Beziehungen von verschiedensten Variablen abhängt. Eine einzige Dimension, wie z.B. "Stärke - Schwäche", reicht nicht aus. Die äußerst ungleichen Dyaden "Wärter-Gefangener"[23] und "Mutter-Kind" können auf dieser Dimension unterschieden werden, aber das klärt gar nichts.

Es kommt gerade darauf an zu wissen, welche Dimensionen in welchen Beziehungen von Bedeutung sind. Für die Familie haben OLSON und Mitarbeiter (1983) versucht, die enorme Komplexität auf drei Dimensionen - Kohäsion, Adaptabilität und Kommunikation - zurückzuführen; sind aber auch kritisiert worden (SCHWEITZER & VON SCHLIPPE 1986).

Noch verwirrender wird es, wenn man den anderen Fall untersucht, also Beziehungen, die auf Gleichheit beruhen und deren Kommunikationsabläufe symmetrisch sind. Dazu führt WATZLAWICK aus: In diesen Beziehungen "ist das Verhalten der beiden Partner sozusagen spiegelbildlich ... Dabei ist es gleichgültig, worin dieses Verhalten im Einzelfall besteht, da die Partner sowohl in Stärke wie Schwäche, Härte wie Güte und jedem anderen Verhalten ebenbürtig sein können" (1969, 69). Sie "zeichnen sich also durch Streben nach Gleichheit und Verminderung von Unterschieden zwischen den Partnern aus" (69).

Wiederum scheint es unproblematisch, gesellschaftlich definierte symmetrische Beziehungen zu finden, z.B. Arbeitskollegen, Schüler untereinander, Freunde. Symmetrie wäre dann etwa, daß in der Beziehung gleiche Rechte und Pflichten herrschen, die Partner gleichwertige Beiträge leisten und sich als gleichwertig definieren. Wie sehen nun aber die Kommunikationssequenzen in diesen Beziehungen, die auf Gleichheit im Sinne von Ebenbürtigkeit basieren, aus? Sind sie symmetrisch, d.h. spiegelbildlich (69)? Auf der Ebene der kleinsten Interaktionsabläufe wahrscheinlich nicht. Es ist anzunehmen, daß sich ihre Interaktionen aus wechselnd komplementären Sequenzen zusammensetzt, etwa derart: einer fragt, der andere antwortet, einer sagt etwas, der andere stimmt zu oder nicht. Die Symmetrie, die Gleichheit, die Ebenbürtigkeit zeigt sich nun wahrscheinlich in der gegen-

23 Wieviel Gewalt zwischen diesen geschehen kann, hat ZIMBARDO (1973, 1974) in einer eindrucksvollen Simulationsstudie mit studentischen "Gefangenen" und "Wärtern" gezeigt.

seitigen unausgesprochenen Erwartung, daß sich solche Sequenzen abwechseln, bzw. zu einer neuen "symmetrischen" Ganzheit fügen: "mal frage ich und du antwortest; mal fragst du und ich antworte" usw.

Es war relativ einfach, gesellschaftlich definierte komplementäre oder symmetrische Beziehungen zu finden, aber schwierig, die Ungleichheit oder Gleichheit im konkreten Verhalten zu zeigen. Ungleich schwieriger ist es, als Beobachter eine idiosynkratische Beziehung als komplementär oder symmetrisch zu erkennen. Eine traditionelle Ehe etwa, in der der Mann das Geld verdient und die Frau für den Haushalt und die Kindererziehung zuständig ist, bezeichnet man möglicherweise vorschnell als komplementär, weil sich die Rollen sichtbar ergänzen und ungleich scheinen. Nun kann man sich aber vorstellen, daß beide ihren Beitrag zum Gelingen der Ehe als gleich wichtig empfinden und sich deshalb auch gleichberechtigt fühlen. Ist dies nun eine komplementäre oder symmetrische, gleiche oder ungleiche Beziehung?

Nun verwundert es kaum, daß man bei WATZLAWICKs Interpretation der Ehepaar-Interviews nur eine einzige kleine Sequenz findet, die er als symmetrisch bezeichnet. "Er gibt in symmetrischer Weise eine Kombination (ihrer) beider Versionen" (113), d.h. der Ehemann nimmt eine Aussage seiner Frau auf und fügt ihr etwas hinzu. Was ist daran gleich bzw. symmetrisch? Indem der Mann sich auf die Aussage seiner Frau bezieht, sie also weder berichtigt noch - aufgrund einer nicht weiter zu rechtfertigen Rollenautorität - ablehnt, nimmt er sie als gleichwertig auf. Den anderen ernst zu nehmen, hat aber nichts mit symmetrisch im Sinne von spiegelbildlich zu tun.

Ansonsten findet man erstaunlicherweise keinen Fall, in dem nicht zugleich die symmetrische Konkurrenz ("Was immer du tust, kann ich viel besser", 146) oder symmetrische Eskalation ("Ich lasse mir von dir nichts sagen - ich habe das Recht, Anweisungen zu geben", 150) dabei ist. Auch in seinem als "typisch symmetrisch" (106f) angeführten Beispiel geht es dem Paar - nach WATZLAWICKs fragwürdiger Interpretation - eher um einen Machtkampf, wer "ein bißchen gleicher" (107) ist. "Er besteht auf seinem Recht, in seiner eigenen Weise zum Thema Stellung zu nehmen". "Beide kämpfen ... um das letzte Wort" (107). "Er versucht, sich in die superiore Position zu bringen ... Es geht um die Streitfrage, wessen Version die gültige sein soll" (109). So heißt es dann auch, "wie sich alltäglich beobachten läßt, neigt diese Form der Symmetrie (immer gleich sein zu wollen) zur Eskalation" (82, s.a. 103).[24] Sieht man sich die Kommunikation der Paare genauer

---

24 Schon BATESON (1981) fiel außer Prahlerei, kommerzieller Rivalität (109) und gegenseitiger Imitation (119) keine symmetrische Verhaltensweise ein,

an, so fällt auf, daß sich das symmetrische Ehepaar meist zankte und deshalb in Behandlung gekommen war. Die Partner tauschen also nicht generell symmetrische Verhaltensweisen aus, sondern haben ein spezielles Problem: sie sind sich meist uneinig. Dagegen wird das dritte Paar als klinisch normal bezeichnet, "und die beiden Partner unterhalten eine herzliche, einander bestärkende Beziehung durch ein freies Hin und Her zwischen Symmetrie und Komplementarität" (111). Es ist zu vermuten, daß sich Symmetrie immer auf eine Form der Konkurrenz bezieht, die in Paaren und Familien wahrscheinlich zu Problemen führt, und daß es eine "gesunde" Form der Symmetrie im Sinne WATZLAWICKs gar nicht gibt.

Abgesehen davon, daß man nur ahnen kann, was WATZLAWICK jeweils meint, muß man schließen, daß es reine symmetrische oder komplementäre Kommunikation nicht gibt. Offenbar hat WATZLAWICK dieses Dilemma selbst erkannt. Wie anders soll man verstehen, daß aus dem "entweder symmetrisch oder komplementär" nun für die funktionierende Beziehung ein sowohl-als-auch wird? "Von dem wenigen, das wir über 'gesunde', tragfähige Beziehungen wissen, können wir annehmen, daß in ihnen beide Formen zusammenwirken, wenn auch abwechselnd oder auf verschiedenen Gebieten der Partnerbeziehung, ... daß es außerdem für die Partner nicht nur wünschenswert, sondern sogar unerläßlich ist, sich in bestimmten Belangen symmetrisch, in anderen komplementär zu verhalten" (103). "Dann muß man aber fragen, wie beide Formen zusammenwirken, warum ihr Zusammenwirken unerläßlich ist und von welchen Belangen die Rede ist" (MEISTER 1987, 96).

Damit hebt WATZLAWICK sein fünftes Axiom, das für gestörte und nicht gestörte Beziehungen gelten soll, selbst aus den Angeln, indem er nun behauptet, daß funktionierende symmetrische oder komplementäre Beziehungen sich gerade dadurch auszeichnen, daß in ihnen nicht ausschließlich symmetrisch oder komplementär agiert wird. Und er hebt damit auch den postulierten Zusammenhang zwischen der Beziehung als ganzer und interpretierbaren Interaktionssequenzen auf. Es ist verwunderlich und höchst ärgerlich, daß WATZLAWICK aus dieser richtigen Erkenntnis nicht die Konsequenz gezogen hat, das fünfte Axiom in einer veränderten Fassung einzuführen.

Schließlich begibt er sich auf eine ganz andere Ebene, wenn er fortfährt: "In einer stabilen symmetrischen Beziehung sind die Partner

---

die nicht auf Konkurrenz beruht. So setzte er schließlich Symmetrie mit Konkurrenz gleich (144f). Das Problem für WATZLAWICK besteht nun darin, "gesunde" symmetrische Beziehungen ohne Konkurrenz zu finden, in denen gleiche Verhaltensweisen ausgetauscht werden. Da das nicht geht, muß er für diese schließlich sein Axiom aufheben.

imstande, den anderen in seinem Sosein zu akzeptieren, was zu gegenseitigem Respekt und Vertrauen in den Respekt des anderen führt und damit zu einer realistischen gegenseitigen Bestätigung der Ich- und Du-Definitionen ... In komplementären Beziehungen ist dieselbe gegenseitige Bestätigung der Selbstdefinitionen möglich" (104).
Akzeptanz des Soseins des anderen, Bestätigung des Selbst- und Fremdbildes in der Beziehung, Respekt und Vertrauen sind Beziehungsqualitäten, die auf eine innere Haltung dem anderen gegenüber verweisen, wobei zu klären ist, welche Verhaltensweisen aus dieser Einstellung folgen. Nun kann sich der informierte Leser einigermaßen irritiert fragen, warum WATZLAWICK nicht gleich auf seinen Kollegen ROGERS (1942/1972) verwiesen hat, der diese Zusammenhänge klarer formuliert hat und - bezogen auf die therapeutische Beziehung - auch empirisch zu fundieren suchte.
Das Axiom ist also falsch. Es ist der Denkfehler gemacht worden, die Ungleichheit oder Gleichheit von Partnern an ihren einzelnen Verhaltenssequenzen erkennen zu wollen. Es bleibt die nicht besonders informative Feststellung, daß es Gleichheit und Ungleichheit gibt und daß sich das Verhalten in diesen oder jenen Beziehungen irgendwie unterscheidet.
Am Ende bleibt also nichts als selbst zu überlegen, was von diesem Ansatz Bestand haben könnte. Wenn ich versuche, aus der Idee der Gleichheit und Unterschiedlichkeit zwischen Menschen mit aller Vorsicht einen Schluß zu ziehen, dann ließe sich etwa sagen: Man kann Beziehungen als symmetrisch bezeichnen, wenn sich die beteiligten Personen auf für die Beziehung wichtigen Dimensionen als gleichartig empfinden. Komplementäre Beziehungen sind solche, in denen sich die Partner auf für die Beziehung wichtigen Dimensionen als verschiedenartig empfinden. Unabhängig davon, können die beteiligten Personen über einen zu bestimmenden Zeitraum hinweg ihre Beiträge zum Gelingen der Beziehung als gleichgewichtig und gleichwertig empfinden oder auch nicht. Freiwillige Beziehungen sind dann stabil, wenn Einigkeit über die Gleichartigkeit oder Ungleichartigkeit herrscht und wenn die jeweiligen Beiträge als gleichgewichtig und gleichwertig, also fair, empfunden werden und wenn die Zufriedenheit mit der vorhandenen Beziehung höher ist als der Gewinn in denkbaren Alternativen. Diese Überlegungen führen aber weg von WATZLAWICK, zu der schon zu seiner Zeit entwickelten Austauschtheorie von THIBAUT & KELLEY (1959) und der neueren Literatur, die sich mit dem Zusammenhang zwischen Gerechtigkeit und Stabilität in engen Beziehungen befaßt (HATFIELD & TRAUPMAN 1981; HATFIELD et al. 1985).

3.4. Der Beziehungsaspekt bestimmt nicht den Inhalt

Zum zweiten Axiom "Jede Kommunikation hat einen Inhalts- und Beziehungsaspekt, derart, daß letzterer den ersten bestimmt und daher eine Metakommunikation[25] ist" (WATZLAWICK 1969, 56), wird ausgeführt: "Wenn man untersucht, *was* jede Mitteilung enthält, so erweist sich ihr Inhalt vor allem als Information. Dabei ist es gleichgültig, ob diese Information wahr oder falsch, gültig oder ungültig oder unentscheidbar ist. Gleichzeitig aber enthält jede Mitteilung einen weiteren Aspekt, der viel weniger augenfällig, doch ebenso wichtig ist - nämlich einen Hinweis darauf, wie ihr Sender sie vom Empfänger verstanden haben möchte. Sie definiert also, wie der Sender die Beziehung zwischen sich und dem Empfänger sieht, und ist in diesem Sinne seine persönliche Stellungnahme zum anderen" (52).
Unter Bezugnahme auf Elektronenrechner und (implizit) auf die logischen Typen von WHITEHEAD & RUSSEL (1925/1984) argumentiert WATZLAWICK: "So braucht der Computer eine Eingabe, die sowohl die beiden Zahlen enthält (also die Daten) als auch Information über diese Information, nämlich die Instruktion 'multiplizieren'". Dabei sei die Instruktion logisch höher. "In der menschlichen Kommunikation besteht dieselbe Relation zwischen Inhalts- und Beziehungsaspekt: Der Inhaltsaspekt vermittelt die 'Daten', der Beziehungsaspekt weist an, wie diese Daten aufzufassen sind" (55). Illustriert wird diese Annahme mit der Frage "Glauben Sie, daß das genügt?", die fünf verschiedene Bedeutungen haben kann, je nachdem welches Wort betont wird.
Dieses Axiom muß sich, nimmt man WATZLAWICK ernst, auf eine einzige Mitteilung, die er Kommunikation nennt (50), beziehen lassen können. So illustriert er dieses Axiom zunächst auch folgerichtig mit dem Fall der Frau A, die auf Frau Bs Halskette deutet und fragt: "Sind das echte Perlen?" (54) Um entscheiden zu können, ob damit "wohlwollende Freundlichkeit, Neid, Bewunderung oder irgendeine andere Einstellung" ausgedrückt wird, muß "die Art, wie sie fragt (der Ton ihrer Stimme, ihr Gesichtsausdruck, der Kontext usw.)" (54) berücksichtigt werden. Dem kann man zustimmen, denn ohne eine "Verstehensanweisung" (56) bleibt die Frage mehrdeutig.
Nun bezieht sich die Verstehensanweisung beim gewählten Beispiel auf zweierlei: einmal auf die para- und nonverbalen Begleiterschei-

25 Normalerweise versteht man unter "Metakommunikation": Gespräch über die Beziehung (MANDEL & MANDEL, 1971, 127). WATZLAWICK benutzt noch drei weitere Bedeutungen: Metakommunikation als Beziehungsaspekt, als Sprechen über die Beziehung und als Kommunikationsforschung. Vor allem die Verwischung von Beziehungsaspekt und Reden über die Beziehung ist problematisch.

nungen einer einzelnen Kommunikation und zum anderen auf den Kontext, vermutlich die entstehende oder gewordene Beziehung, während WATZLAWICK an späterer Stelle mit Beziehungsaspekt nur die zusätzliche, extralinguistische Bedeutung einer einzelnen Kommunikation (61ff) meint. Berücksichtigt man beides, wird das Axiom sehr verworren. Es müßte etwa heißen:

1. Jede Kommunikation hat einen Inhalts- und einen Beziehungsaspekt. Die Beziehung und der Beziehungsaspekt bestimmen den Inhaltsaspekt, d.h. wie die Information verstanden werden soll.
2. Der Beziehungsaspekt (und die Beziehung?) definiert auch, wie der Sender die Beziehung zwischen sich und dem Empfänger sieht. Berücksichtigt man nur die non- und paraverbalen Aspekte einer Äußerung, dann stimmt das Axiom nicht, denn eine einzelne, aus dem Kontext gerissene Äußerung bleibt mehrdeutig.

Wie kann man hier Ordnung schaffen? Sehen wir uns zunächst die Verstehensanweisung (den engeren Beziehungsaspekt) für eine einzelne Mitteilung an. Hier erweist sich die Sprechakttheorie von AUSTIN (1962/1972) als hilfreich. Wenn Menschen die gleiche Sprache sprechen, verstehen sie normalerweise den Inhalt eines Satzes aufgrund der Kenntnis der Semantik ihrer Sprache. Es handelt sich dabei um Aussagen über Objekte, Zustände oder Prozesse (lokutionärer Akt, d.h. Sprechakt im Hinblick auf Artikulation, Konstruktion, Logik, kurz gesagt die linguistische Bedeutung). Hinzu kommt aber eine Handlung wie Feststellung, Befehl, Frage, Bestätigung, Versprechen, Warnung, Rat etc. (illokutionärer Akt, d.h. die soziale oder kommunikative Funktion). Der lokutionäre Akt "es ist kalt draußen" kann z.B. mit folgenden illokutionären Akten verbunden sein: "bitte, schließ das Fenster", "ich rate dir, zieh dich warm an", "ich warne dich, bleib lieber zu Hause" und "mach endlich das Fenster zu" (siehe dazu GRAUMANN & WINTERMANTEL 1989, 195).
Ein Sprechakt besteht also darin, "daß über etwas gesprochen und darüber etwas gesagt wird" (AUSTIN 1972, 164). Soweit verträgt sich der erste Teil des Axioms mit AUSTIN. Man kann auch noch Mimik, Gestik, Tonfall etc. berücksichtigen. Eine Äußerung kann z.B. ironisch, freundlich, drohend, wütend wirken. Aber auch mit dieser Qualifizierung kann man sie immer noch nicht eindeutig interpretieren. Eine ironische Äußerung etwa "Du bist wirklich blöd" in einer Beziehung, in der der Hörer weiß, daß der Sprecher seine Intelligenz schätzt, bedeutet etwas anderes als dieselbe Aussage in einem Kontext, in dem der Hörer regelmäßig für dumm befunden wird. Man muß

also "die Umstände der Äußerungssituation" (AUSTIN 1972, 94) berücksichtigen. "Ich darf nicht nur das gerade ablaufende Sprechen beobachten, um dieses Sprechen psychologisch angemessen und auch nur einigermaßen vollständig beschreiben oder gar erklären zu können. Erst dasjenige, was wir in der Folge die sprachliche Gesamtsitution nennen werden, interpretiert das konkrete sprachliche Verhalten" (HERRMANN 1972, 12).

Sehen wir uns wieder Frau A und Frau B an. Wie die Frage "Sind die Perlen echt?" tatsächlich aufgefaßt wird und was sie für die gegenwärtige und zukünftige Beziehung dieser Frauen ausmacht, hängt u.a. davon ab, wie das Verhältnis der beiden Frauen (Vertrautheit, Bekanntheit, Sympathie, Macht) im Moment dieser Äußerung ist. Falls sie sich noch nie begegnet sind und nichts übereinander wissen, würde Frau B sowohl den Inhalt der Frage als auch die non- und paraverbalen Anteile sowie die Situation (z.B. allgemeines wohlwollendes Gespräch über echten oder unechten Schmuck; angespannte Unterhaltung über den finanziellen Status der Ehemänner) zu Hilfe nehmen, um zu verstehen, was Frau A damit ausdrücken will. Das heißt nichts anderes, als daß in einem ersten Kontakt mit einer fremden Person alle möglichen Signale bedeutsam sein können, und zwar auch das, worüber man sich unterhält, also der Inhalt. Im Falle dieser beiden Frauen macht es für ihre gegenseitige Einschätzung einen Unterschied, ob und wie sie sich z.B. über Schmuck, Politik oder Spielplätze unterhalten.

Sind die Frauen dagegen schon langjährige Freundinnen, besteht ein relativ stabiler Kontext, nämlich das historisch gewordene affektive Zueinander und entstandene Konventionen, was wann und wie geredet und getan werden darf. Dieser Kontext dient dann als Rahmen für die Interpretation der Frage nach den Perlen. Weicht eine Frage nicht entscheidend von dem Üblichen ab, gibt es keinen informativen Beziehungsaspekt und die Beziehung wird nicht neu definiert. Wenn sich die beiden Frauen z.B. oft über ihren jeweils unechten oder echten Schmuck unterhalten haben, wird es regulative Normen geben, wie sie das tun. Nur wenn der Inhalt der Frage, wie sie ausgedrückt wird und wann sie gestellt wird, von dem Gewohnten abweicht, gewinnt sie als neu zu interpretierendes Verhalten an Gewicht und ändert eventuell die Beziehung.

Die Analyse dieses Beispiels zeigt mehrerlei. Zum einen gewichtet WATZLAWICK eine einzelne Mitteilung und ihre Verstehensanweisung ungebührlich hoch. Indem er einen einzelnen Satz aus dem Kontext reißt, suggeriert er, "ein menschlicher Sprecher könne gleichsam neutrale, nicht weiter qualifizierte Nachrichten aussenden" (MEISTER 1987, 15). Dies wird besonders deutlich, wenn er behauptet, daß "in der geschriebenen Sprache eine Verstehensanweisung meist fehlt"

(WATZLAWICK 1969, 56). Beim Wort genommen, würde dies bedeuten, daß wir nicht in der Lage wären, einen Text, einen Brief, ein Gedicht zu verstehen. Dieser Fehlschluß gründet im vierten Axiom, in dem er die Bedeutungshaltigkeit von Aussagen fast ausschließlich dem para- und nonverbalen Verhalten zuschreibt.
Zum anderen vernachlässigt er fast völlig "die sprachliche Gesamtsituation" (HERRMANN 1972, 17f), den Kontext. Als Gedankenspiel können selbstverständlich "sprachliche Mitteilungen geformt werden, denen eine eindeutige Verstehensanweisung fehlt" (WATZLAWICK 1969, 56). Menschliche Kommunikation besteht jedoch selten aus einer einzigen, aus dem Kontext gerissenen Aussage. In einem interaktiven Geschehen wird ein Satz deshalb in der Regel eindeutig gemeint und verstanden sein. Dazu ein einfaches Beispiel: Jedem ist die unterschiedliche Bedeutung unmittelbar verständlich, wenn "Gehen wir" einmal von einem Polizisten, zum anderen vom Liebhaber gesagt wird. Menschen sind eben keine Computer, denen man jedesmal - für jedes Wort, jeden Satz, jede Geste - eine Instruktion mitliefern müßte. Vom Anfang ihres Lebens an lernen Menschen Bedeutungen, behalten sie und wenden sie an. Dabei handelt es sich nicht um isolierte Einheiten, sondern Strukturen wie z.B. ein Begrüßungsformat.
Es entsteht drittens der falsche Eindruck, jede Äußerung definiere die Beziehung neu.[26] Die abstrakte und theoretische Möglichkeit, daß eine Mitteilung Verschiedenes bedeuten kann, wird von WATZLAWICK dramatisiert auf Kosten des tatsächlichen Sprachverhaltens und -verstehens in realen Situationen, in denen wir eben nicht pausenlos überlegen, was wohl gemeint sein könnte. Im übrigen verträgt sich diese Aussage nicht mit der Annahme WATZLAWICKs, daß Menschen Beziehungsregeln entwickeln, daß Stabilisierung erreicht werden muß: "... ganz zu schweigen von der Umständlichkeit, die Beziehung immer wieder neu definieren zu müssen" (127). Später schränkt er ein: "Um Mißverständnisse ... zu vermeiden, muß klargestellt werden, daß Beziehungen verhältnismäßig selten bewußt und ausdrücklich definiert werden. Im allgemeinen ist es so, daß die Definition der Beziehung um so mehr in den Hintergrund rückt, je spontaner und 'gesünder' die Beziehung ist, während 'kranke' (d.h. konfliktreiche) Beziehungen u.a. durch wechselseitiges Ringen um ihre Definition gekennzeichnet sind, wobei der Inhaltsaspekt fast völlig an Bedeutung verliert" (55). Damit widerspricht er seinem zweiten Axiom, das sich auf jede Äußerung bezieht.

---

26 1988 wird dieser Gedanke ganz nebenbei revidiert. Es heißt, "daß wir im tagtäglichen Verkehr mit uns nahestehenden Menschen viel weniger Information als Beziehungsdefinitionen austauschen (rein sachliche, also z.B. berufliche Beziehungen wenigstens teilweise ausgenommen)" (19).

Schließlich kann und wird in der Regel aus einer Aussage und ihren para- und nonverbalen Begleiterscheinungen allein nicht auf ihre Bedeutung geschlossen werden, wie WATZLAWICK behauptet. In zwischenmenschlichen Situationen ist die gewordene Beziehung der Interaktionspartner zueinander der wesentlichste Kontext. Bei CRONEN, JOHNSON & LANNAMANN (1983) findet sich dazu ein hübsches Beispiel. Ein Mann berichtet von einem Gespräch mit einem Jungen von fünf Jahren, mit dem er in einer nahen Beziehung stand. Der Junge äußerte: "Ich mag Mädchen nicht", worauf der Mann erwiderte: "Und ich mag Jungen nicht!" (also auch dich nicht). Nach einem Augenblick der Verblüffung rief der Junge strahlend: "Oh, du machst einen Witz!" (115). Das gute Verhältnis zwischen den beiden war also der Bezugsrahmen, mit dem der Junge diese Aussage verstehen konnte, und indem er sie in dieses Schema assimilierte, konnte er auch das gute Verhältnis erhalten.
Die großen Schwierigkeiten mit dem Axiom ergeben sich dadurch, daß WATZLAWICK eine einzelne Mitteilung ungebührlich hoch gewichtet und den "Beziehungsaspekt" als Verstehensanweisung für eine einzelne Äußerung gegenüber dem viel entscheidenderen Element der "Beziehung" als komplexem, historisch gewordenem affektivem Zueinander überbetont. Um es noch klarer zu formulieren: nicht der isolierte Beziehungs<u>aspekt</u> einer einzelnen Mitteilung bestimmt primär, wie sie verstanden werden soll oder wird, sondern die längerfristige <u>Beziehung</u> zwischen zwei Kommunikationspartnern. Ein einzelner Beziehungsaspekt einer einzelnen Aussage definiert in der Regel auch nicht die Beziehung. Dagegen ist die gewordene Beziehung der Bezugsrahmen für die Deutung einer Äußerung. Einzelne Mitteilungen werden in das vorhandene Schema, die Vorstellung von der Beziehung assimiliert.
Nun stimmt das aber auch nicht immer, nämlich dann nicht, wenn eine oder mehrere Aussagen nicht mehr in das vorhandene Schema passen. Dann muß das Schema geändert, akkomodiert werden. Diese Situation wäre eingetreten, wenn der Mann ernsthaft und für den Jungen glaubwürdig gesagt hätte: "Ich mag <u>dich</u> nicht mehr." "So kann also ein spezielle Botschaft zum Kontext werden, durch den das ganze Muster der Interaktion eine neue Bedeutung erhält" (CRONEN, JOHNSON & LANNAMANN 1983, 113).
Das behandelte Axiom läßt schließlich den Eindruck entstehen, der Gesprächsinhalt sei weitgehend irrelevant und habe keine Bedeutung für die Beziehung. Nur in einer Fußnote wird erwähnt, "... wir nehmen etwas arbiträr an, daß der Beziehungsaspekt den Inhalt determiniert oder subsumiert, obwohl es logisch ebenso richtig wäre zu sagen, daß eine Klasse (Menge) von Elementen - und daher die Beziehung vom Inhaltsaspekt - bestimmt wird" (WATZLAWICK 1969, 56). Dies sei aber

eine Eigenschaft des Infomationsaustausches und kein metakommunikativer Aspekt der Pragmatik.
Dagegen ist zu setzen, daß natürlich auch Inhalte die Beziehung beeinflussen und nicht ein neutrales Element des Informationsaustausches sind. Um dies zu zeigen, genügt ein einfaches Beispiel. Wenn zwei Kollegen, die bislang nur über ihre Arbeit miteinander sprachen, beginnen, sich über ihre Freizeit, ihre Familie oder gar über persönliche Konflikte auszutauschen, ändert sich ihr Verhältnis zueinander. Andere Inhalte der Gespräche schaffen eine andere Beziehung, wie auch eine im Entstehen begriffene Beziehung des Vertrauens andere Inhalte ermöglicht.
Es ist also so, daß die Art der Beziehung, die Menschen zueinander haben, und das, worüber sie reden, sich gegenseitig bedingen.[27] Wenn also auch der Inhalt die Beziehung verändert, kann man kaum noch davon sprechen, daß der Beziehungsaspekt immer logisch höher sei.[28] Im übrigen hat WATZLAWICKS Kronzeuge für die logischen Ebenen, RUSSEL, selbst angemerkt, daß die logisch perfekte Sprache der Philosophie mit dem Alltag der Sprache und den dort wichtigen Ungenauigkeiten nichts zu tun hat (1976, 197). Es gibt also keine primären und sekundären Mitteilungen.
Wohin hat uns die Analyse gebracht? Für uns ist im Alltag eine Aussage fast immer ein Ganzes (eine Gestalt), wobei der Inhalt, die linguistische Konstruktion, die non- und paraverbale Qualifizierung, sofern vorhanden, vor allem aber die Art und Qualität der historisch gewordenen Beziehung der Interaktionspartner, endlich die Situation bestimmen, wie wir eine einzelne Äußerung auffassen. Wir werden nur gelegentlich hellhörig, wenn etwas nicht zu stimmen scheint. Darauf hat WATZLAWICK aufmerksam gemacht, wenn auch seine Ausführungen im einzelnen dürftig und oft falsch sind.
Für die wissenschaftliche Analyse scheint es nicht sinnvoll, den Beziehungs- und Inhaltsaspekt einer Äußerung als Analyseeinheiten zugrunde zu legen. Das zwischenmenschliche Geschehen ist eine "viel kompliziertere Angelegenheit, als die Begriffe 'kommentieren' oder

---

27 Dieser Zusammenhang ist besonders deutlich in der Forschung herausgearbeitet worden, die sich mit dem Prozeß der Selbstoffenbarung in einer sich entwickelnden Beziehung befaßt (REIS & SHAVER 1988).

28 Überhaupt habe ich große Schwierigkeiten, "Inhaltsaspekte" als Elemente der Klasse "Beziehungsaspekt" zu verstehen. Was bedeutet das, wenn man "Sind die Perlen echt?" betrachtet? Ist der Satz ein Element der Klasse der neutral erkundenden Fragen, der Klasse der ironischen Fragen oder der ernsthaften Fragen? Das heißt wieder nur, daß eine einzelne Aussage im Prinzip mehrdeutig ist und erst durch zusätzliche Interpretation eindeutiger wird. Dazu muß man aber nicht auf die logischen Typen rekurrieren.

'Metakommunikation' ahnen lassen" (WYNNE 1976, 32). CRONEN, JOHNSON & LANNAMANN entwickelten ein wesentlich komplexeres Modell: Inhalte, Sprechakt, Episode, Beziehung, Selbstkonzept, kulturelle Normen (1983, 117).

Für die Kritik an WATZLAWICK genügt es, den einzelnen Sprechakt und die Beziehung zu betrachten. Bei neuen Begegnungen konstruieren Menschen mit Hilfe einzelner Sprechakte - und zwar durch deren Inhalt und Form - sowie der Interpretation der Situation provisorische Kontexte (CRONEN, JOHNSON & LANNAMANN 1983, 114f) oder auch "Beziehungsübereinkünfte" (JACKSON 1980, 30) und die zu ihnen gehörenden Regeln und Normen, die festlegen, welche Handlungen darin zu erwarten sind. Diese Regeln leiten einerseits den Sprecher. Je nachdem, wie er die Situation interpretiert, weiß er ungefähr, wie er sich zu verhalten hat. Sie sind aber andererseits der Interpretationsrahmen für den Hörer, der mit ihrer Hilfe einen Sprechakt als passend oder unpassend bewertet. Sofern eine Äußerung der Erwartung nicht wesentlich widerspricht, wird sie in den Kontext integriert. Paßt sie gar nicht, muß der Kontext geändert werden. Frau B meint vielleicht zunächst, sie befände sich mit Frau A in dem Kontext "freundliches Partygespräch". Je nachdem, wann und wie die Frage nach den Perlen kommt, wird sie diesen Eindruck beibehalten oder revidieren.

Nun unterscheiden sich Beziehungen: es gibt z.B. entstehende und schon lang andauernde, ambivalente und eindeutige. Man kann annehmen, daß die einzelnen Sprechakte in einer beginnenden Beziehung einflußreicher sind als in einer schon lang andauernden. Ebenso ist zu vermuten, daß einzelne Äußerungen in uneindeutigen Beziehungen ein größeres Gewicht haben als in stabilen. Wahrscheinlich gibt es vor allem in stabilen und lang andauernden Beziehungen eine größere Bereitschaft, auch abweichende Äußerungen in das vorhandene Beziehungsschema zu assimilieren, und es bedarf drastischer oder häufiger Regelverletzungen, bevor das Schema revidiert wird. Dies ist aber eine empirische Frage und Teil des Problems, welche Rolle Art und Qualität der Kommunikation für eine gegebene Beziehung spielen (siehe dazu MONTGOMERY 1988) und wie und wodurch sich welche Beziehung über die Zeit ändert.

3.5. Kann man bei Störungen Inhalt und Beziehung voneinander trennen?

Schließlich mag man sich noch fragen, ob vielleicht die Überlegungen zu "Störungen auf dem Gebiet der Inhalts- und Beziehungsaspekte" (WATZLAWICK 1969, 79ff) verständlich und nützlich sind. Immerhin klingen die Ausführungen dazu sehr griffig:

"1. *Der Idealfall ist dann gegeben, wenn sich die Partner sowohl über den Inhalt ihrer Kommunikationen als auch über die Definition ihrer Beziehung einig sind.*
2. *Im schlechtesten Fall liegt der umgekehrte Sachverhalt vor, d.h. die Partner sind sich sowohl auf der Inhalts- als auch auf der Beziehungsstufe uneinig.*
3. Zwischen diesen beiden Extremen liegen mehrere Mischformen:
a) *Die Partner sind sich auf der Inhaltsstufe uneins, doch diese Meinungsverschiedenheit beeinträchtigt ihre Beziehung nicht.*
b) *Die Partner sind sich auf der Inhaltsstufe einig, auf der Beziehungsstufe dagegen nicht" (1969, 81).*

Nun muß man zuerst herausfinden, was Inhalt und Beziehung, Einigkeit und Uneinigkeit bedeuten sollen. Wie zu zeigen ist, sind diese Begriffe keineswegs eindeutig, und das führt erneut zu erheblichen Verwirrungen. Es handelt sich zunächst um den Beziehungsaspekt und später um die Qualität der Beziehung als ganzer. Selbst der einzelne Beziehungsaspekt, auf den reagiert wird, ist bei WATZLAWICK mehrdeutig. Es soll sich um "Ich-Du-Definitionen" handeln: "wie immer A seine Mitteilung auf der Inhaltsstufe formulieren mag, der Prototyp seiner Mitteilung wird auf der Beziehungsstufe immer auf die Aussage *'So* sehe ich mich selbst' (*in Beziehung zu dir in dieser Situation*)[29] hinauslaufen" (84). An anderer Stelle geht es um Selbstdefinitionen ("*So* sehe ich mich selbst", 84) und die Reaktion darauf. Wirkliche Beziehungsaussagen, z.B. "ich mag dich", und Selbstaussagen, "ich mag mich nicht", unterscheiden sich aber darin, wie man auf sie reagieren kann. Das soll hier nicht weiter ausgeführt werden.
Als Beispiel erfindet er den Physiker, der zu einem Kollegen sagt "Uran hat 92 Elektronen" und ihn damit beleidigt, da er ihm unterstellt, nicht einmal die grundlegendsten beruflichen Kenntnisse zu besitzen (82f). Genau genommen stecken in diesem Fall zwei Äußerungen in einer, nämlich die an sich beziehungsneutrale Tatsache und die abwertende Aussage zur Person "Ich halte Sie für unfähig" oder auch "Sie sind unfähig".
Was heißt hier Einigkeit und Uneinigkeit? Gewiß werden beide über die physikalische Tatsache nicht streiten. Uneinigkeit auf der Beziehungsebene meint wahrscheinlich, daß der beleidigte Physiker sich selbst nicht für dumm hält und wütend auf den anderen ist und ihn ablehnt. Dann ist aber das Wesentliche nicht die Uneinigkeit, sondern die Ablehnung.
Im späteren Verlauf seiner Argumentation geht es WATZLAWICK nicht

---

29 Die Worte in der Klammer stehen in der Fußnote (84).

mehr um einen Aspekt, sondern um die Qualität der Beziehung als ganzer. Als Beispiel verweist er auf ein klinisch normales Ehepaar, bei dem beide Partner eine "herzlich, einander bestärkende Beziehung" (111) unterhalten. Mit anderen Worten bedeutet Einigkeit über die Beziehung jetzt offenbar, daß die Partner eine stabile und zufriedenstellende Beziehung haben (und sich darüber einig sind). Uneinigkeit dagegen heißt, einfach gesagt, daß die Partner in einer schlechten Beziehung sind. Das ist aber etwas ganz anderes als Bestätigung oder Nichtbestätigung von Fremd- und Selbstdefinitionen, wie zu zeigen sein wird.
Unter Inhaltsaspekt versteht WATZLAWICK, so ist aus den Beispielen zu schließen, eine nicht weiter qualifizierte Information, z.B. in Form eines Satzes ("Uran hat 92 Elektronen", 82), eine einzelne Handlung ("Einladung des Freundes", 79) und auch längerfristige gemeinsame Aufgaben ("gemeinsamer Kampf und gegenseitige Unterstützung", 81). Der Inhalt einer Kommunikation kann aber auch ein Gespräch über die Beziehung sein, d.h. eben nicht eine person-neutrale Aussage. Dann ist der Inhalt nicht mehr von der Beziehung zu trennen, und man weiß vollends nicht mehr, was Einigkeit oder Uneinigkeit jeweils sein soll. Diese Vorklärungen genügen, um nun die Fälle zu betrachten.

"1. *Der Idealfall ist dann gegeben, wenn sich die Partner sowohl über den Inhalt ihrer Kommunikationen als auch über die Definition ihrer Beziehung einig sind*" (81).

Da WATZLAWICK für diesen und den nächsten Fall kein Beispiel bringt, hält er seine Aussagen wohl für selbstevident. Sie sind es aber keineswegs, wenn man seine Vorüberlegungen einbezieht. Wenn es sich um den Beziehungsaspekt handeln würde, müßte sich dieser Fall strenggenommen auf eine einzelne Kommunikationssequenz oder eine einzelne Selbst- bzw. Fremddefinition beziehen. Sogar wenn es so gemeint wäre, ist zu fragen, um welche Inhalte (nämlich wichtige) und welchen Bereich der Beziehung (nämlich den bewertenden, die affektive Seite) es sich handelt. Ebenfalls ist offensichtlich, daß der durch WATZLAWICKs Formulierung keineswegs ausgeschlossene Fall einer gegenseitigen Bestätigung der beidseitigen Ablehnung nicht mitgedacht werden darf ("Ich hasse dich." "Das stimmt, und ich dich auch." "Ich weiß."). Es kann sich also nur darum handeln, daß die Partner in einer guten Beziehung leben und sich sowohl darüber als auch über Inhalte einig sind.
Dann stellt sich aber die weitergehende Frage, um welche Inhalte es sich handelt. Einigkeit auf der Inhaltsebene bezieht sich vermutlich auf etwas allgemeineres als einzelne Mitteilungen, nämlich z.B. Einigkeit über die Wichtigkeit bestimmter Personen, Ereignisse und Zie-

le sowie Ähnlichkeit der Einstellungen gegenüber diesen. Wahrscheinlich auszuschließen ist auch eine totale inhaltliche Zustimmung: vor lauter Langeweile ginge die Beziehung in die Brüche. Der Versuch einer Klärung führt weg von einer diffusen Behauptung, hin zu empirischen Fragen, z.B. nach dem Zusammenhang zwischen Einstellungsähnlichkeit und Zufriedenheit, der Frage auf welchen Dimensionen Ähnlichkeit von Bedeutung ist - und auf welchen nicht - sowie der generellen Bedeutung dieser Ähnlichkeiten für eine Beziehung.

2. "*Im schlechtesten Fall liegt der umgekehrte Sachverhalt vor, d.h. die Partner sind sich sowohl auf der Inhaltsstufe als auch auf der Beziehungsstufe uneinig*" (81).

Auch hier ist die Aussage nur scheinbar evident. Was bedeutet Uneinigkeit auf der Beziehungsstufe? Uneinigkeit drücke sich durch Verwerfung und Entwertung aus. Verwerfung, d.h. die Mitteilung "Du hast in deiner Ansicht über dich unrecht" (86), "setzt zumindest eine begrenzte Anerkennung dessen voraus, was verworfen wird, und negiert daher nicht notwendigerweise die Wirklichkeit des Bildes, das *A* von sich hat" (85). Eine Nichtübereinstimmung als solche ist jedoch nicht problematisch, sondern es kommt entscheidend darauf an, über was man sich nicht einig ist. Handelt es sich um eine objektiv entscheidbare Sache (ich bin 15 cm kleiner als du) oder nur um eine subjektiv einschätzbare (ich bin toleranter als du)? Ist der Sachverhalt für die Partner relativ unwichtig (du deckst den Tisch schlampiger als ich) oder bedeutsam (du respektierst mich nicht)? Man ahnt, daß WATZLAWICK dies nicht meint, aber ich weiß nicht, was er sich gedacht hat.
Mit der von WATZLAWICK eingeführten Unterscheidung zwischen Inhalts- und Beziehungsseite kommt man also nicht weiter. Die Behauptung kann man nur als Umkehrung der Ausführungen zum ersten Fall nachvollziehen. Die Beziehung wird als negativ eingeschätzt, und man ist sich über wesentliche Dinge nicht oder nicht mehr einig. Das ist aber keine aufregende Erkenntnis.
Entwertung ist - so WATZLAWICK - eine andere mögliche Reaktion auf eine Selbstdefinition. "Sie negiert ... die menschliche Wirklichkeit von *A* als dem Autor dieser Definition ... 'Du existierst nicht'" (86). Sicherlich kommen in nicht-pathologischen Interaktionen Äußerungen vor, die wie Entwertung aussehen, etwa: "Das kannst du gar nicht meinen," oder "Du bist doch nicht wirklich müde". Aber auch hier muß man im Einzelfall die Bedeutsamkeit dessen, um was es geht, berücksichtigen. Der echte Fall der Entwertung, "Du existierst nicht" (86), ist ein von Watzlawick eingeführter Begriff für das, was in Familien mit Schizophrenen zu geschehen scheint. Er zitiert dazu LAING:

"Im Extremfall werden dann - gleichgültig, wie jemand fühlt oder handelt, gleichgültig, welche Deutung er seiner Situation gibt - seine Gefühle ihrer Gültigkeit, seine Handlungen ihrer Motive, Absichten und Folgen entkleidet und die Situation ihrer Bedeutung für ihn beraubt, so daß er völlig mystifiziert und entfremdet ist" (WATZLAWICK 1969, 86; LAING 1973, 154).[30] Das muß an dieser Stelle nicht berücksichtigt werden (siehe dazu das Kapitel zu Doppelbindung).

3a) *"Die Partner sind sich auf der Inhaltsstufe uneins, doch diese Meinungsverschiedenheit beeinträchtigt ihre Beziehung nicht.*

"Dies erscheint uns die reifste Form der Auseinandersetzung mit Unstimmigkeiten; die Partner sind sich sozusagen einig, uneins zu sein" (79). Auch diese Aussage hat nichts mit dem vorher eingeführten Inhalts- und Beziehungsaspekt zu tun, sondern bedeutet wahrscheinlich, daß sich die Partner auch dann gegenseitig respektieren, mögen oder lieben, wenn sie unterschiedlicher Meinung sind. Hier ist es aber wieder eine empirische Frage, wieweit die Uneinigkeit gehen darf.

b) *"Die Partner sind sich auf der Inhaltsstufe einig, auf der Beziehungsstufe dagegen nicht"* (81).

"Beispiele" - so WATZLAWICK - "sind hierfür Legion. Bekanntlich zerbrechen viele Ehen gerade dann, wenn äußere Schwierigkeiten überwunden sind, die bisher die Gatten zu gemeinsamem Kampf und gegenseitiger Unterstützung zwangen" (81). Nun ist aber auch hier mit "Beziehung" etwas ganz anderes gemeint als gegenseitige Definitionen. Offensichtlich stellen die Partner nach Überwindung der Schwierigkeiten fest, daß nur diese sie verbanden. Sie können sich aber über ihre Beziehungsdefinition sowohl vor als auch nach der Trennung einig gewesen sein, z.B. "Wir müssen zusammenhalten und da gemeinsam durch" und später, "Wir haben uns nichts mehr zu sagen". Es geht also nicht um Einigkeit oder Uneinigkeit auf der Beziehungsebene, sondern darum, was die beiden Menschen zusammenhält und was nicht, ob sie noch irgendeinen Sinn oder Gewinn in ihrem Zusammensein erleben oder nicht. Das sind aber Überlegungen, die auf Forschungen zu Liebe (CUNNIGHAM & ANTILL 1981; KELLEY 1983), Konflikt (PETERSON 1983) und Auflösung von Beziehungen (DUCK & GILMOUR 1981) verweisen.
Ein weiteres Beispiel WATZLAWICKs hilft bei genauer Betrachtung auch nicht weiter. Er berichtet von einem Ehepaar, daß sich einig dar-

---

30 Erstaunlich ist, daß LAING mit diesem Zitat überleitet auf die Beschreibung der Doppelbindung nach BATESON et al. (1956).

über ist, daß ein Freund eingeladen werden soll (nach WATZLAWICK also über der Inhalt), dagegen über "einen ganz spezifischen Aspekt ihrer Beziehung" nicht, "nämlich die Frage, ob einer von ihnen das Recht hat, eine Initiative ohne Befragung des anderen zu ergreifen (selbst wenn die Reaktion des anderen auf Grund früherer Erfahrung vorauszusehen ist)" (1969, 79). Offenbar erkennt in diesem Fall der Ehemann nicht, daß seine Frau gefragt werden will, sie also auch an einer Selbstverständlichkeit beteiligt sein will. Die Frau dagegen sieht nicht, daß ihr Mann davon überzeugt ist, sie nicht zu übergehen, denn er geht von ihrer zu erwartenden Einwilligung aus.
Nun frage ich mich, wie man hier Inhalt und Beziehung voneinander trennen könnte. Es handelt sich doch offenbar darum, daß sich die beiden über die jeweilige Bedeutung einer Handlung (einen Inhalt, der sich auf die Beziehung auswirkt: "Wenn du X einlädst, ohne mich zu fragen, fühle ich mich nicht ernst genommen") uneins sind und Mühe haben, dies zu klären. Sie können sich trotzdem respektieren und gern haben, also doch eine gute Beziehung haben. Dann aber wären sie sich - in WATZLAWICKs Termini - über den Inhalt uneinig und über die Beziehung einig, also gerade umgekehrt.
Über eine Uneinigkeit im Beziehungsaspekt kann es sich allenfalls dann handeln, wenn die Auseinandersetzung über die Bedeutung der Einladung Ausdruck einer tieferliegenden Schwierigkeit ist, wenn sich die Ehefrau beispielsweise oft ausgeschlossen, nicht ernst genommen oder ausgenutzt fühlt und der Ehemann immer anderer Meinung ist. Hier kann man dann vielleicht von unterschiedlicher Selbst- und Fremddefinition reden. Präziser allerdings wäre es zu sagen, daß sie ihre jeweiligen Handlungen unterschiedlich deuten und darüber nicht reden können oder wollen. Es ist bei diesem Beispiel problematisch zu behaupten, sie versuchten, ein Beziehungsproblem auf der Inhaltsebene zu lösen. Es kann ein zu klärendes, einmaliges Mißverständnis sein. Es kann aber auch sein, daß die unausgesprochene Unzufriedenheit der Frau und die Ignoranz des Mannes, also ihre Beziehungsproblematik, dazu führen, daß jede Handlung unterschiedlich gedeutet und darüber gestritten wird. Nur dieser zweite Fall entspräche dem - inzwischen in das Alltagsverständnis übernommene - Phänomen, daß ein Beziehungsproblem auf der Inhaltsebene ausgetragen wird.
Die Ausführungen von WATZLAWICK zu Beziehungsstörungen sind also auch nicht besonders präzise und sinnvoll. Er unterscheidet nicht zwischen Inhalt als Austausch über irgend etwas, was mit der Beziehung selbst nichts oder wenig zu tun hat (z.B. sind mein Mann und ich uns über viele Vorgänge um uns herum nicht einig), und Inhalt als Austausch über die Beziehung selbst. Er bezieht sich auf den Beziehungsaspekt als Qualifizierung einzelner Mitteilungen, meint aber eher Beziehung als Qualität des Miteinanders. Was bleibt übrig? Der

Versuch einer Klärung führt allenfalls zu einigen empirisch überprüfbaren Vermutungen, die jedoch mit WATZLAWICKs Ausführungen kaum noch etwas zu tun haben.

3.6. Wie wird Bedeutung übermittelt?

Beim vierten Axiom: "Menschliche Kommunikation bedient sich digitaler und analoger Modalitäten. Digitale Kommunikationen haben eine komplexe und vielseitige logische Syntax, aber eine auf dem Gebiet der Beziehung unzulängliche Semantik. Analoge Kommunikationen dagegen besitzen dieses semantische Potential, ermangeln aber die für eindeutige Kommunikationen erforderliche logische Syntax" (WATZLAWICK 1969, 68), geht es zunächst darum, die so vorgeblich konsistente Aussage verständlich zu machen.
Bei der digitalen Modalität handelt es sich um verbale Äußerungen (67), bei der analogen - obwohl nicht explizit gesagt - um die para- und nonverbalen Anteile der Kommunikation, also "z.B. Tonfall, Schnelligkeit oder Langsamkeit der Sprache, Pausen, Lachen und Seufzen" (51) sowie Gestik, Mimik und Körperhaltung.
Hier soll zunächst einmal betrachtet werden, was WATZLAWICK über die Sprache zu sagen hat. Objekte können durch einen Namen dargestellt werden (1969, 62), aber "Namen sind Worte, deren Beziehung zu dem damit ausgedrückten Gegenstand eine rein zufällige oder willkürliche ist. Es gibt letztlich keinen zwingenden Grund, weshalb die fünf Buchstaben k , a, t, z und e in dieser Reihenfolge ein bestimmtes Tier benennen sollen - es besteht lediglich ein semantisches Übereinkommen für diese Beziehung zwischen Wort und Objekt" (62). Das ist für den denotativen Aspekt richtig, aber nicht für den konnotativen.
WATZLAWICK suggeriert mit dem Beispiel der Katze, daß Worte nur ein Zeichen (Denotat) für etwas wären, und erwähnt nicht, daß sie auch eine konnotative Bedeutung (die ein Wort begleitende zusätzliche emotionale, expressive und stilistische Vorstellung) haben können. So mögen sie beim Empfänger Gefühle und Handlungen auslösen (z.B. "los", "bissiger Hund") und etwas über den Sender aussagen ("Junge, Junge" = Staunen). Die gleichen Worte können bei verschiedenen Personen unterschiedliche Assoziationen bewirken (z.B. "DDR"). Umgekehrt gibt es Worte, die das Gleiche bezeichnen und doch nuancieren (DDR, Sowjetzone). Ebenfalls unerwähnt bleibt, daß es nicht immer eine feste Ding-Wort-Zuordnung gibt (HERRMANN 1972, 34). Mein Mann z.B. kann "Dieter", "derjenige mit den weißen Haaren", "der Vortragende" oder "mein Liebster" sein mit der Konsequenz, daß allein die Wahl einer Bezeichnung etwas ausdrückt. Oft ist der Kontext entscheidend für die Interpretation eines Sprechakts: Ein

"Ja" vor dem Standesamt[31] birgt eine Verpflichtung in sich, im Unterschied etwa zu einem zustimmenden "Ja" zur Wetterlage. Sprache beschränkt sich nicht darauf, Objekte zu bezeichnen, sondern mit ihr werden auch abstrakte Sachverhalte, Prozesse und Beziehungen dargestellt. Schließlich ist Sprache nicht zufällig, sondern wird "von unserer Kultur und von den Normen, den Regeln und der gemeinsamen Geschichte unserer Gruppe oder Interaktionseinheit determiniert" (FORGAS 1987, 120). Auch ihre Anwendung ist nicht zufällig, sondern wir wissen in der Regel, was man wann wo wie und zu wem zu sagen hat.

WATZLAWICK ignoriert diese Aspekte. Er verabsolutiert die analytisch sinnvolle Unterscheidung in Syntax, Semiotik und Pragmatik von MORRIS (1946/1973) und meint, sich auf die pragmatischen Aspekte beschränken zu können. Er verändert zudem die Pragmatik-Definition von MORRIS als "der Wissenschaft von der Beziehung der Zeichen zu ihren Interpreten" (1938/1972), die er umformuliert in "die verhaltensmäßigen Wirkungen der Kommunikation" (WATZLAWICK 1969, 23). Er schafft sich eine - unzweckmäßige - Pragmatik, in der die Bedeutung sprachlicher Zeichen keinen Platz hat. Dadurch entstehen u.a. die behandelten Schwierigkeiten.

WATZLAWICK unterstellt - wie auch schon bei der Diskussion des Inhaltsaspekts - die falsche Annahme, Sprache bestünde vor allem darin, Sachverhalte beschreiben: "Digitale Sprache hat, um es noch einmal zu erwähnen, eine logische Syntax und ist daher höchst geeignet für denotative Kommunikation auf der Inhaltsebene" (1969, 98). Sie eigne sich besonders für die Übermittlung von Wissen (63). Es wäre vermessen zu leugnen, daß Sprache diese Funktion nicht erfüllen würde, obwohl auch hier oftmals eine analoge Darstellung, z.B. eine technische Zeichnung, informativer ist. Aber Sprache ist viel mehr als das.

Was schreibt WATZLAWICK nun über die analoge Modalität? "In der analogen Kommunikation dagegen finden wir etwas besonders Dingartiges in dem zur Kennzeichnung des Dings verwendeten Ausdruck; schließlich liegt es ja im Wesen der Analogie, daß sie eine grundsätzliche Ähnlichkeitsbeziehung zu dem Gegenstand hat, für den sie steht"

---

31 Hierzu zitiert WATZLAWICK die empirisch kaum haltbare Annahme HALEYS (1963, 119): "Wenn ein Mann und seine Frau sich entscheiden, ihre Beziehung durch Heirat zu legalisieren, so werfen sie damit eine Frage auf, die sie für die Dauer ihrer Ehe beschäftigen wird: Behalten sie die Ehebeziehung bei, weil sie es wollen oder weil sie es müssen." Er kommentiert: "Mit anderen Worten, wenn zum vorwiegend analogen Teil ihrer vorehelichen Beziehung eine Digitalisierung (der Ehekontrakt) hinzutritt, wird eine eindeutige Definition ihrer Beziehung äußerst problematisch" (1969, 67f).

(1969, 62). WATZLAWICK differenziert allerdings nicht zwischen Signalsprachen, z.B. Abbildungen, Zeichnungen von Dingen, für die dieser Zusammenhang gilt, und sprachlichen Zeichen im Sinne von Anzeichen (Symptom bei BÜHLER 1982, 28; 1934), die verschiedenes ausdrücken können. Tränen haben z.B. keinerlei Ähnlichkeitsbeziehungen zu Gefühlen. So kann er eine Äußerung wie diese "Eine Geste oder eine Miene sagt uns mehr darüber, wie ein anderer über uns denkt, als hundert Worte" (64) auch nicht aufrechterhalten.
An späterer Stelle muß WATZLAWICK einschränken, daß analoge Kommunikation nicht eindeutig ist. Es "sei daran erinnert, daß es Tränen des Schmerzes und Tränen der Freude gibt, daß die geballte Faust Drohung oder Selbstbeherrschung bedeuten, ein Lächeln Sympathie oder Verachtung ausdrücken, Zurückhaltung als Takt oder Gleichgültigkeit ausgelegt werden kann" (66). WATZLAWICK sieht also, daß Tränen etc. nicht direkt für etwas stehen, sondern auf etwas verweisen, was dann ja der Inhalt, die Information der analogen Kommunikation sein muß. "Analoges Kommunikationsmaterial ... ermöglicht sehr verschiedene und miteinander unvereinbare Digitalisierung" (97). "Analogiekommunikationen enthalten keine Hinweise darauf, welche von zwei widersprüchlichen Bedeutungen gemeint ist ... Diese Unterscheidungen müssen vom Kommunikationsempfänger mehr oder weniger intuitiv beigesteuert werden" (67f).
Das ist nur halb richtig, jedenfalls unvollständig. Der situative Kontext, die Art der Beziehung und die sprachlichen Äußerungen bilden auch in diesem Fall den Rahmen für die Interpretation einer nichtsprachlichen Äußerung. Wenn z.B. eine Frau ihren Mann umarmt, kann das - aus dem Kontext gerissen - mehrererlei bedeuten. Ist die Beziehung gut, weiß man aber zumindest, daß es eine zugewandte Geste ist und nicht etwa der Versuch, den Mann einzuengen. Aus den vorangegangenen Ereignissen und dem, was gesagt wird oder wurde, schließt man ferner darauf, um welche Art der Umarmung es sich handelt, z.B. Trost oder Ausdruck der Liebe. Auf jeden Fall liegt die Bedeutung einer Geste nicht in ihr selbst, sondern sie muß entschlüsselt werden. Eine Geste kann auch das gleiche sein wie eine sprachliche Äußerung. In einer funktionierenden Beziehung z.B. wird die Aussage "Ich liebe Dich" (im Kontext "Telephonieren") genau so verstanden wie das Verhalten "Umarmen" (im Kontext "Nachhause-Kommen"). Was WATZLAWICK unter Intuition versteht, ist wahrscheinlich die bei Menschen unterschiedlich ausgeprägte Fähigkeit, solche Situationen zu entschlüsseln.
Je nach der Gesamtsituation haben sprachliche Äußerungen und nonverbale Verhaltensweisen also einen unterschiedlichen "Inhalt", und beide können Informationen über Beziehungsqualitäten übermitteln. Sprache ist nicht so eindeutig und beziehungsneutral, wie WATZLA-

WICK suggeriert,[32] und nonverbale Gesten haben auch einen Inhalt. RAUSH, GREIF & NUGENT sprechen von vier analytisch zu trennenden Klassen von Information: (a) Mitteilungen übertragen Inhalte. Inhalts-Mitteilungen sind vor allem verbal, können aber auch nichtverbal sein, z.B. wenn man auf etwas zeigt. (b) Mitteilungen betreffen die Beziehung. Auch diese können verbal oder nonverbal sein. (c) Mitteilungen sagen etwas über den laufenden Kommunikationsprozeß. Diese können den Inhalt ("Das war Peter und nicht Fritz") oder die Beziehung ("Ich werde ungeduldig, wenn du so ausführlich bist") betrefffen. Sie können ebenfalls verbal oder nonverbal (Kopfschütteln, Nicken) sein. (d) Schließlich gibt es Schlußfolgerungen über Kommunikationsaufläufe. Die Teilnehmer an einer Kommunikation mögen sich dieser bewußt sein oder nicht. Außenstehende können aus Kommunikationsmustern Folgerungen ziehen (1979, 474). SLUZKI & RANSOM betonen schon 1976, daß es keine primären und sekundären Botschaften oder Kanäle gibt. Information wird durch jeden Kanal und qualifizierende Information durch alle anderen übermittelt. "Es ist der Wahrnehmende, der seine eigene signifikante Bedeutung erschließt", wobei sich "Bedeutung" aus der Wahrnehmung des kommunikativen "Paketes" herleitet (1976, 54).

Folgt man diesen Gedanken, so wird es schwer, die weiteren Annahmen WATZLAWICKS zu akzeptieren. Er sieht, wie zu erwarten war, das vierte Axiom im Zusammenhang mit dem zweiten: "Wir dürfen ferner vermuten, daß der Inhaltsaspekt digital übermittelt wird, der Beziehungsaspekt dagegen vorwiegend analoger Natur ist" (1969, 64). Dies gilt wiederum nur für eine aus dem Kontext gerissene einzelne Aussage und ihre non- und paraverbalen Anteile. Es gilt nicht für Mitteilungen in einem Kontext. Es gilt ganz gewiß nicht, wenn die Beziehung zum Inhalt des Gespräches wird. Genau dieses behauptet nun aber WATZLAWICK: "Überall, wo die Beziehung zum zentralen Thema der Kommunikation wird, erweist sich die digitale Kommunikation als fast bedeutungslos" (64).

Wie ist das zu verstehen? Sprache - so WATZLAWICK - ist fast nutzlos, wenn es um Beziehungen geht, hingegen ist analoge Kommunikation uneindeutig. Schärfer formuliert würde dies bedeuten, daß wir uns im Grunde überhaupt nie verstehen. Wir könnten nicht wissen, auf was wir uns verlassen sollen: auf zwar eindeutige, aber vielleicht nicht wahre sprachliche Mitteilungen oder auf wahre, aber uneindeutige nicht-sprachliche Information? Dieses Problem hat WATZLAWICK künstlich geschaffen, indem er der analogen Ausdrucksmodalität eine

---

32 SIMON & WEBER bringen ein Beispiel für uneindeutige Sprache, das drastisch genug ist: "Mögen Sie eigentlich Kinder? "Ja, aber nur mit Käse überbacken und mit einem Hauch Knoblauch" (1989, 261).

inhärente Glaubwürdigkeit unterstellt, die der Sprache fehle. "Denn es ist ganz leicht, etwas mit Worten zu beteuern, aber schwer, eine Unaufrichtigkeit auch analogisch glaubhaft zu kommunizieren" (64). Das ist nicht völlig falsch, hat jedoch nur Konsequenzen für Menschen, die prinzipiell den Äußerungen der anderen mißtrauen.
Vor allem in engen zwischenmenschlichen Beziehungen verlassen sich Menschen normalerweise darauf, daß der andere die Wahrheit sagt oder zu sagen versucht, gerade auch dann, wenn die Beziehung zum Inhalt des Gespräches wird. WATZLAWICK widerspricht sich selbst, wenn er auf die heilsame Wirkung der Metakommunikation zur Behebung von Störungen verweist (1969, 59, 79, 93, 181, 196) und zugleich die Sprache für fast bedeutungslos erklärt.
Wann - so muß man sich fragen - nutzt denn nun Sprache, um zwischenmenschliche Probleme zu beheben, und wann nicht? Sicher kann man im Alltag beobachten, daß scheinbar rationale Aussagen in Wahrheit die Beziehung betreffen und keinen klärenden Effekt haben. Auf die anklagende Aussage, z.B. "Du bist nie pünktlich" im Kontext Streit, folgt wahrscheinlich eine Rechtfertigung, darauf eine Gegenbehauptung usw. Der eigentliche Kern: "Ich fühle mich im Stich gelassen", wird auf diese Weise nicht ausgedrückt. Wenn die Partner sich jedoch auf den Kontext "Problemlösen" einigen, dann kann Sprache der Klärung dienen, wenn die Handlungen und Gefühle ausgesprochen werden, z.B. in Form einer Ich-Botschaft (GORDON 1974, 104ff) wie: "Ich fühle mich im Stich gelassen, wenn Du bei wichtigen Anlässen zu spät kommst. Dann bin ich innerlich überlastet und werde wütend." Dies setzt aber voraus, daß die Beziehung nicht grundsätzlich gestört ist, daß die Partner vielmehr bereit sind, über sie zu sprechen und sie gegebenenfalls zu verändern. Ist das Verhältnis der Menschen zueinander jedoch prinzipiell von Mißtrauen, Haß und Zerstörung geprägt, dann wird auch die Kommunikation über die Kommunikation nicht zur Klärung dienen. Diesen Aspekt betont WATZLAWICK bei der Analyse des Stücks "Wer hat Angst vor Virginia Woolf?" (1969, 164). Wenn ein zwischenmenschliches Problem vorhanden ist, hat Sprechen, als ginge es um eine Sache und Recht oder Unrecht, also wenig Sinn. Sprechen über die Beziehung ist jedoch nur dann hilfreich, wenn eine prinzipielle Bereitschaft zur Klärung und die Hoffnung oder Möglichkeit zur Veränderung vorhanden ist. Eine entscheidende Variable scheint dabei das Vertrauen in die Aufrichtigkeit des anderen (THAYER 1972, 108) zu sein - so auch WATZLAWICK an anderer Stelle (209).
Im nicht-gestörten Alltag, wenn die Beziehung insgesamt eindeutig ist, wirkt aber auch ein objektiv möglicherweise inkongruentes Verhalten (umarmen und sagen "Ich liebe dich gar nicht", oder die Aussage "Ich liebe dich" und wegschubsen) für die Beteiligten nicht un-

bedingt widersprüchlich und problematisch. Es kann als Spiel gedeutet werden. Außerdem führt nicht jede inkongruente Botschaft oder jede wahrgenommene Ambivalenz zu einer neuen Beziehungsdefinition. Es dürfte so sein, daß wir als Wahrnehmende kleinere Dissonanzen in die vorhandene Vorstellung von der Beziehung assimilieren und erst dann eine Neudefinition vornehmen, wenn zentrale Aspekte des Selbst- oder Fremdbildes betroffen sind oder wenn der Widerspruch zwischen der bisherigen Vorstellung und dem wahrgenommenen Verhalten so groß wird, daß er zur Handlungsunfähigkeit führt. Diese Überlegungen verweisen auf Prozesse der sozialen Wahrnehmung (SNYDER & SWANN 1980; ROSEMANN & KERRES 1986), das Prinzip der Assimilation und Akkomodation bei PIAGET (1983) und Dissonanz-Phänomene bei FESTINGER (1957/1978).

WATZLAWICK reduziert die sprachlichen Möglichkeiten der Menschen in unerträglicher Weise. Wir können uns sehr wohl sprachlich differenziert über Beziehungen austauschen. Es gibt z.B. eine Unmenge von Begriffen für Gefühle (DAVITZ 1969), die viel differenzierter sind als nonverbale Verhaltensweisen. Es ist gerade die Vielseitigkeit der Sprache, die Austausch, Konsens oder Dissens ermöglicht. Sprache ist unverzichtbar, um mehrdeutige nonverbale Gesten differenzieren können. Das schließt nicht aus, daß wir uns vor allem bei einem Widerspruch zwischen verbaler und nonverbaler Kommunikation eher auf die nonverbalen Reize verlassen (FORGAS 1987, 137).

Mit dem vierten Axiom hat WATZLAWICK einen künstlichen Gegensatz zwischen Sprache und Nicht-Sprache konstruiert, der "überflüssig und irreführend" (MEISTER 1987, 88) ist, während in der tatsächlichen Interaktion verbale und nonverbale Aspekte untrennbar miteinander verbunden sind.

So hat BRUNER (1985) besonders eindrucksvoll nachgewiesen, daß der Erwerb von Interaktionskompetenzen und der Erwerb einer Sprache untrennbar miteinander verbunden sind. Frühe Interaktionen zwischen Baby und Pflegeperson spielen sich in bestimmten Formaten, z.B. Wickeln, Füttern ab, und es sind dabei regelgeleitete Abläufe eines strukturierten Austausches sprachlicher und nicht-sprachlicher Symbole zu beobachten. Dabei handelt es sich um Vokalisationen, Demonstrationen, hinweisende Gesten, unterschiedliche Informationen ebenso wie um Rollentausch und andere Formen des Wechsels im Diskurs und zwar bei beiden, beim Erwachsenem und beim Kind (39). Es ist unmöglich, daß ein Kind ohne diese Anteile überhaupt Sprache lernt.

Auch in allen späteren Interaktionen sind sprachliche und nichtsprachliche Zeichen immer zugleich vorhanden und mehr oder weniger eindeutig zu verstehen. Es ist also falsch, die nonverbale Kommunikation künstlich für die Beziehungsseite und die verbale Kommunikation für Inhalte reservieren zu wollen. "Zusammen mit Worten und Sätzen übermitteln wir eine Vielfalt nonverbaler Botschaften, die der Botschaft Nachdruck verleihen, sie aber auch modifizieren oder völlig ersetzen können" (FORGAS 1987, 126). Auch umgekehrt vermögen sprachliche Äußerungen die nichtsprachlichen Signale zu bestätigen, modifizieren, ersetzen, können ihnen jedoch ebenfalls widersprechen.

4. Paradoxe Kommunikation

4.1. Es gib keine pragmatischen Paradoxien

Mit Hilfe des Inhalts-Beziehungs-Axioms und der logischen Typen konstruiert WATZLAWICK das Phänomen der pragmatischen Paradoxie, die wesentlicher Bestandteil der Doppelbindung sein soll. Pragmatische Paradoxie wird definiert als "ein *Widerspruch, der sich durch folgerichtige Deduktion aus widerspruchsfreien Prämissen ergibt*" (1969, 171f). Dabei handele es sich um paradoxe Handlungsaufforderungen und paradoxe Vorhersagen (174).
Auf die logische und sprachlogische Unsinnigkeit dieser Aussage haben ZIEGLER (1978, 88ff) und MEISTER (1987, 117ff) hingewiesen. Da das dem ungeschulten Leser nicht unbedingt einleuchtet - wie ja auch WATZLAWICK, obwohl er ständig logische Präzision beteuert, ebenso hartnäckig gegen sie verstößt, - möchte ich versuchen, anhand von Beispielen die Unsinnigkeit der Argumentation herauszuarbeiten. Ich meine zeigen zu können, daß die Verwirrungen, die in zwischenmenschlichen Beziehungen auftreten, nicht auf diesen "Paradoxien" beruhen, sondern daß es andere Ursachen für die erlebte Handlungsunfähigkeit geben muß.
Zur Einführung des Konstrukts benutzt WATZLAWICK die Geschichte des Barbiers, der alle Männer seines Dorfes rasiert, die sich nicht selbst rasieren. Das Paradox löst sich auf, wenn man berücksichtigt, daß der Barbier zwei nicht identischen Klassen angehört. Er gehört zur Gruppe der Selbstrasierer (SR) <u>und</u> zur Gruppe, die vom Barbier rasiert wird (BR). Der Barbier der Geschichte wird dagegen logisch falsch den als identisch geltenden Mengen der Nichtselbstrasierer (NSR) und der vom Barbier rasierten (BR) zugeordnet. Diesen Barbier kann es nicht geben - so auch WATZLAWICK (1969, 178). Dies sei an einem Diagramm verdeutlicht:

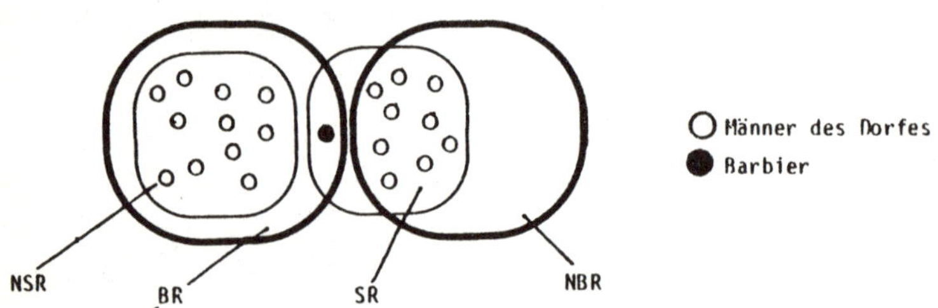

(RAMSENTHALER 1982, 123)

Es bestehe aber kein Grund, weshalb, "ungeachtet seiner *logischen* Absurdität" (178f), nicht ein derartiger Befehl gegeben werden könnte. WATZLAWICK erfindet den "Barbier, der ein Soldat ist und dem vom Hauptmann befohlen wird, alle Soldaten der Kompanie zu rasieren, die sich nicht selbst rasieren" (178). Die logische Struktur dieses Befehls ist die gleiche wie beim Dorfbarbier, also unsinnig. Nach WATZLAWICK heißt der Befehl aber, sich zu rasieren und sich nicht zu rasieren. Der Barbier befindet sich nur dann in der von WATZLAWICK behaupteten unhaltbaren Situation, wenn er die logische Unsinnigkeit nicht ansprechen darf und dafür bestraft wird, falls er sich rasiert oder falls er sich nicht rasiert. Diese Bedingung sieht auch WATZLAWICK: "Der die inferiore Position ... einnehmende Soldat kann den Rahmen der Beziehung nicht verlassen oder die Paradoxie dadurch auflösen, daß er über ihre Absurdität kommentiert" (179).
Es handelt sich also nicht um ein Paradox im von WATZLAWICK definierten Sinn, sondern um eine Aufforderung zu zwei widersprüchlichen Verhaltensweisen, die unter Androhung von Strafe verlangt werden. Zum anderen ist anzunehmen, daß dieser Befehl in der Realität widerspruchsfrei aufgefaßt wird: "Beziehe den Befehl 'rasiere alle, die sich nicht selbst rasieren' nicht auf dich selbst." Wenn man einer Altenpflegerin sagt: "Baden Sie alle, die sich nicht selbst baden", wird sie auch nicht auf die Idee kommen, sie selbst sei Objekt dieser Aufforderung. WATZLAWICK hat also wiederum ein Problem erschaffen, das es tatsächlich nicht gibt, auf dessen Gültigkeit er allerdings beharrt (KREUZER 1986, 36ff).
Auch der Prototyp des potentiell doppelbindenden Paradoxons "Sei spontan!" ist kein Paradox. WATZLAWICK nimmt an, daß "die vielleicht häufigste Form, in der sich Paradoxien in zwischenmenschlichen Beziehungen ergeben können, die einer Aufforderung zu bestimmtem Verhalten ist, das seiner Natur nach nur spontan sein kann ... Diese Art von Aufforderung versetzt den Empfänger in eine unhaltbare Situation, da er, um ihr nachzukommen, spontan in einem Kontext von Gehorsam, von Befolgung, also von Nichtspontaneität, sein müßte" (1969, 184). Nur wenn man weder den Kontext noch die Variable der Zeit berücksichtigt, kann einen diese Aussage "Ich befehle dir, sei spontan" tatsächlich irritieren: "Wenn ich spontan bin, bin ich es doch nicht, weil ich gehorche" und "Wenn ich nicht spontan bin, gehorche ich nicht."
Zunächst einmal kann diese vermeintliche Paradoxie im Sinne der Sprechakttheorie je nach Tonfall etc. Verschiedenes bedeuten: "Ich fordere dich auf", "Ich bitte dich" oder "Ich befehle dir, spontan zu sein." Dabei sagt der illokutionäre Akt (die Aufforderung, der Befehl oder die Bitte) nichts darüber aus, was gefordert, befohlen oder erbeten wird. Erst wenn man die "sprachliche Gesamtsituation" (HERR-

MANN 1972, 17) berücksichtigt, weiß man, was gemeint ist. Man kann sich vorstellen, daß sie einen Hinweis ("hier kannst du dich freier verhalten"), einen Wunsch ("wärest du nicht immer so überlegt"), eine Bitte ("benimm dich bitte nicht so formal") oder eine Aufforderung ("lösen Sie sich von der vorgegebenen Rolle") bedeutet, und darauf wird man je verschieden reagieren. Ähnlich interpretiert RABKIN (1976) unter Berücksichtigung der Zeit diese Form der Aussage ("Sei unabhängig!") als nicht paradox, sondern als den Wunsch nach Veränderung in der Zukunft (ähnlich SIMON 1988c).
In der Aussage selbst ist keine Strafandrohung enthalten, anders als WATZLAWICK suggeriert. Dies ist jedoch die entscheidende Bedingung dafür, daß eine widersprüchliche Handlungsaufforderung zu einer Zwangslage führt. Kaum denkbar ist, daß "Sei spontan!" als Befehl formuliert wird, wenn man davon ausgeht, daß "Menschen sehr klare und äußerst sensible Vorstellungen davon haben, ... wie sinnvoll und vernünftig ihre Botschaft unter den gegebenen Umständen ist" (FORGAS 1987, 122). Es kann also höchstens darum gehen, ob diese Aufforderung "angebracht oder idiotisch, scharf oder höflich, legitimiert oder nicht legitimiert" ist (ZIEGLER 1978, 94). Ob der Adressat das Verhalten nun zeigen wird oder nicht, hat mit der Aussage als solcher nichts zu tun. Sie ist per se keine pragmatische Paradoxie, und der Empfänger befindet sich nicht ohne weiteres in einer unhaltbaren Situation derart, daß, wenn er der Aufforderung folgt, er ihr zugleich nicht folgt. "Die Aufforderung als solche hat nichts Bedrohliches an sich: Man kann sie ignorieren (d.h. nicht auf sie eingehen), über sie sprechen oder die Beziehung verlassen" (MEISTER 1987, 129).
WATZLAWICK sieht diese Paradoxie auch in der psychoanalytischen Behandlung (228ff). "Der Patient sieht im Analytiker einen Fachmann, der ihm natürlich erklären wird, was er tun soll. Der Analytiker dagegen überträgt die Verantwortung für den Verlauf der Behandlung dem Patienten und fordert von ihm Spontaneität, während er gleichzeitig Regeln aufstellt, die das Verhalten des Patienten völlig umschreiben. Der Patient erhält damit praktisch die Anweisung 'Sei spontan!'" (229). Abgesehen davon, daß der Patient in einer Psychoanalyse keine Ratschläge erwartet und der Analytiker die Verantwortung nicht abgibt, handelt es sich bei den Regeln um die beidseitig akzeptierte Übereinkunft, wie eine psychoanalytische Therapie gestaltet werden soll. Die Anweisung "Sei spontan!" heißt nur "Bitte sagen Sie alles, was Ihnen durch den Kopf geht, auch wenn es Ihnen dumm, peinlich oder nebensächlich vorkommt."
WATZLAWICK ist überzeugt: "Paradoxien in zwischenmenschlichen Kontexten ... werden zu einer Angelegenheit von unmittelbarer praktischer Bedeutung für den Geisteszustand der Kommunikanten, ob diese nun Individuen, Familien, Gesellschaften oder Nationen sind (1969,

179)". Im Gegensatz dazu kann aber nachgewiesen werden, daß die von ihm zur Illustration herangezogenen Beispiele keineswegs paradox sind.
Er erfindet die Geschichte, daß ein Chef seine Sekretärin unter Androhung der Entlassung auffordert, den Satz "Paris ist eine Großstadt und zweisilbig" fehlerfrei zu schreiben (180f). Das ist jedoch nicht möglich, denn korrekt kann man nur schreiben: "Paris ist eine Großstadt und (das Wort) "Paris" ist zweisilbig". Das Paradoxe in der Situation soll nun dadurch entstehen, daß die Sekretärin im auferzwungenen Kontext nur zwei Möglichkeiten hat: etwas Falsches niederzuschreiben oder sich zu weigern, dies zu tun, es sei denn, sie träte aus dem Kontext heraus und kommentierte ihre Zwangslage.
Nun kann man fragen, was hier der Widerspruch ist, der sich durch folgerichtige Deduktion aus widerspruchsfreien Prämissen ergeben soll. Ich weiß es nicht. Auf jeden Fall ist die Sekretärin nur dann in einer Zwangslage, wenn ihr gekündigt wird, egal, was sie tut. Ohne diese Drohung wäre das Ganze wahrscheinlich ein Spiel. Dieses absurde Beispiel zeigt nur, daß man sich widersprüchliche Verhaltensaufforderungen ausdenken kann, die mehr oder weniger leicht zu durchschauen sind. (Der Chef hätte ebensogut fordern können: "Schreiben Sie sofort diesen Brief und kochen Sie sofort Kaffee." Diese Böswilligkeit wäre allerdings weniger trickreich.) Das "Unhaltbare" liegt nicht in der Forderung selbst, sondern in der mit ihr verbundenen Strafandrohung.
Wirklich fatal werden widersprüchliche Aufforderungen also nur dann, wenn sie in einem Kontext von Gehorsam und Gewalt erfolgen. WATZLAWICK zitiert aus KOESTLERS Roman "Sonnenfinsternis", in dem es über die Partei STALINS heißt: "Die Partei leugnete den freien Willen des Individuums - und forderte gleichzeitig seine freiwillige Hingabe. Sie leugnete seine Fähigkeit, zwischen zwei Möglichkeiten zu wählen - und forderte gleichzeitig, daß es ständig die rechte Wahl treffe. Sie leugnete sein Vermögen, zwischen Gut und Böse zu unterscheiden - und sprach gleichzeitig in pathetischen Tönen von Schuld und Verrat ... Unsere Prinzipien waren alle richtig, aber unsere Resultate waren falsch" (KOESTLER 1979, 54f, 215; WATZLAWICK 1969, 185ff). Diese Situation ist unglaublich schrecklich, aber sie ist wiederum - gemessen an der Definition von WATZLAWICK - nicht paradox.
Andere Beispiele verlieren ihren Überraschungseffekt, wenn man sich weniger auf die - vermeintliche - Paradoxie als auf die wahrscheinlich intendierte und verstandene Bedeutung der Aussagen konzentriert. So ist das Bekenntnis "Mein Beitrag zu unserem Problem ist, daß ich ein Gewohnheitslügner bin" (WATZLAWICK 1969, 182), im Rahmen einer therapeutischen Beziehung ganz gewiß so zu verstehen: "Jetzt sage ich die Wahrheit, wenn ich Ihnen mitteile, daß ich zuhause immer

lüge." Er sagt keineswegs etwas Selbstrückbezügliches: "Ich lüge, wenn ich sage 'ich bin ein Gewohnheistlügner'", so daß man nicht entscheiden könnte, ob er nun lügt oder nicht. So betont schon RUSSEL, daß die Aussage "ich lüge" sich nicht auf sich selbst, sondern nur auf eine andere Aussage niedrigerer Ordnung beziehen kann (1976, 42). Ähnlich verhält es sich mit einer weiteren Geschichte. WATZLAWICK schildert einen katholischen Mann, der moralische Probleme mit seiner Masturbation hat. Auf den Hinweis des Therapeuten, Katholiken masturbierten aber weniger als andere, reagiert er mit dem Satz "Katholiken lügen immer" (1969, 183). Es verlangt schon einige Spitzfindigkeit zu glauben, damit meine er sich selbst.
Aus einer therapeutischen Situation zitiert WATZLAWICK die Äußerung eines angeblich Schwachsinnigen zu dem Sprichwort "Auf einem rollenden Stein wächst kein Moos: *"Nicht schwachsinnig sein, das bedeutet es"* (1969, 183), und behauptet, sie sei paradox, weil ein Schwachsinniger nicht auf sie reagieren könne. Er argumentiert: Jemand, der sich selbst als schwachsinnig definiert, könne nichts Vernünftiges sagen, aber indem er etwas Vernünftiges sagt, beweise er, daß er nicht schwachsinnig sei. Diese Logik trifft aber nur dann zu, wenn man annimmt, ein Schwachsinniger könne nie etwas Vernünftiges sagen.
Eine ähnliche Struktur hat folgende Situation. Die unglücklich verheiratete Mutter eines jungen Mannes sagt zu diesem: "Was wir mehr als irgend etwas anderes wünschen, ist, daß Georg eine so glückliche Ehe wie wir haben möge." WATZLAWICK kommentiert: "So ausgedrückt, ist die einzig mögliche Schlußfolgerung die, daß eine glückliche Ehe unglücklich ist und, nach derselben Logik, eine unglückliche Ehe glücklich" (1969, 193). Das Problem liegt nicht in der Äußerung der Mutter und weiteren dieser Art, die der junge Mann seit Jahr und Tag hörte. Schwierig wird es für den Sohn, weil er vermutlich nicht klar erkennen konnte oder durfte, daß die Ehe seiner Eltern unglücklich ist.
WATZLAWICK berichtet, daß SIGMUND FREUD eine Ausreiseerlaubnis aus Österreich unter der Bedingung bekommen habe, daß er eine Erklärung unterzeichne, "wonach er von den deutschen Behörden und im besonderen von der Gestapo mit der ... gebührenden Achtung und Rücksicht behandelt wurde". FREUD fügte hinzu: "Ich kann die Gestapo jedermann aufs beste empfehlen" (1969, 190f). Daran ist wiederum nichts Paradoxes zu erkennen: der Nachsatz ist eindeutig sarkastisch.
Gerade WATZLAWICKs Analyse dieser Beispiele zeigt, wie ungeheuer spitzfindig er Kommunikationsprobleme, die in der Sprache selbst begründet sein sollen, erfindet und dabei den Verstehenskontext ignoriert. Das Problem WATZLAWICKS - wie auch der BATESON-Gruppe insgesamt - scheint darin zu liegen, daß er von selbstrückbezüglichen

Äußerungen, die er pragmatische Paradoxien nennt, fasziniert ist. Er geht von Störungen in der zwischenmenschlichen Kommunikation aus und findet sie dementsprechend auch überall, selbst dort, wo sie nicht sind. Dadurch geht die viel spannendere und nun wirklich erklärungsbedürftige Beobachtung verloren, warum wir uns trotz der komplizierten sprachlichen Gesamtsituation häufiger verstehen als nicht verstehen.

4.2. Erkennen Sie eine Doppelbindung?

Das Konzept der Doppelbindung wird nach wie vor als "besonders revolutionär, integriert und fruchtbar" (BODIN 1981, 273) gerühmt, gilt aber andererseits als empirisch kaum faßbar. Mit dieser Konzeption schien man die Vorstellung zu überwinden, Schizophrenie sei eine mysteriöse Krankheit des Individuums, und einem Verständnis von Schizophrenie nahezukommen, sie sei die "einzig mögliche Reaktion auf einen absurden und unhaltbaren zwischenmenschlichen Kontext" (WATZLAWICK 1969, 49). Die Idee der Doppelbindung als Ursache für Schizophrenie wurde bei Professionellen und Laien überaus populär, u.a. weil diese Hypothese einen unverständlichen Wahnsinn in eine verstehbare Reaktion auf eine familiäre Situation transformierte und weil jeder zu verstehen glaubte, was eine Doppelbindung sei (LEFF, KUIPERS & BERKOWITZ 1983, 173). Inzwischen mehren sich die kritischen und warnenden Stimmen.
Sicher ist es nicht abwegig, von der Vermutung auszugehen, daß der Mensch mit schizophrener Symptomatik in einer "Welt leben muß, in der die Ereignisabläufe solcher Art sind, daß sein ungewöhnliches Kommunikationsverhalten in gewissem Sinn angebracht ist" (WATZLAWICK 1969, 195). Ganz gewiß ist es dann sinnvoll, diese Erfahrungssequenzen zu präzisieren. Dies erreicht zu haben, behaupten BATESON et al. (1956/1974) und in etwas anderer Version WATZLAWICK. Dort wird Doppelbindung wie folgt definiert:

"1. Zwei oder mehr Menschen stehen zueinander in einer engen Beziehung, die für einen oder auch alle von ihnen einen hohen Grad von physischer und/oder psychischer Lebenswichtigkeit hat.

2. In diesem Kontext wird eine Mitteilung gegeben, die a) etwas aussagt, b) etwas über ihre eigene Aussage aussagt und c) so zusammengesetzt ist, daß diese beiden Aussagen einander negieren bzw. unvereinbar sind. Wenn also die Mitteilung eine Handlungsaufforderung ist, so wird sie durch Befolgung mißachtet und durch Mißachtung befolgt; handelt es sich um eine

Ich- oder Du-Definition, so ist die damit definierte Person es nur, wenn sie es nicht ist, und ist es nicht, wenn sie es ist. Die Bedeutung der Mitteilung ist unentscheidbar.

3. Der Empfänger dieser Mitteilung kann der durch sie hergestellten Beziehungsstruktur nicht dadurch entgehen, daß er entweder über sie metakommuniziert (sie kommentiert) oder sich aus der Beziehung zurückzieht ... Diese Situation kann für den Empfänger oft noch weiter durch das mehr oder weniger ausgesprochene Verbot erschwert sein, des Widerspruchs oder der tatsächlichen Zusammenhänge gewahr zu werden. Eine in einer Doppelbindung gefangene Person läuft also Gefahr, für richtige Wahrnehmungen bestraft und darüber hinaus als böswillig oder verrückt bezeichnet zu werden, wenn sie es wagen sollte, zu behaupten, daß zwischen ihren tatsächlichen Wahrnehmungen und dem, was sie wahrnehmen 'sollte', ein wesentlicher Unterschied besteht" (1969, 196; so auch WATZLAWICK 1976, 176).

Nach WATZLAWICK sind drei Reaktionen auf doppelbindendes Verhalten zu erwarten: eine paranoische als Abkehr von der Realität, eine hebephrene als buchstabengetreues Befolgen und eine stuporöse oder agitierte katatonische als Rückzug, Selbstisolierung oder Blockierung (1969, 201ff). Der Betroffene kann zu der Annahme neigen, er habe wichtige Anhaltspunkte übersehen. "Er wird unter dem Druck der Notwendigkeit stehen, diese Anhaltspunkte zu finden, und sich schließlich gezwungen fühlen, die vergebliche Suche nach einem Sinn auf unwahrscheinliche und beziehungslose Phänomene ausdehnen ... Andererseits kann der Betroffene aber auch zu jener Taktik Zuflucht nehmen, ... nämlich allen Anordnungen buchstabengetreu zu gehorchen und sich, wenigstens nach außen hin, jedes eigenen Denkens zu enthalten ... Die dritte mögliche Reaktion besteht in einem Rückzug aus menschlichen Beziehungen, soweit die Unmöglichkeit, nicht zu kommunizieren, dies erlaubt" (202).

Vereinzelte Doppelbindungen machen nicht krank, wohl aber die Situation, wenn Doppelbindungen zu einer "chronischen Erscheinung und damit langsam zu einer gewohnheitsmäßigen Erwartung" und schließlich zu einer ausgeprägten "Beziehungsstruktur" (197) werden. Dann - so WATZLAWICK - wirkt das Verhalten des Empfängers auf das des Doppelbinders zurück. "Sobald sich diese Wechselwirkung einmal ausgebildet hat, ist es praktisch sinnlos zu fragen, *wann*, *wie* und *warum* sie zustande kam ... Die Doppelbindung *verursacht* nicht Schizophrenie" (198).

Es heißt weiterhin, daß es sich bei den Mitteilungen nicht um klassische Konflikte, z.B. einen Annäherungs-Vermeidungs-Konflikt oder einen Vermeidungs-Vermeidungs-Konflikt handele, bei denen eine Wahl möglich sei. "Doppelbindungen sind also nicht einfach widersprüchliche, sondern wirklich paradoxe Handlungsforderungen" (199), bei denen die Wahl selbst unmöglich ist: "Weder die eine noch die andere Alternative steht tatsächlich offen, und ein selbstverewigender, oszillierender Prozeß wird in Gang gesetzt" (201). Wenig später heißt es allerdings, es sei dem Patienten unmöglich, "eine *richtige* Entscheidung zu treffen, weil beide Alternativen Teile der Doppelbindung sind und der Patient daher im einen wie im anderen Falle 'unrecht' hat" (215).

Nun habe ich oben - vor allem anhand der "Sei spontan"-Aussage - gezeigt, daß sich diese Paradoxa immer als widersprüchliche Handlungsaufforderungen auflösen lassen. Ich habe ausgeführt, daß unerträgliche Situationen dann entstehen, wenn eine Reaktion erzwungen werden soll, die man nicht erzwingen kann, oder wenn man unter Androhung von Strafe jemanden zwingen will, sich zwischen zwei gleichermaßen schrecklichen Alternativen zu entscheiden.

Paßt nun diese Beschreibung der Doppelbindung auf die von WATZLAWICK angeführten Beispiele? Aus seinem eigenen Forschungsprojekt stammt die "Mutter, deren schizophrener Sohn eines Tages mit einem Kleinkalibergewehr Löcher in Möbel, Wände und Fenster der Wohnung zu schießen begann. Auf die Frage, was sie in dieser gefährlichen Situation getan habe, antwortete die Mutter ärgerlich: 'Ich sagte ihm zum hundertsten Male, daß er nicht *in* der Wohnung spielen soll'" (1969, 199, Fußnote). Die Aussage ist zweifellos merkwürdig und deshalb kaum zu verstehen. Dadurch daß die Mutter die Schießerei des Sohnes als Spielen bezeichnet, leugnet sie die Realität. Diese Umdeutung führt zu einem unsinnigen Verweis: Indem sie dieses "Spiel" in der Wohnung nicht dulden will, drückt sie aus, auf der Straße sei es wohl erlaubt. Wenn die Mutter so mit ihrem Sohn spricht und das gar noch sehr oft, muß er verwirrt reagieren. Er wird sich kaum noch fragen können, ob er mit dem Schießen ganz aufhören oder auf der Straße weitermachen soll oder anders handeln soll. Wo ist aber die paradoxe Handlungsaufforderung, d.h. die Aussage und die ihr folgende unvereinbare Aussage über die Aussage? Ich sehe sie nicht.

Aus einem Bericht wird zitiert: "Wenn, wie dies häufig der Fall war, die Kinder den Zorn oder die Feindseligkeit eines Elternteils wahrnahmen, so verneinte dieser sofort seinen Zorn und beharrte darauf, daß auch das Kind ihn verneine, so daß das Kind vor dem Dilemma stand, ob es den Eltern oder seinen eigenen Sinneswahrnehmungen glauben sollte. Wenn es seinen Sinnen vertraute, behielt es seinen sicheren Kontakt mit der Wirklichkeit, vertraute es dagegen dem Vater (bzw. der Mutter), so behielt es die notwendige Beziehung bei, verzerrte aber seine Wirklichkeitswahrnehmung" (1969, 196f, Fußnote). Auch hier erkenne ich die spezifischen Bestandteile der Doppelbindung nicht, wohl aber eine Situation, die ROMMETVEIT beschreibt: "Sein Zugriff zur Wirklichkeit scheitert in dem Sinn, daß er überhaupt nie daran glauben kann, daß andere seine Wahrnehmung der Dinge teilen, und daß er nicht mehr weiß, was 'real' ist und was nicht, weil die Grundlage der Intersubjektivität zusammengebrochen ist" (1974, 53).

Wenn überhaupt, ist bei den Beispielen wie auch in der Literatur allgemein zu erkennen, daß in diesen Familien außerordentlich verwirrend kommuniziert wird. So auch die erste Version der Doppelbindung bei BATESON et al. (1956/1974). Sie schildern die typische Familiensituation schizophrener Kinder wie folgt: "1. Ein Kind, dessen Mutter Angst bekommt und sich zurückzieht, sobald es auf sie reagiert wie auf eine liebende Mutter. 2. Eine Mutter, die ihr Gefühl der Angst und Feindseligkeit gegenüber dem Kind nicht akzeptieren kann und es deshalb verleugnet, indem sie ein liebevolles Verhalten an den Tag legt, um das Kind zu veranlassen, in ihr die liebevolle Mutter zu sehen, und um sich zurückzuziehen, wenn das Kind das nicht tut" (24). Die Botschaften der Mutter "lassen sich grob charakterisieren als (a) feindseliges Verhalten oder Rückzug, wann immer das Kind sich nähert, und (b) simulierte Liebe oder Annäherung, wann immer das Kind auf ihre feindseliges Verhalten oder ihren Rückzug reagiert, womit sie ihren Rückzug verleugnet" (25).

Auch hier muß man die Frage stellen, was das Paradoxe - im Sinne der Definition - an der Situation ist. Wiederum sehe ich das nicht. Man kann sich jedoch fragen, was hier vorgeht. Das Kind wird äußerst verdeckt zu zwei sich widersprechenden Verhaltensweisen aufgefordert, nämlich Annäherung und Rückzug. Zugleich folgt darauf eine für das Kind jeweils unerträgliche Reaktion, erkennbare Feindseligkeit oder simulierte Liebe, also verschleierte Ablehnung. Das Kind erlebt wahrscheinlich eine entsetzliche Verwirrung. Es weiß nicht mehr, was es tun oder sagen soll, was richtig oder falsch, gut oder schlecht ist, ob es selbst gut oder schlecht ist. Weil nichts mehr eindeutig ist, wird es denk- und handlungsunfähig.

Die Verwirrung entsteht nicht durch irgend etwas einer Mitteilung Immanentes, sondern durch schwer zu durchschauende Widersprüchlichkeiten und Uneindeutigkeiten, die wahrscheinlich auf allen möglichen Kanälen (Worte, Stimme, Körperhaltung, Gesichtsausdruck) gesendet werden. Ich folgere daraus, daß das Unerträgliche des schizophrenen Dilemmas nicht darin liegt, daß es keine Alternativen gibt, sondern darin, daß eine Unmenge widersprüchlicher und mehrdeutiger Mitteilungen, Aufforderungen und Deutungen auf das Kind prallen, deren Mischung so kompliziert ist, daß es sie nicht mehr durch-

schauen kann. Dann kann es sein Problem auch nicht mehr ansprechen, oder es hat aufgegeben, weil die Mutter die Inkongruenzen ebenfalls leugnet (MEISTER, 1987, 34) und dem Kind wahrscheinlich wieder mit Mehrdeutigkeiten antworten wird. So schreiben denn auch CRONEN, JOHNSON & LANNAMANN, daß einzelne selbstrückbezügliche Schleifen nicht schädlich sind. Nur wenn das ganze System (Inhalt, Sprechakt, Episode, Beziehung, Selbstkonzept, kulturelle Normen) davon erfaßt ist, "gerät das Selbst in ein Gewebe von ständig wechselnden Perspektiven" und kann keine Identität entwickeln (1983, 130). SLUZKI & RANSOM betonen, daß nur die ständige und wiederholte Erfahrung den pathologischen Effekt hervorruft (1976, 48).
Es gibt weitere Indizien, daß es sich bei den Verwirrungen in den Familien Schizophrener nicht um Doppelbindungen im obigen Sinne handelt. Selbst Autoren, die zur BATESON-Gruppe gehören, die zuerst doppelbindendes Verhalten mit Schizophrenie in einen Zusammenhang stellten, beschreiben das Phänomen sehr unterschiedlich. HALEY kennzeichnet die Struktur einmal so: "Tue, was ich sage, oder ich werde dich bestrafen," und "sieh' mich nicht als strafend an" (1976, 77), ein anderes Mal als Problem des Umgangs mit Macht in der Familie und schließlich (78f) eher im Sinne von LAING als dauernde Negation und Disqualifikation in den Familien (87). Auf jeden Fall ist er - anders als WATZLAWICK - der Meinung, daß "Doppelbindungen in dem komplizierten Netzwerk der mannigfaltigen Mitteilungsebenen im menschlichen Diskurs nicht so klar zu erkennen sind" (70). BRODERICK & PULLIAM-KRAGER meinen, für das Kind entstehe Verwirrung darüber, was real ist und was nicht, was akzeptabel ist und was nicht, und ziehen LAINGS "Mystifikation" dem Konzept der Doppelbindung vor (1979, 610). Selbst WATZLAWICK scheint Doppelbindungen nicht eindeutig erkennen zu können. Eine Episode, die 1969 als Doppelbindung galt, wird 1988 als Beispiel für Entwertung genommen (21).
SIMON et al., die Familien mit schizophrenen Angehörigen untersucht und therapiert haben, kennzeichnen das Erleben des Therapeuten vor allem dadurch, "daß er sich sehr schnell verwirrt fühlt". Bei bestimmten Themen "entwickelt sich ein konfusionierender Kommunikationsstil. Beim Therapeuten löst dies das Gefühl aus, den festen Boden der Realität unter den Füßen zu verlieren, wie auf Treibsand zu stehen, ohne Gewißheit darüber, was wirklich ist und was nicht, oder worüber gesprochen wird" (1989, 200). HENRY (1973), der jeweils eine Woche in Familien mit schizophrenen Kindern lebte, beschreibt sehr viel verwirrendes und widersprüchliches Verhalten der Eltern. Mir scheint, dieses sind nicht nur bescheidenere, sondern auch zutreffendere Beschreibungen und Begriffe für das, was möglicherweise[33] in diesen

---

33 Es bleibt das ungelöste Problem, daß Unterschiede zwischen normalen Fa-

Familien geschieht.
Ich leugne keineswegs, daß es verrücktmachende Strukturen gibt, auf die man nur mit der verzweifelten Anpassungsleistung der Krankheit reagieren kann. Mir geht es darum, daß dies nichts mit der Doppelbindung im Sinne WATZLAWICKs zu tun hat. Es ist weiter hervorzuheben, daß der alltagssprachliche Gebrauch des Konstrukts "Doppelbindung" sich auf Widersprüche zwischen verbalen und nonverbalen Reaktionen bezieht. Dabei handelt es sich lediglich um mehr oder weniger komplexe Widersprüchlichkeiten und Mehrdeutigkeiten, und solche sind mehr oder weniger leicht aufzulösen, wenn man die einzelnen Bestandteile zu erkennen versucht. Doch sei betont, daß es sich dabei nicht um Doppelbindungen im Sinne WATZLAWICKs handelt. Schließlich muß davor gewarnt werden, einfache Inkongruenzen mit den "Mystifikations-Spiralen" (MEISTER 1987, 34) zu verwechseln, unter denen schizophren gewordene Menschen - womöglich - unerträglich gelitten haben.
Verschiedenste Versuche, Doppelbindungen empirisch nachzuweisen, sind gescheitert (HAHLWEG et al. 1989, 148). Selbst Anhänger der Doppelbindungs-Hypothese können sie in kontrollierten Untersuchungen nicht identifizieren (ABELES 1976) oder stimmen nicht überein (BRODERICK & PULIAM-KRAGER 1979, 612). Sieht man genau hin, will man eine Doppelbindung wirklich fassen, entzieht sie sich dem Verstehen (RAUSH, GREIF & NUGENT 1979, 473), so daß auch resignierend festgestellt wird: "Ich kann nicht genau sagen, was es ist, aber ich erkenne es, wenn ich eine sehe" (ABELES 1976, 132; WILDER 1979, 180). Ähnlich immunisierend argumentiert WATZLAWICK noch 1980, indem er behauptet, eine Doppelbindung lasse sich eben nicht messen, aber das Muster lasse sich erkennen (WATZLAWICK & KREUZER 1988, 47f).
Ein zentrales Konzept in einer Theorie mit weitreichenden therapeutischen Auswirkungen muß aber so klar beschrieben sein, daß es von verschiedenen Menschen einigermaßen zweifelsfrei und übereinstimmend erkannt wird. Da dieses Phänomen jedoch empirisch nicht zu fassen ist, wundert es nicht, daß bisher auch kein Zusammenhang zwischen Doppelbindung und Schizophrenie nachgewiesen werden konnte.
Es gibt nur einige wenige konsistente und einigermaßen sichere Ergebnisse. Schizophrene Familien kommunizieren weniger klar und akkurat als normale (RAUSH, GREIF & NUGENT 1979, 479). Eltern von Schizophrenen führen offenbar konfliktreiche Ehen und schneiden bei

milien und solchen mit schizophrenen Angehörigen empirisch kaum nachzuweisen sind und Therapeuten dennoch diese Mystifizierung erleben. Ich selbst habe - wenn auch nur wenig - Kontakt mit Familien Schizophrener gehabt und Ähnliches wie SIMON et al. (1989) erlebt.

Aufgaben im Labor, besonders wenn sie gemeinsame Entscheidungen verlangen, schlecht ab (McFarlane 1983a, 4). Aufgrund der "Expressed Emotion"-Forschung deutet sich an, daß in den betroffenen Familien ein negatives affektives Klima (Goldstein 1988, 286) bzw. eine "kritische Haltung" vorherrscht, die sich in Feindseligkeit, Kritik und emotionalem Überengagement zeigt (Hahlweg et al. 1989, 149).
Aber auch wenn sich diese Beobachtungen bestätigen sollten, so ist damit keineswegs bewiesen, daß diese familiären Verhaltensweisen die Ursache für Schizophrenie sind, es können auch Folgen der Auffälligkeit sein. Bateson et al. (1956), Watzlawick (1969, 1976) und alle weiteren, die diesen Zusammenhang annahmen, machten einen grundsätzlichen und folgenreichen methodischen Fehler, indem sie außer acht ließen, daß aufgrund einer vorhandenen familiären Konstellation nicht auf zeitlich zurückliegende Ursachen geschlossen werden kann. Nur longitudinale, prospektive Forschung, in der Familien vor Ausbruch einer Störung beobachtet werden, kann diese Zusammenhänge erkennbar machen. Es muß dabei gezeigt werden, daß bestimmte Prozesse in Familien schon existierten, *bevor* ein Mitglied sichtbar schizophren wurde und daß diese *nur* in solchen Familien vorkommen. (McFarlane 1983a, 6).
Obwohl Watzlawick sich bemüht, familiäre Kommunikationsmuster nicht als Ursache für Schizophrenie zu bezeichnen, ist es fast unumgänglich, das Kind als Opfer und die Eltern, vor allem die Mutter, als Täter anzusehen. Zumindest scheint es so, daß es bei Therapeuten und Laien zu impliziten oder expliziten Schuldzuweisungen kam (McFarlane 1983b, 317). Aus diesem Grunde werden inzwischen von den Angehörigenverbänden sehr starke Vorbehalte gegenüber der Familientherapie geäußert (Hahlweg et al. 1989, 148; Hubschmid 1989, 165), und es wird verstärkt das Leiden der Familien (Dörner, Egetmeyer & Koenning 1987) gesehen.
Die Schuldzuweisung wirkt sich verheerend aus, wenn der Schizophrenie - wie man inzwischen annimmt (McFarlane 1983a, 2; Goldstein 1988, 284; Hubschmid 1989, 167) - tatsächlich eine starke genetische Disposition zugrunde liegt, während familiäre Schwierigkeiten und emotionale Erlebnisse dazu beitragen, ob und wie oft die Krankheit ausbricht, wie auch ein warmes, klares und erschütterungsfreies Familienklima schützende Wirkung haben kann (Häfner & Gattaz 1990).[34] Unter diesen Umständen brauchen die Familien Hilfe statt

---

34 Gegen eine genetische Veranlagung sprechen auch nicht die neuesten, höchst spekulativen Ideen Simons (1989), der ein aus der Chaos-Theorie abgeleitetes Erklärungsmodell schizophrener Kommunikation anbietet. Dieses Modell erklärt Schizophrenie nicht, sondern beschreibt lediglich denkbare funktionale Zusammenhänge.

Schuldzuweisung, wie sie ihnen in den psychoedukativen Ansätzen (ANDERSON, REISS & HOGARTY 1986; HAHLWEG et al. 1989; HUBSCHMID 1989; MCFARLANE & BEELS 1983) und der Angehörigenarbeit (BERTRAM 1986) gegeben werden.
Mit diesen Ausführungen verbinde ich nicht den Vorwurf, BATESON hätte die Doppelbindungshypothese nicht aufstellen und WATZLAWICK sie nicht übernehmen dürfen. Forschung lebt von Ideen und ihrer Widerlegung. Es ist aber nicht akzeptabel, daß ein Autor seine Ausführungen angesichts neuer Erkenntnisse nicht revidiert - er wiederholt sie noch 1988 -, vor allem dann nicht, wenn dadurch Tausende von Laien immer wieder veranlaßt werden, an eine falsche und gefährliche Theorie zu glauben, die zu inhumanen Reaktionen führen kann.

5. Wie verführt Watzlawick?

Folgt man meiner Kritik, bleibt von WATZLAWICKS gewaltigem Gebäude nicht viel übrig. Die begrifflichen Grundlagen sind ungenau, falsch oder trivial. Das erste Axiom ist leer. Das Interpunktions-Axiom ist kläglich unterentwickelt, gemessen an der Forschung zu Attributionsprozessen. Die Aussagen zu Symmetrie und Komplementarität sind nicht haltbar. Die Axiome und Gedankengänge, die sich mit Inhalt/Beziehung und analoger/digitaler Kommunikation befassen, verschleiern durch ihre künstliche und falsche Simplifizierung komplexes sprachliches und nicht-sprachliches Geschehen in der zu definierenden Gesamtsituation. Die pragmatischen Paradoxien lassen sich viel besser als widersprüchliche Handlungsanweisungen mit gegebenenfalls negativen Konsequenzen beschreiben. Das Konzept der Doppelbindung entzieht sich theoretischer Präzision und ist empirisch nicht nachzuweisen.

Angesichts dieses Ergebnisses muß man gründlicher fragen, wie WATZLAWICK es erreicht hat, daß viele Menschen trotzdem glauben, ihm tiefe Erkenntnisse zu verdanken, während sie - so meine ich - auf ihn hereingefallen sind und dies immer noch tun. Eine Antwort liegt in seiner besonders raffinierten Methode, den Leser hinters Licht zu führen. Mit oftmals dramatischen Anleihen bei respektablen anderen Wissenschaften führt er mit großem Aufwand Begriffe und Ideen ein. Besonders ärgerlich ist der wiederholte Verweis auf RUSSEL und das Problem der Rückbezüglichkeit; so beharrt er noch 1987 darauf: daß "das Phänomen der Rückbezüglichkeit und eine Verwechslung der logischen Ebenen, das die formale Logik eindeutig definiert hat - wenigstens seit Bertrand Russell" Grundlage der Paradoxien sei (398). Auf der vermeintlichen Vermischung von logischen Typen in Sprachgebrauch und Verhalten beruhen Kernstücke der "Lehre": das Inhalts- und Beziehungsaxiom und das Konstrukt der Doppelbindung. RUSSEL hat ausdrücklich betont, daß seine Überlegungen nicht für den Alltag taugen (1976, 197). Verstehen und Mißverstehen hat mit logischen Typen nichts zu tun.

Aber etwas so Gewichtiges und Kompliziertes beeindruckt ungemein. Man staunt, während man zugleich vieles nicht versteht. Erste Zweifel, ob denn alles seine Ordnung habe, werden gebannt durch die jeweils folgenden, äußerst suggestiven Beispiele. Diese passen auch zu irgendeinem Aspekt des vorher entwickelten Gedankenganges. Man meint, so etwas Ähnliches schon erlebt zu haben; es aber erst mit WATZLAWICKS Hilfe in Worte fassen zu können. Tatsächlich entsprechen die Beispiele jedoch nie der gesammten Komplexität menschlicher Kommunikation. Aber die mehrdeutige Begrifflichkeit verhindert, daß dies deutlich wird. So erlebt man eine zweifache Evidenz:

Die Behauptungen scheinen wissenschaftlich begründet zu sein, und die Illustrationen wirken unmittelbar einsichtig. Man merkt nicht, daß WATZLAWICK schrecklich vereinfacht und häufig sogar verwirrt. Man glaubt im Gegenteil, den wirklichen Kern eines Gedankens erfaßt zu haben. Von diesem Irrglauben verleitet, nimmt man den darum drapierten Unsinn, die Halbwahrheiten und das Nichtverstandene nicht mehr wahr oder schreibt es der besonders komplizierten Wissenschaftlichkeit der Autoren zu. Unbehagen, das einen vielleicht doch überkommt, schiebt man beiseite, schließlich handelt es sich doch um ein empfohlenes und berühmtes Buch. Wer könnte es denn wagen, seinen Zweifeln Raum zu geben, wenn sie in ihrer Konsequenz zu dem Ergebnis führen, daß ein dermaßen anerkannter Autor eine Neuausgabe des Märchens von des Kaisers neuen Kleidern veranstaltet?
"Menschliche Kommunikation" ist auch nicht etwa ein einmaliger Ausrutscher, ein vorläufiger Entwurf einer Theorie, der in der Folge konkretisiert und präzisiert wird. Man kann WATZLAWICK ähnliche Verwirrungen und Ungenauigkeiten in weiteren Veröffentlichungen nachweisen, so z.B. 1988, in denen dieselben Ideen wiederholt werden, neue Widersprüche entstehen und z.T. alte Begriffe wieder andere Bedeutungen erhalten. Dieses und das für den alten und neuen WATZLAWICK geltende Problem der Kausalität sollen im folgenden behandelt werden.

6. Konstruktivismus: Eine Weiterentwicklung?

6.1. Alter Wein in neuen Schläuchen?

Schon 1967 machte sich WATZLAWICK die These zu eigen, daß wir "nie aufhören, Wissen über die Gegebenheiten unserer Erfahrung zu suchen, ihre Bedeutung für unsere Existenz zu verstehen und zu ihnen auf Grund dieses Verstehens Stellung zu nehmen. Aus der Gesamtsumme von Bedeutungen, die wir schließlich von den zahllosen Einzelkontakten mit den Objekten der Umwelt gewinnen, bilden wir dann ein mehr oder weniger einheitliches Bild der Welt, in die wir uns 'geworfen' finden" (1969, 243). Diese These, die damals noch vorsichtig formuliert war - "Wirklichkeit ist für uns vermutlich das, was wir für wirklich halten" - (244) wird später zur Gewißheit und in vielfältigen Varianten veröffentlicht. Seine Hauptaussage ist nun: "Die Wirklichkeit wird nicht *gefunden*, sondern sie wird *erfunden*" (KREUZER 1986, 22). Die Welt gibt uns keine Ordnung vor, sondern der Mensch konstruiert sie sich. Er verweist auf Erkenntnisse von Philosophen und Naturwissenschaftlern wie GLASERSFELD und von FÖRSTER (u.a. in WATZLAWICK 1981; WATZLAWICK & KREUZER 1988, 41), auf EINSTEIN und VARELA (1988, 188ff), und findet sich wieder einmal in guter Gesellschaft.

Während WATZLAWICK 1967 die Psychologie des Individuums geißelt und einem Black-Box-Modell, in dem das Individuum nicht vorkommt, anhängt, bekennt er sich nun zum radikalen Konstruktivismus, in dem es vor allem um das autonome Individuum geht. Wirklichkeit spielt sich nun nicht mehr zwischen Menschen ab, sondern in den konstruktivistischen Köpfen der einzelnen. Dieser Widerspruch oder diese Weiterentwicklung wird nirgends erwähnt. Das ist zumindest bemerkenswert.

Im folgenden versuche ich, die verstreut anzutreffende Argumentation WATZLAWICKS zu systematisieren:

Die Welt liefert nur Daten, die er Elemente der Wirklichkeit 1. Ordnung nennt. Das sind "Gegenstände", "Objekte in der Außenwelt" (WATZLAWICK 1988, 12), das "Universum der 'Tatsachen'" (1988, 179f). Diese Daten seien objektiv nachprüfbar und allgemein gültig. Als Beispiel nennt er wissenschaftliche Feststellungen: "aus Beobachtung und Experiment abgeleitete Gegebenheiten" (1988, 179). "Für die Belange des täglichen Lebens kann pauschal angenommen werden, daß sie tatsächlich allgemeingültig sind. Die Beobachtung des freien Falles eines Körpers im luftleeren Raum auf Meereshöhe ergibt - vorausgesetzt, daß sie unter identischen Bedingungen stattfindet - jedesmal dieselben Werte (1988, 179)". Dieses sind Erkenntnisse, "die sich in einem ganz bestimmten Rahmen, eben der Beobachtung und/ oder des Experiments (die natürlich beide wiederum Konstruktionen der dahinterstehenden Theorien sind) insofern 'objektiv' feststellen lassen, als die Wiederholung *derselben* Untersuchung *dasselbe* Resultat ergibt" (1988, 180).

Tatsachen 1. Ordnung geben aber keinen Sinn. Ein Kind kann zwar ein rotes Licht wahrnehmen, weiß aber noch nicht, daß es "das Überqueren der Straße oder ein Bordell bezeichnet" (1988, 180). Erst durch die Wirklichkeit 2. Ordnung wird den Tatsachen "Sinn, Bedeutung und Wert" zugeschrieben (WATZLAWICK 1988, 48, 180). Dies gilt auch für Beziehungen. "Beziehungen sind nicht Aspekte der Wirklichkeit 1. Ordnung, deren 'wahre' Natur wissenschaftlich eruiert werden könnte. Sie sind reine Konstruktionen der Beziehungspartner und entziehen sich als solche jeder objektiven Verifikation" (WATZLAWICK 1981, 220). Es werden, so muß man unterstellen, aus einzelnen beobachtbaren Verhaltensweisen Bedeutungen von Beziehungen konstruiert, die ganz verschieden sein können - siehe die Abhandlung zu Interpunktion (auch KREUZER 1986, 21).

Wie kommt es zu den Konstruktionen 2. Ordnung? Hintergrund der Überlegungen ist einerseits die Tatsache, daß wir in einer so komplexen Welt leben, die uns zwingt eine drastische Auswahl zu treffen, "die diese Informationsmenge auf ein praktisch verwendbares Minimum reduziert; ein Filter, sozusagen, der nur das Wichtigste durchläßt und uns so vor totaler Handlungsunfähigkeit durch Informationsüberflutung schützt" (WATZLAWICK 1981, 13ff). Anderseits gibt es experimentelle Befunde, die zeigen, daß wir tatsächlich überall Ordnung suchen, selbst dort, wo objektiv keine vorhanden ist, und daß wir vor allem die so gewonnenen Hypothesen auch beibehalten (WATZLAWICK 1981, 13ff). "Halten wir nochmals fest: Um biologisch, psychologisch und gesellschaftlich zu überleben, brauchen wir ein widerspruchsfreies Bild der Welt, eine konsistente Erklärung der Wirklichkeit, wie sie 'wirklich' ist" (1988, 137).

Nun stellt sich die Frage, wie es zu den Auswahlkriterien, zur Ausbildung des 'Filters' kommt? Die Konstruktion der Wirklichkeit 2. Ordnung geschieht - so WATZLAWICK - weder bewußt noch rational. Sie ist "nicht das Resultat rationaler Entscheidungen, sondern das unberechenbare Ergebnis einer Myriade von Zufallsereignissen im Laufe der Entwicklung des betreffenden Individuums oder Systems" (WATZLAWICK 1988, 129), also äußerst subjektiv.

Aber auch WATZLAWICK kann nicht übersehen, daß die Menschen die Wirklichkeit oft übereinstimmend wahrnehmen. Diese Übereinstimmung beruht auf "Konventionen" (WATZLAWICK 1981, 219) und weitgehend auf "uns mitgeteilter und nicht selbst wahrgenommener Information" (WATZLAWICK & KREUZER 1988, 20), die wir glauben: "Wer

kauft schon einen Kalender und zählt nach, ob der wirklich 365 Blätter hat?" (WATZLAWICK 1981, 9f). "Wirklich ist letzten Endes, was von einer genügend großen Zahl von Menschen wirklich genannt wird. In diesem extremen Sinn ist Wirklichkeit eine zwischenmenschliche Vereinbarung, genau wie der Gebrauch der Sprache" (WATZLAWICK 1988, 15). Wirklichkeit ist "das Ergebnis entweder selbst getroffener zwischenmenschlicher Abmachungen oder solcher, in die wir als Angehörige einer bestimmten Kultur, Gesellschaftsschicht, Familie usw. buchstäblich hineingeboren werden" (WATZLAWICK & KREUZER 1988, 21). Sie ist das Ergebnis von Kommunikation. "Kein höheres Lebewesen könnte überleben, wenn es darauf angewiesen wäre, die Welt sozusagen ganz allein auf sich gestellt zu erfassen ... Sozialisierung aber beruht auf Kommunikation, d.h. auf Anweisungen, wie die Welt zu sehen ist" (WATZLAWICK 1988, 108). Wesentlich ist daher, daß der Erfinder seiner Wirklichkeit "sich des Aktes seiner Erfindung nicht bewußt ist, sondern sie als etwas von ihm Unabhängiges zu entdecken vermeint" (WATZLAWICK 1981, 9).
Die einmal gemachten, übernommenen und vorgeblich objektiven Konstruktionen haben Folgen. Der Erfinder macht sie zur Basis "seines 'Wissens' und daher auch seines Handelns" (WATZLAWICK 1981, 9f). Sie bedingen "unsere Weltschau, Gedanken, Gefühle, Entscheidungen und Handlungen" (WATZLAWICK 1988, 107). Die konstruierte Wirklichkeit wird zur Grundlage der weiteren Erkenntnis, und es ist äußerst schwer, eine andere Wirklichkeitskonstruktion vorzunehmen. "Was immer sich nämlich im Bereich des Lebens zufällig ausbildet, wird damit zu einer Ordnung, die ihrerseits - selbstverständlich immer nur im Rahmen des Lebensfähigen - Situationen konstruiert, in denen dann eben gewisse Dinge 'wirklich' sind und andere nicht. Wohlgemerkt: Diese Einschränkungen liegen also nicht im vermeintlich menschenunabhängigen 'So-Sein' der Welt, sondern sind das Ergebnis einer in die Welt hineinkonstruierten Ordnung. In dieser Einsicht[35] ist es keineswegs übertrieben, zu sagen, daß jede Sinngebung oder Sinnzuschreibung rückbezüglich ihre eigene 'sinnvolle' Wirklichkeit erschafft" (WATZLAWICK 1988, 129).[36]

---

35 WATZLAWICK meint wahrscheinlich "Hinsicht".

36 Abweichend von dieser Grundidee sagt WATZLAWICK an anderer Stelle: "Wir leben also ununterbrochen in einem Zustand des Korrigierens, der Überprüfung der uns teils auferlegten, teils von uns selbst geschaffenen, jedenfalls mit unseren Mitmenschen vereinbarten Wirklichkeit. Wir überprüfen ununterbrochen, ob denn alles, was es an Kleinigkeiten um uns herum gibt, in die 'Wirklichkeit' paßt. Und gerade, wenn es etwas Kleines ist, das überhaupt nicht in unsere Erfahrung paßt, ist das ein Schock"

WATZLAWICK schildert als Analogie den Computer, der Halterungsprobleme hat, wenn er ein Problem lösen soll, das außerhalb seines Anwendungsbereiches liegt. Der Computer durchläuft dann ununterbrochen alle ihm einprogrammierten Rechenvorgänge, ohne zu einem Ergebnis zu kommen. "Jedes 'Programm' (im weitesten Sinne) 'erzeugt' eine bestimmte Wirklichkeit, in der bestimmte Dinge möglich, andere unmöglich sind - und zwar nicht deswegen, weil die Möglichkeit oder Unmöglichkeit irgendwie im Wesen der Dinge selbst liegt, sondern weil sie sich zwingend aus dem betreffenden Wirklichkeitsbild ergibt. Daß es sich dabei aber nicht um eine *wirkliche* Welt, sondern nur um eine in die Welt hineinkonstruierte Ordnung handelt, ist schwer einzusehen, sobald diese Ordnung einmal etabliert ist und damit ein dem Halteproblem ähnlicher Teufelskreis entstanden ist" (WATZLAWICK 1988, 128f).
Konstruktionen werden so lange beibehalten, wie sie passen,: da "wir uns mit dem Leben, unserem Schicksal, der Existenz, mit Gott, der Natur oder welchen Namen wir da immer verwenden, in Einklang fühlen, solange die von uns konstruierte Wirklichkeit ... paßt, d.h. nirgends schmerzlich anstößt" (WATZLAWICK 1988, 107). Sie werden erst dann verändert, wenn sie an der Wirklichkeit scheitern. Dieser Gedanke entspricht dem Falsifikationsprinzip POPPERS, den WATZLAWICK auch gelegentlich zitiert (z.B. WATZLAWICK & KREUZER 1988, 27). "Das heißt, wir erfahren von der 'wirklichen Wirklichkeit' nur dann etwas, wenn unsere Annahmen und Methoden zur Erforschung dieser Wirklichkeit zusammenbrechen" (KREUZER 1986, 25). "Wissen paßt" - so GLASERSFELD -, "wenn es dem Ziel der Erklärung, Vorhersage und Kontrolle ... von bestimmten Erlebnissen dient" (1981, 21). Aber auch dann, wenn wir unsere Konstruktionen der Wirklichkeit ändern müssen, können wir die Wirklichkeit oder die Wahrheit nicht erkennen. Wir können nur feststellen, daß unsere Idee von der Wirklichkeit falsch war, und sie durch eine neue Konstruktion ersetzen, vielleicht wieder eine falsche.
Aus der Überzeugung, wahre Aussagen über Strukturen und Beziehungen machen zu können, entstehen Probleme. "Während es also im Bereich der Wirklichkeit 1. Ordnung sinnvoll ist, im Falle von Meinungsverschiedenheiten zu untersuchen, wessen Meinung den konkreten Tatsachen gerecht wird und wer daher Unrecht hat, ist es im Bereich der Wirklichkeit 2. Ordnung sinnlos, über die wissenschaftlich festgestellte 'Wahrheit' zu streiten oder sie für sich in Anspruch zu nehmen" (1981, 219f; 1988, 181). Dies gilt natürlich auch für alle nicht-wissenschaftlichen Annahmen, die Menschen haben.

(WATZLAWICK & KREUZER 1988, 20). Die ersten beiden Sätze sind falsch, wie an anderer Stelle behandelt. Der letzte Satz dagegen ist richtig.

Die Erkenntnis der Relativität der Wirklichkeit dagegen führt zu Toleranz gegenüber den Wirklichkeitskonstruktionen der anderen Menschen (KREUZER 1986, 27), zu Verantwortung und Freiheit. "Die Einsicht, daß wir nichts wissen, ist die Voraussetzung des Respekts für die von anderen Menschen erfundenen Wirklichkeiten. Erst wenn diese anderen Wirklichkeiten selbst intolerant werden, würde er ... das Recht für sich in Anspruch nehmen, die Intoleranz nicht zu tolerieren" (WATZLAWICK 1981, 311f). "Wer weiß, daß er nicht *recht* hat, sondern daß seine Sicht der Dinge nur recht und schlecht *paßt*, wird es schwer haben, seinen Mitmenschen Böswilligkeit oder Verrücktheit zuzuschreiben" (1981, 311). Dieser Mensch wird sich seiner Verantwortung für die von ihm erschaffene Welt bewußt sein. "Der bequeme Ausweg in die Abwälzung von Schuld an Umstände und andere Menschen stünde ihm nicht mehr offen" (312). "Diese volle Verantwortlichkeit würde auch seine volle *Freiheit* bedeuten. Wer sich des Umstands voll bewußt wäre, der Erfinder seiner Wirklichkeit zu sein, wüßte um die immer bestehende Möglichkeit, sie anders zu gestalten" (312).

Ich fasse zusammen: Der Mensch lebt in einer Welt erkennbarer Tatsachen, die als solche aber keine Bedeutung haben. Da der Mensch für sein Überleben eine strukturierte und sinnvolle Sicht der Dinge braucht, konstruiert er sich Bedeutung, Sinn und konsistente Erklärungen, auch im Bereich der zwischenmenschlichen Beziehungen. Dies geschieht weder rational noch bewußt: einerseits zufällig und andererseits in Abhängigkeit von seiner sozialen Zugehörigkeit. Solche Konstruktionen sind Erfindungen, sie spiegeln keine objektive Realität. Wenn jedoch einmal Sinnzusammenhänge gestiftet sind, die subjektiv als wahr und wirklich gelten, werden diese beibehalten, und die Welt wird mit ihrer Hilfe interpretiert. Nur wenn Konstruktionen an der Realität scheitern, können sie geändert werden. Aber auch dann kann man die Wirklichkeit nicht erkennen, sondern nur, daß die eigenen Annahmen falsch waren. Da es keine Wahrheit gibt, ist es sinnlos, über solche Konstruktionen zu streiten. Man darf diejenigen der anderen Menschen nur dann angreifen, wenn diese intolerant werden.

So plausibel diese Gedanken klingen mögen, so stimmen sie doch nur begrenzt. Die Gleichsetzung von Erkenntnis- und Kognitionstheorie führt zu der Gefahr der Beliebigkeit von Theorien, und die Betonung der individuellen Konstruktion von Wirklichkeit vernachlässigt den Aspekt der sozialen Konstruktionen.

WATZLAWICK meint - wie viele nach ihm -, eine neue Epistemologie, d.h. Erkenntnislehre zu vertreten (1981, 10). Dieser Ansicht liegt ein falsches oder nicht vorhandenes Verständnis von Erkenntnislehre und die unzulässige Gleichsetzung von Erkenntnislehre und Kognitionstheorie(n), die Verwechslung von Epistemologie und Theorie (RAY-

NER 1986, 127) zu Grunde. Die "Tatsachenfrage", wie Ideen entstehen, ist für die Erkenntnistheorie ohne Bedeutung; ihr geht es vielmehr um die "Geltungsfrage" (POPPER 1969, 6). Die Erkenntnistheorie POPPERS befaßt sich damit, wie Menschen als Wissenschaftler mit ihren Ideen umgehen sollten, damit sie nicht beliebig oder dogmatisch gesetzt, sondern wenigstens vorläufig gültig sind. Psychologische Kognitionstheorien machen dagegen darüber Aussagen - und überprüfen sie empirisch -, wie Menschen zu ihren Erkenntnissen kommen, wie sie wahrnehmen, lernen, denken etc., auch wie sie neue wissenschaftliche Theorien aufstellen. Dies ist auf keinen Fall Aufgabe der Erkenntnistheorie (POPPER 1934/1969), sondern höchstens Ausgangspunkt. WATZLAWICK vertritt also eine Kognitionstheorie, die zu überprüfen ist.

Seine Gleichsetzung von Erkenntnis- und Kognitionstheorie hat aber schwerwiegende Folgen. Sowohl bei den Kognitionstheorien als auch bei WATZLAWICKS Gewährsmann, dem Erkenntnistheoretiker POPPER, herrscht Einigkeit darüber, daß wir die Realität nicht so wahrnehmen, wie sie ist. Diese Annahme ist als solche nicht besonders aufregend, sondern erst die daraus zu ziehenden Konsequenzen. Die empirisch orientierte Psychologie und Sozialpsychologie bleibt nicht bei der Tatsache stehen, daß wir unsere Realität konstruieren, sondern stellt systematische Aussagen über den Prozeß der Konstruktion auf und prüft sie empirisch. Für die Erkenntnistheoretiker des kritischen Rationalismus (POPPER, ALBERT) stellt sich die Frage, wie trotz der Tatsache, daß die Wahrheit von Theorien nie begründet werden kann, nicht beliebige theoretische "Erfindungen, Konstruktionen" (ALBERT 1986, 26) gemacht und überprüft werden, sondern solche, die der Realität zumindest vorläufig standhalten, sowie solche, mit deren Hilfe Probleme gelöst werden können. Diese Erkenntnistheoretiker versuchen, methodologische Anforderungen zu formulieren, damit Theorien bestimmten Standards entsprechen, z.B. daß sie widerspruchsfrei sind, im Vergleich zu anderen Theorien eine höhere Erklärungskraft haben. Dazu gehört vor allem der Aspekt, daß sie falsifizierbar sind, also an der Realität scheitern können.[37] An die Stelle der Vorstellung, Theorien müßten sich durch irgendwelche Begründungszusammenhänge doch als wahr beweisen lassen, tritt die "Idee der kritischen Prüfung, der kritischen Diskussion aller in Frage kommenden Aussagen mit Hilfe rationaler Argumente" (ALBERT 1989, 35). Übernimmt man diese Erkenntnistheorie, "dann verzichtet man zwar auf selbstproduzierte Gewißheiten, hat aber die Aussicht, durch Versuch und Irrtum - durch versuchsweise Konstruktion überprüfbarer Theorien und ihre kritische

---

37 WATZLAWICKS "Menschliche Kommunikation" ist voll von nicht falzifizierbaren Äußerungen, z.B. "Verhalten hat kein Gegenteil".

Diskussion anhand relevanter Gesichtspunkte - der Wahrheit näher zu kommen, ohne allerdings jemals Gewißheit zu erreichen" (ALBERT 1986, 35).

Die Erkenntnistheorie befaßt sich also gerade nicht damit, wie Wirklichkeitsauffassungen entstehen, sondern wie sichergestellt werden kann, daß theoretische Aussagen einen möglichst hohen Informationswert und sich empirisch bewährt haben. Es werden methodologische Richtlinien entwickelt, die verhindern sollen, daß Wissenschaftler ihren Konstruktionen blind glauben, und sie dazu zwingen, immer wieder alternative Entwürfe zu berücksichtigen und gegeneinander zu prüfen.

Dagegen erhebt WATZLAWICK den radikalen Konstruktivismus auch zu einer Erkenntnislehre und postuliert, daß es keine Theorien gibt, die die Wirklichkeit genauer erfassen als andere (WATZLAWICK 1981, 15). Dieser Gedankengang, der von späteren Autoren noch dogmatischer vertreten wird, birgt die große Gefahr in sich, daß die Entwicklung von Theorien beliebig wird. So argumentiert z.B. DELL aufgrund der Erkenntnisse MATURANAS, daß alle Wahrnehmungen und alle Theorien gleich gültig sind, weil es außer unseren jeweils subjektiv stimmigen Konstruktionen keine objektive Realität gebe. "Der klassische Freudianer mag einen Ödipuskomplex hervorheben, während (a) ein Anhänger KLEINS projektive Identifikation erkennt, (b) ein struktureller Familientherapeut diffuse Grenzen wahrnimmt, (c) ein strategischer Therapeut mehr-derselben-Lösung anwendet und (d) der Betrunkene noch mehr rosa Elephanten sieht. Keine dieser Wahrnehmungen ist objektiv, aber sie sind alle gültig" (DELL 1985, 16).

Damit ist die Aufgabe der Wissenschaft, nach den der Realität angemesseneren Theorien zu suchen, dank dem Rückgriff auf eine biologistische Argumentation aufgegeben worden, und es kann jeder nach seinem Belieben Wirklichkeiten konstruieren und sich auf diese berufen bzw. zurückziehen. Meinungsunterschiede müssen nicht mehr ausgetragen werden, "weil man sich bequem auf die immunisierende Position zurückziehen kann, das Beschriebene sei eben 'je meine' Wirklichkeitskonstruktion" (BUCHHOLZ 1990, 25). Ein in vielen Bereichen notwendiger, durch Diskussion und Empirie erreichbarer Konsens wird damit prinzipiell unmöglich. Was hier über Theorien gesagt wurde, gilt natürlich ebenfalls für den zwischenmenschlichen Alltag.

Dieses "Anything goes" bedeutet logisch natürlich genauso, daß man die von den Konstruktivisten so vehement angegriffene traditionelle Vorstellung der linearen Kausalität beibehalten kann. Dies ist schließlich auch nur eine Konstruktion unter anderen (HELD & POLS 1985a, 514).

Bei WATZLAWICK bleibt widersprüchlich, ob er die Existenz einer Realität anerkennt oder nicht. Einerseits betont er die Wirklichkeit 1.

Ordnung, die "sich auf die rein physischen und daher weitgehend objektiv feststellbaren Eigenschaften von Dingen und damit entweder auf Fragen des sogenannten gesunden Menschenverstands oder des objektiven wissenschaftlichen Vorgehens bezieht" (1976, 142). Er verabschiedet sich auch nicht von der Schachanalogie, d.h. der Annahme, ein außenstehender Beobachter könne die Regeln des zwischenmenschlichen Spiels erkennen (1988, 9ff), und er übernimmt das Falsifikationsprinzip, das besagt, daß Konstruktionen an der Realität scheitern können. Andererseits verneint er immer dann, wenn er die Wirklichkeitskonstruktionen des psychisch kranken Menschen als ebenso normal darstellt wie jene des gesunden Menschen, daß es eine wirkliche, objektiv erfaßbare Wirklichkeit gibt (1981, 64).

Gibt es in diesem Durcheinander eine Lösung? Ich denke, für den hier zu behandelnden Sachverhalt der zwischenmenschlichen Interaktion ist es gleichgültig zu wissen oder zu glauben, ob es physikalische und soziale Realität gibt. Um handeln zu können, muß man davon ausgehen, daß sie existiert und daß andere sie in weiten Teilen ähnlich sehen. Ich denke, daß in einer Sprachgemeinschaft kaum Probleme entstehen, um z.B. einen Sachverhalt darzustellen wie "Dies ist ein Tisch" und "Dies sind zwei Menschen im Gespräch, deren Aussagen ich protokollieren kann", oder einen kausalen Zusammenhang zu beschreiben wie "Wenn ich den Lichtschalter anknipse, geht das Licht an" oder "Wenn ich jemanden genügend fest anstoße, fällt er um". In diesem Sinn gehen die meisten Menschen von einer unproblematischen Realität aus, die von anderen Menschen geteilt wird. Würde man daran zweifeln, könnte man leicht verrückt werden.

Es handelt sich dabei nicht nur um Objekte, wie WATZLAWICK anzunehmen scheint, sondern auch um soziale Konstruktionen, wie z.B. bestimmte Verhaltensnormen. Als merkwürdig fällt uns jemand auf, der diese Realität bzw. diesen sozialen Konsens nicht zu teilen scheint, der sich z.B. als Rührei bezeichnet (WATZLAWICK & KREUZER 1988, 46f). Gerade die Tatsache, daß uns etwas als unpassend auffällt, zeigt deutlich, daß es eine konsensuelle Realität gibt, die nicht beliebig konstruiert und umkonstruiert werden kann. WATZLAWICK sagt in einem Vortrag: "Wenn Sie, meine Damen und Herren, jetzt aber die Marseillaise zu singen oder Freiübungen zu machen begännen, wäre es um mein Gefühl der Wirklichkeit geschehen. Mein Ich, meine Wirklichkeit ist also nicht in meinem monadischen Schädel ..., sondern da draußen zwischen Ihnen und mir" (1988, 44). Das ist amüsant, jedoch keine Illustration für die Freiheit der Konstruktion, sondern ein nicht zu erwartender Bruch einer sozialen Norm. Konsensuelle kognitive Repräsentationen, auf denen das soziale Leben basiert, müssen in den Köpfen von Individuen sein (FORGAS 1981, 1), und sie sollten als soziale Realität auch handlungsleitend sein.

WATZLAWICK und andere radikale Konstruktivisten bleiben bei der Tatsache, daß Realität konstruiert wird, stehen. Tatsächlich ist es aber keineswegs so, daß wir pausenlos individuelle und willkürliche Konstruktionen vornehmen. Wirklichkeitskonstruktionen, soziale und individuelle Repräsentationen sind unterschiedlich verbindlich. Daraus folgt, daß es nur in bestimmten Bereichen legitim ist, unterschiedliche Konstruktionen zu entwerfen.
In der Regel wird es in einem spezifischen historisch-kulturellen Milieu ein Spektrum von mehr oder weniger geteilten Auffassungen über die Realität geben. Einerseits finden sich gemeinsame übergreifende Konstruktionen der Realität, die im Laufe der Sozialisation erworben und als unproblematisch erlebt werden, weil sie allen Beteiligten als passend erscheinen und es keinen Grund gibt, an ihrer Realität zu zweifeln. So haben wir zu einer gegebenen Zeit z.B. eine Vorstellung davon, was ein Kind, ein Mädchen und ein Junge ist und was man von ihnen erwarten kann (GOODNOW 1981). Die Repräsentationen, die von vielen geteilt werden und sich als erfolgreich erwiesen haben, werden nicht individuell erfunden, sondern nachempfunden und rekonstruiert: "re-thought, re-cited and re-presented" (MOSCOVICI 1984, 9).
Andererseits wird es Konstruktionen geben, über die sich die Menschen nicht einig sind, z.B. darüber, wie eine gute Ehe zu führen ist oder ob ein Krieg heute noch gerecht sein kann. Hier wird es sich um Konstruktionen handeln, die in einem bestimmten Milieu gelten, dafür in einem anderen nicht. Weiterhin wird es spezifischere Übereinkünfte für kleinere Gruppen, z.B. Paare, Familien, Freundschaftsgruppen geben, die nur für diese wichtig sind. Schließlich gibt es idiosynkratische, ganz individuelle Konstruktionen, die nur dem einzelnen Subjekt zugänglich und sozial nicht oder noch nicht geteilt sind. JORASCHKY & CIERPKA (1990) diskutieren die Bedeutung dieser ungeteilten Erfahrung im familiären Kontext, die der frühe WATZLAWICK so vehement leugnete.
Eine gegebene Gruppe, Milieu oder Gesellschaft wird einen gewissen Konsens darüber haben, welche Abweichungen von einer konsensuellen Wirklichkeit im Verhalten im weitesten Sinne (also auch der Sprache) als legitim anzusehen sind und welche als auffällig, abweichend oder krank gelten. Auch die Feststellung der Abweichung ist also keine willkürliche Konstruktion und beinhaltet nicht notgedrungen eine Aussage darüber, wie sie entstanden ist und aufrechterhalten wird. Genaueres dazu findet man im übrigen in der Literatur zu Etikettierungs- oder Labeling-Prozessen der Soziologie (KEUPP 1976; RÜTHER 1975) und der Psychopathologie (KEUPP 1972) abweichenden Verhaltens.
Im funktionierenden Alltag unserer zwischenmenschlichen Existenz werden wir uns kaum Gedanken machen, welche Konstruktionen wir

gerade als Basis unseres Verhaltens wählen. Geteilte oder nichtgeteilte Konstruktionen sind auch nicht unbedingt ein Problem. Eine andere Meinung zu haben, kann äußerst anregend sein; es wäre sogar unerträglich langweilig, wenn wir uns immer einig wären. Man kann annehmen, daß unterschiedliche Konstruktionen in einer zwischenmenschlichen Beziehung nur dann als problematisch erkannt und erahnt werden, wenn geglaubt oder erlebt wird, daß Konsens notwendig ist oder erscheint. So kann es z.B. für bestimmte Paare subjektiv notwendig sein, die gleiche politische Meinung zu haben, während andere ihre unterschiedliche Einstellung tolerieren können. Eine individuelle Konstruktion dagegen kann als nicht passend erfahren werden, wenn sie die Erreichung wichtiger Lebensziele behindert. So kann z.B. eine depressive Grundeinstellung als störend empfunden werden.

Wenn Familientherapeuten von der Konstruktion der Wirklichkeit reden, dann beziehen sie sich faktisch auf diesen Bereich: sie wollen dem einzelnen oder einer Familie helfen, solche Deutungsmuster zu entwickeln, die für eine Gesundung förderlich sind. "Die Patienten, die zu uns kommen, sind in einem ganz bestimmten Wirklichkeitsbild gefangen, an dem sie leiden. Wir versuchen dann, ... den Übergang aus dem zu engen oder nicht mehr zutreffenden Wirklichkeitsbild in ein anderes zu bewerkstelligen" (WATZLAWICK & KREUZER 1988, 21). Vergleichbares, aber theoretisch begründeter, geschieht in kognitiven Therapien (van QUEKELBERGHE 1982).

Schließlich ist der Konstruktivismus keine Erfindung der Familientherapeuten. Die Psychologie, Sozialpsychologie und Soziologie haben sich schon seit langem damit befaßt, wie Menschen wahrnehmen und erkennen. Ich nenne hier nur Richtungen und einige Namen. Die Klassiker in der Psychologie sind HEIDER, LEWIN, ASCH, KELLY und FESTINGER, die sich alle mit kognitiven Repräsentationen befaßten. HEIDER (1946, 1958/1977) entwirft eine erste Theorie der kognitiven Konsistenz und der Attributionen. LEWIN (1939/1982c) verweist darauf, daß kognitiv interpretierte Situationen das Verhalten bedingen. Die klassischen Experimente ASCHS (1946, 1951, 1956) zur sozialen und Personenwahrnehmung und die dort nachgewiesene Bedeutung des sozialen Kontexts und affektiver Ankervariablen sind noch heute lesenswert. KELLY (1955) untersucht erstmals die persönlichen Konstrukte, mit denen andere Menschen beurteilt werden. FESTINGER (1957/1978) entwirft die einflußreiche Dissonanztheorie.

In der soziologischen Tradition ist auf MAX WEBER und HERBERT MEAD zu verweisen. WEBER (1964) stellt bedeutungsvolles Handeln in den Mittelpunkt seiner Überlegungen, und nach MEAD (1934/1968), der den symbolischen Interaktionismus begründet hat, kann Gesellschaft nur verstanden werden als ein System, das im Zuge der Interaktion zwischen Individuen erschaffen und kontinuierlich wiedererschaffen wird. In ihrer einflußreichen Untersuchung zur Anpassung der emigrierten polnischen Bauern an ihre neue amerikanische Umgebung gehen THOMAS & ZNANIECKI (1928) von einer sozial-kognitiven Perspektive aus. Von THOMAS stammt die berühmte Aussage "Wenn Menschen ihre Situationen als wirklich definieren, sind sie in ihren Konsequenzen wirklich" (If men define situations as real, they are real in their consequences; 1928/1966, 522)). Bemerkenswert modern ist der Ansatz von SCHÜTZ (1932/1974): Soziale Akteure leben in einer subjektiv wahrgenommenen und interpretierten Lebenswelt, die sie für selbstverständlich halten und als Realität akzeptieren. Indem sie ihre subjektive Lebenswelt konstruieren, verlassen sich Individuen auf kulturell zur Verfügung gestellte Schemata als Bausteine. GERGEN (1982) diskutiert die Gemeinsamkeiten und Unterschiede der konstruktivistischen Perspektive der hermeneutisch-interpretativen, der dialektischen, der kritischen und der ethogenetischen Perspektive (192ff).

Heute sind konstruktivistische Annahmen aus den Sozialwissenschaften nicht mehr wegzudiskutieren, von einem einzelnen aber auch nicht mehr zu überschauen. Für den hier interessierenden Zusammenhang der zwischenmenschlichen Beziehungen will ich nur auf einige wenige Titel verweisen. In dem von GERGEN & DAVIS (1985) herausgegebenen Sammelband "The Social Construction of the Person" werden u.a. die Konstrukte "Liebe", "Ernsthaftigkeit" und verschiedene Formen der Beziehungen analysiert. In FORGAS "Social Cognition: Perspectives on Everyday Understanding" (1981) findet man Aufsätze zur Sprachentwicklung und sozialen Kategorisierung. Wie Menschen ihre Beziehungen zu verstehen suchen, wird in "Accounting for Relationships" (BURNETT, MCGHEE & CLARKE 1987) behandelt. In den letzten zehn Jahren ist das Interesse an dem Forschungsbereich "zwischenmenschliche Beziehungen" immens gestiegen. Dort wird u.a. der Tatsache Rechnung getragen, daß Menschen Konstrukteure ihrer Beziehungen sind (DUCK 1982, 1984, 1986, 1988a, 1988b; DUCK & GILMOUR 1981a, 1981b, 1981c; KELLEY et al. 1983). Im Unterschied zu WATZLAWICK versuchen diese Wissenschaftler jedoch, die Prozesse zu erhellen, mit denen Menschen sich und ihre Beziehungen beschreiben, erklären oder in Betracht ziehen.

6.2. Kausalität, Macht und Veränderung

Die Zauberformel, der 'epistemologische Kern' der Perspektive sowohl BATESONS als auch des alten und des neuen WATZLAWICKS ist es, daß es keine lineare Kausalität gibt. Das ist jedoch eine höchst problematische Annahme mit folgenschweren Konsequenzen, wenn es um die Frage von Macht und Gewalt und der Möglichkeit der Veränderung geht.

WATZLAWICKS Ablehnung des linear kausalen Denkens erweist sich als tollkühn, wenn er behauptet, daß die selbsterfüllende Prophezeiung "dem zeitlichen Wenn-Dann-Denken Hohn spricht, da es in ihm scheinbar zur Umkehr von Ursache und Wirkung kommt" (1981, 64). Als eine sich selbst erfüllende Prophezeiung wird das Phänomen bezeichnet, daß der Glaube an bestimmte Vorhersagen dazu führt, daß diese Vorhersagen wahr werden. ROSENTHAL & JACOBSON (1976) überzeugten Lehrer, daß bestimmte, in Wirklichkeit zufällig ausgewählte Schüler ihre Leistungen verbessern könnten, was dann auch eintrat. Diese und andere sich selbsterfüllende Prophezeiungen sind für WATZLAWICK der Beleg dafür, daß "ein noch nicht eingetretenes (also zukünftiges Ereignis) Wirkungen in der Gegenwart auslöst" (1981, 92).

Das ist wieder einmal schlichter Unsinn. Nicht die Zukunft beeinflußt die Gegenwart, sondern Vorstellungen und Erwartungen der Lehrer und ihre dadurch veränderten Verhaltensweisen gegenüber den ausgewählten Schülern. Dies alles läßt sich problemlos als eine lineare Kette von Ursachen und Wirkungen beschreiben und vertreibt uns keineswegs aus dem "Paradies des vermeintlichen So-Seins der Welt" und rüttelt auch nicht an den Grundfesten des "Weltbildes des klassisch-wissenschaftlichen Ursachendenkens" (106).

Schon vor WATZLAWICK hat BATESON das Konzept der linearen Kontrolle, also der linearen Kausalität verworfen: "Wir wissen, daß kein Teil eines solchen in sich interaktiven Systems eine einseitige Kontrolle über den Rest oder über irgendeinen anderen Teil haben kann" (1981, 408). Neuerdings überwiegt die Argumentation in den Spuren von MATURANA & VARELA (1973)[38]. Danach gibt es keine instruktive Interaktion: "Organismus A kann und wird das Verhalten von Organismus B nicht determinieren, weil aufgrund der Natur der autopoietischen Organisation selbst jeder Wandel, den ein Organismus erfährt, notwendigerweise und unvermeidbar durch seine eigene Struktur determiniert ist" (1973, 121). DELL illustriert diese kryptische Aussage: "Wenn ein Professor eine Vorlesung hält, determiniert die Vorlesung nicht einseitig, was die Studenten lernen werden. Falls die Vorlesung des Professors einseitig bestimmen *könnte*, was die Studenten verstehen, dann müßten alle Studenten genau das gleiche hören und bei einem Examen identische Antworten geben. Wir wissen, daß das nicht

---

38 HARGENS (1987) gibt eine kurze Einführung in das Denken MATURANAS. Verschiedene klassische und weiterführende Texte finden sich in SCHMIDT (1991).

passiert" (1986a, 516). Einfacher gesagt, heißt das, daß die Umwelt nicht einseitig determinieren kann, wie sich jemand verhält.
Nun trifft aber auch die von SIMON & SCHMIDT erfundene drastische Äußerung eines "anonymen Familientherapeuten" zu: "Seit meine Frau mich erschossen hat, glaube ich an geradlinige Kausalität" (1984, 177). Und dagegen wieder DELL: "Wenn ein Räuber mit einer Pistole auf sein Opfer zeigt und das Opfer Schluckauf bekommt, hat der Räuber nicht eigen-händig (einseitig) den Schluckauf des Opfers verursacht" (1986a, 516).
Wir stehen also wieder vor einem Dilemma. Gibt es lineare Kausalität oder nur zirkulare? Gibt es Determiniertheit oder nur Autonomie? Gibt es Macht? Welche Annahmen muß ich über Veränderungsprozesse machen? Nehmen wir zuerst ein nicht-menschliches Beispiel. Wenn ein Blatt vom Baum fällt, kommt es irgendwann unten an. Wo es genau hinfällt, hängt von weiteren Umständen ab: Art des Blattes, Windstärke, Bodenverhältnisse. Diese Unbestimmtheit setzt aber die linear kausalen Fallgesetze nicht außer Kraft. Im zwischenmenschlichen Bereich ist es ebenfalls möglich, linear kausale Zusammenhänge aufzustellen, die allgemein gelten, z.B. "Wenn eine Lehrveranstaltung addressatengerecht durchgeführt wird, erhöht sich der Wissensstand der Lernenden". Der von DELL erfundene Professor, der eine didaktisch gut vorbereitete Vorlesung hält, ist in diesem Sinne linear kausal für den Kenntnisstand der Studenten verantwortlich. Das schließt nicht aus, daß die einzelnen Studenten Unterschiedliches und unterschiedlich viel lernen. Die gute Vorlesung ist zwar nicht der kausal hinreichende oder notwendige Grund für das Lernen der Studenten, aber kausal relevant. So ist Rauchen kausal relevant für Lungenkrebs, aber nicht kausal notwendig oder hinreichend (CIERPKA 1989, 225).
Diesen Gedankengang kann man auch auf das System Familie anwenden. Bestimmte Handlungen eines Menschen sind kausal relevant für einen anderen. Die genaue Wirkung hängt aber sowohl von der Handlung als auch vom Empfänger ab. Im alltäglichen und wissenschaftlichen Handeln sind wir auf diese Art des kausalen Denkens angewiesen: "Wenn Du mir Mut machst, dann traue ich mir mehr zu." "Wenn Sie Ihr Kind ermutigen, wird es ein höheres Selbstwertgefühl entwickeln". Dabei muß die Handlung - z.B. Ermutigen - dem Kontext entsprechen und so auf den Empfänger abgestimmt sein, daß seine innere Welt berücksichtigt wird. BLICKLE & GROEBEN (1988) und GROEBEN & BLICKLE (1988) haben diesen Zusammenhang am Beispiel der Wirkungen von Lob und Tadel empirisch aufzeigen können.
Damit wird eine systemische Sicht nicht ausgeschlossen. Selbstverständlich ist es sinnvoll, in Familien auf die Beziehungsstruktur, auf das Zusammenspiel, auf das Ineinandergreifen der Gedanken und

Handlungen der einzelnen zu achten, z.B. um entscheiden zu können, ob man es mit einer verstrickten oder losgelösten Familie zu tun hat. Aber selbst dann wird man lineares Denken nicht aufgeben, ja nicht aufgeben dürfen, wenn man - wie alle Familientherapeuten - davon ausgeht, daß bestimmte dysfunktionale Familienstrukturen "ganz allgemein für die Entwicklung von Individuen ungünstig sind" (CIERPKA 1989, 226). Man wird in dem Fall linear kausale Hypothesen über die Wirkung eines Systems (seines Verhaltens oder seiner Konstruktionen) auf seine oder einzelne seiner Mitglieder haben.
Wir können also auf das Konzept der linearen Kausalität nicht verzichten, dürfen aber eine systemische Sicht haben, sofern dies besagt, mehr als einen Zusammenhang zu sehen. Wie steht es nun mit der zirkulären Kausalität? Ich meine, daß man auf diesen Begriff sehr gut verzichten kann und sollte. Wir können zweifellos zirkuläre Prozesse beschreiben, aber immer dann, wenn es um Ursachen, Erklärungen und Veränderungen geht, müssen wir lineare Kausalitäten in der Form von Wenn-Dann-Sätzen annehmen. Ohne dieses kausale Denken - wie komplex es auch immer ist und sein sollte - wären wir handlungsunfähig. Selbst die höchst komplizierte Form der paradoxen Intervention kann als Zusammenspiel einzelner "Wenn-Dann-Komponenten" verstanden werden.
Im systemischen und konstruktivistischen Denken haben Phänomene wie Gewalt, Macht und Kontrolle keinen Platz. Dazu BATESON: "Wir leben nicht in einem solchen Universum, in dem eine einfache geradlinige Kontrolle möglich wäre. Das Leben ist nicht so. Entsprechend ist im Bereich der Psychiatrie die Familie ein kybernetisches System der Art ..., und wenn Systemkrankheiten auftreten, machen die Mitglieder gewöhnlich einander oder manchmal auch sich selbst verantwortlich. In Wahrheit sind aber beide Alternativen im Grunde arrogant. Jede der Alternativen geht davon aus, daß das individuelle menschliche Wesen totale Macht über das System hat" (1981, 564). Auch die Idee der Strukturdeterminiertheit autonomer Systeme (Autopoiesis) schließt einseitige Kontrolle aus. Die Umwelt kann höchstens als Störung (Perturbation) fungieren, deren Umsetzung allein durch die Struktur des Individuums determiniert ist. Für WATZLAWICK wären Macht und Gewalt Konstruktionen der Beteiligten, nicht aber reale Gegebenheiten.
Im Anschluß an BATESON kann man mit DELL zu Recht fragen: "Ist es arrogant und unrichtig, einen Mann, der seine Frau schlägt, einen 'Täter' zu nennen? Ist es arrogant und unrichtig, seine Frau als 'Opfer' zu bezeichnen? Was hat es auf sich mit einer Mutter, die ihr Kind schlägt, oder einem Vater, der seine Tochter sexuell mißbraucht? Ist es aus der systemischen Sicht unrichtig, die Begriffe 'Täter' und 'Opfer' zu gebrauchen, um diese Situationen zu beschreiben?" (1989,

3) Sind Gewalt gegen Frauen und Kinder, Inzest, politische und soziale Unterdrückung Konstruktionen?
Die systemische und konstruktivistische Sicht verhindert den Blick darauf, daß es selbstverständlich Macht gibt - verstanden als "Chance, innerhalb einer sozialen Beziehung den eigenen Willen auch gegen Widerstreben durchzusetzen" (WEBER 1964, 38). Macht kann auf verschiedenen Ressourcen und Mechanismen beruhen. Der Unterlegene kann wahrnehmen, daß der Mächtige über Belohnungen, Zwangsmittel oder Expertenwissen verfügt. Er kann annehmen, daß der andere das legitime Recht hat, ein bestimmtes Verhalten zu erwarten; er kann sich aber auch mit dem anderen identifizieren (FRENCH & RAVEN 1959, 155).
Aus systemischer Sicht muß man notwendigerweise allen Mitgliedern eines Systems gleiche Chancen der Beeinflussung und des Beeinflußtwerdens einräumen. Aus konstruktivistischer Sicht kann es keine Macht geben, weil nur die Strukturdeterminiertheit des Subjekts darüber entscheidet, wie Einflüsse von außen wirken. In beiden Modellen muß es immer den Mittäter geben, auch wenn dieser gar keine Chance hat, sich dem Gewaltverhältnis zu entziehen. So kann sich diese Denkungsart als unfair, inakzeptabel und sogar inhuman erweisen.
In seiner extremsten Form zeigt sich dies, wenn behauptet wird: "Ohne die Bereitschaft zur Unterwerfung, zur Knechtschaft, kann Macht nicht ausgeübt werden." Folter als extreme Form der Machtausübung wird nicht angeprangert, sondern "die Unterwerfung scheint das eigentliche Problem an der Machtbeziehung zu sein" (PORTELE 1989, 204). Nicht die Ausübung von Macht sei angeblich das Problem, sondern die Tatsache, daß sich das Opfer unterwirft. Wie paßt diese Umkehrung der Verhältnisse zu der Folter in Chile: Sie "hatte zum Ziel, Menschen 'verrückt' zu machen, indem sie vor die unmögliche Wahl gestellt wurden, entweder ihre politischen Überzeugungen und Genossen aufzugeben oder ihren Überlebenswunsch ... Die paradoxe Situation, in die er gedrängt wurde, war eine sichere Methode, ihn psychisch zu zerstören bzw. ihn zum Wahnsinn zu treiben" (BECKER 1990). Wo ist hier die Möglichkeit, sich nicht zu unterwerfen?
Auch im Umgang mit Macht, Gewalt und Ausbeutung in Familien "muß der Mythos aufgegeben werden, daß alle Systemkomponenten gleich sind". Im Rahmen des Konstruktivismus darf nicht daran festgehalten werden, daß diese Phänomene "semantisch produzierte Mythen" seien (LEVOLD, WEDEKIND & GEORGI 1990, 77). Akut wird die Problematik z.B. in Inzestfamilien. Selbst wenn diese Familien - systemisch betrachtet - eine bestimmte Struktur aufweisen (ALEXANDER 1985) und selbst wenn jedes Mitglied für sich eine je eigene Bedeutung des Mißbrauchs konstruiert, ist es nicht zulässig, die Gewalt des

Täters zu leugnen, das Opfer zum Mittäter zu stempeln und die Verantwortung für das Vergehen auf die ganze Familie abzuwälzen, schon gar nicht auf das betroffene Kind. Der erste Schritt ist deshalb, für den Schutz des Kindes etwa durch Fremdunterbringung zu sorgen. Für die therapeutische Arbeit mit diesen Familien müssen dann zwei Voraussetzungen gegeben sein: der Vater/Stiefvater muß die Verantwortung für den Mißbrauch übernehmen und die Mutter dafür, daß sie nicht in der Lage war, die Kinder zu schützen (LEVOLD, WEDEKIND & GEORGI 1990, 83). Erst wenn diese Bedingungen erfüllt sind, kann familientherapeutisch gearbeitet werden, ohne eine "moralisierende Polarisierung zwischen Opfer und Täter" vorzunehmen (REITER-THEIL 1989, 127) und die Mutter dem Dilemma auszusetzen, sich entweder mit den Kindern oder dem Mann zu verbünden. Und erst dann kann das Prinzip gelten, daß die Familie ihre eigene Lösung für das Problem findet (COLGAN MCCARTHY & O'REILLY BYRNE 1988).
Systemisches und kontruktivistisches Denken, das auf die Kategorie der linearen Kausalität und der Macht verzichtet, stößt aber noch an eine weitere Grenze. Veränderungsprozesse pädagogischer oder therapeutischer Natur können nur auf der Grundlage kausalen Denkens vorgenommen werden. Selbst wenn man meint, eine Intervention sei nur eine Verstörung ("Perturbation"), wird man Annahmen darüber haben müssen, welche Verstörung wahrscheinlich zu welchem Effekt führt. Selbst wenn man meint, zirkuläres Fragen stehe im totalen Gegensatz zur linearen Kausalität, wird man doch sehr genau überlegen, wann welche zirkuläre Frage zu dem angestrebten Ziel der Verhaltensänderung, der Beziehungsklärung und der Differenzierung der Familienmitglieder untereinander führt. Selbstverständlich muß man kausal denken, wenn man mit Verschreibungen oder Hausaufgaben operiert (CIERPKA 1989). Man muß eine Vorstellung davon haben, was dies bei einer bestimmten Familie bewirken soll. Das heißt natürlich nur, daß man eine Tendenz in Richtung Besserung vorhersagt, nicht jedoch, daß man eine bis in alle Einzelheiten vorhersehbare Verhaltensänderung prognostiziert. Auf jeden Fall basiert pädagogisches und therapeutisches Handeln - wie bewußt auch immer - auf einer linear kausalen Theorie der Veränderung.
Wenn man sich als Therapeut (aber auch als Pädagoge) darüber im klaren ist, daß man Einfluß nimmt, dann muß man sich auch der Frage der Macht stellen. Wenn inzwischen von der gemeinsamen Ko-Evolution (z.B. KEENEY 1987, 165) oder Ko-Konstruktion der Wirklichkeit gesprochen wird und die Verantwortung für die therapeutische Veränderung dem Therapeuten-Patienten-System als ganzem zugemutet wird, berücksichtigt man die zweifellos vorhandene Mitverantwortlichkeit des Patienten, aber dabei wird die größere Verantwortung des Therapeuten leicht herauskatapultiert und eine Gleichheit sugge-

riert, die nicht gegeben ist. Allein die Entscheidung für ein bestimmtes Vorgehen setzt den Rahmen, innerhalb dessen sich der oder die Interaktionspartner bewegen können. Entscheidet sich der Therapeut z.B. für zirkuläres Befragen, so bedeutet das für die Familie, sich dem Frage-Antwort-Muster zu fügen oder die Therapie abzubrechen. Je mehr die Klienten dem Therapeuten Expertenmacht zuschreiben, umso mehr werden sie sich auch an dessen Spielregeln halten.

Entscheidend ist, daß Therapeuten sich ihrer Macht bewußt sind und verantwortungsvoll mit ihr umgehen. Dies scheint nicht immer der Fall zu sein, wie eine kleine Umfrage unter Systemtherapeuten belegt. Unter den wichtigsten Büchern, die ein Systemtherapeut gelesen haben sollte, wurden WATZLAWICK (1969) und SELVINI PALAZZOLI et al. (1978) an erster Stelle genannt. Als für die eigene Arbeit relevante Theoretiker gelten die chilenischen Biologen MATURANA und VARELA. Sowohl der frühe WATZLAWICK als auch die frühe SELVINI PALAZZOLI mit ihren Kollegen arbeiten äußerst direktiv und schreiben dem Therapeuten entschieden Macht zu, die MATURANA und VARELA für eine Erfindung halten. Der am häufigsten genannte Praktiker war DE SHAZER.[39] Seine Konzepte sind einfach, prägnant, eindeutig zielgerichtet, also linear. Sie basieren auf expliziten Vorstellungen, was der Therapeut tun muß, damit das Symptom verschwindet. Die Zielgerichtetheit und die therapeutischen Instruktionen stehen in krassem Widerspruch zur Vorstellung vom autonomen Menschen bei MATURANA, der gerade nicht direktiv verändert werden kann. "Die hohe Nennung DE SHAZERS unter den modernen Systemtherapeuten, der sich explizit gegen die 'Theorien à la MATURANA von sogenannten therapeutischen Hobbyphilosophen' (mündliche Mitteilung, 1987) wendet, steht in einem Widerspruch zu der hohen Akzeptanz des Modells von Autopoiese und Strukturdeterminiertheit als handlungsbegleitenden Theorien" (AHLERS & GAM 1989, 39).

Es scheint also so zu sein, daß diese Therapeuten theoretisch auf Machtansprüche verzichten, sie aber in ihrer Praxis durchaus für nützlich halten. So faßt GOLANN seine Kritik an der Leugnung der Macht zusammen: "Um Therapie zu verstehen, müssen wir mehr berücksichtigen als das, was Therapeuten nacxh ihrer eigenen Aussage tun, um Veränderung zu erreichen. System-Therapie der zweiten Ordnung, obwohl lobenswert in ihrem Bestreben, offenbart viele Beispiele nicht anerkannter Macht, die entweder Konfusion oder magische Illusion nahelegen" (GOLANN 1988, 63).

---

39 Spezielle Literatur wird nicht genannt. Hier genügt der Verweis auf MATURANA & VARELA (1987). Bei DE SHAZER handelt es sich wahrscheinlich um "Der Dreh" (1989).

Ebenso hart urteilen MARA und MATTEO SELVINI PALAZZOLI (1990) über den radikalen Konstruktivismus, "der für sich genommen eine sehr positive Sache ist: Es ist die Pfuscherei, welche einige Familientherapeuten daraus gemacht haben, die so schädlich ist. Sie haben ihn häufig für therapeutischen Relativismus und Nihilismus benutzt ..., und um sich von der therapeutischen Verantwortung zu befreien" (21).

7. Auf der Suche nach Alternativen

Im Zusammenhang mit systemischem und konstruktivistischem Denken sind inzwischen zwei Tendenzen zu beobachten. Einerseits werden in der familientherapeutischen Literatur immer abenteuerlichere Gedanken aufgenommen. So findet inzwischen auch die naturwissenschaftliche Chaos-Theorie ihre Anwendung (SIMON 1989). Ich möchte diese Entwicklung hier nicht im einzelnen abhandeln, sondern mich auf einige Vermutungen beschränken, warum das so ist. Andererseits scheint es inzwischen als schick zu gelten, wenn man sich zu einer systemischen Pädagogik bekennt. Auch diese Tendenz will ich nicht nachzeichnen, sondern nur einige Überlegungen anstellen, ob die damit verbundene Sichtweise praktische Konsequenzen für die Pädagogik hat. Schließlich gehe ich der Frage nach, ob einzelne Methoden der Familientherapie in pädagogischen Zusammenhängen angewandt werden können.

7.1. Keine neuen Gurus und keine neuen Meta-Theorien

Ein hartnäckiger Leser wird darauf verweisen, daß trotz allem an der Sicht WATZLAWICKS etwas dran sein muß, denn systemisches Denken ist in aller Munde, und schließlich gehören er und BATESON zu den am meisten zitiertesten Vätern oder Großvätern in familientherapeutischen Publikationen, die systemisch orientiert sind, wie ein Blick in die Zeitschriften "Familiendynamik", "System Familie" oder "Family Process" beweist. Nun sagt die Häufigkeit des Zitiertwerdens nicht unbedingt etwas über die Qualität oder Verständlichkeit eines Autors, noch weniger läßt sie erkennen, ob er tatsächlich gelesen und auch verstanden wurde. Ich habe da meine Zweifel, weil das ja stets mit erheblichem Zeitaufwand verbunden ist.
Was über BATESON gesagt wird, dem der frühe WATZLAWICK den größten Teil seiner Ideen verdankt, muß - in vielleicht abgeschwächter Form - auch für diesen gelten, selbst wenn SELVINI PALAZZOLI einen Unterschied macht: "Ich denke, daß Gregory Bateson der Genius Maximus der Humanwissenschaften ist. Watzlawick ist ein sehr guter Wissenschaftler, er hat das unsterbliche Verdienst, die Arbeiten von Palo Alto in 'Pragmatics of Human Communication' gesammelt zu haben, aber er ist kein origineller Denker ... Aber Gregory Bateson ist nach meiner Meinung ein so schwieriger Autor - er denkt ständig auf der Meta-meta-meta-meta-Ebene, deshalb ist es auch unmöglich, ihn zu verstehen. " (SELVINI PALAZZOLI 1979, 77f).

Ähnlich urteilen andere: Das Hauptwerk BATESONS 'Ökologie des Geistes' "stellt die intellektuelle Beweglichkeit auch des ernsthaftesten Lesers auf eine harte Probe ... Was Bateson präsentiert, ist eine sehr spezifische Art darüber nachzudenken, wie wir in der Welt sind und sie erkennen - eine kybernetische Epistemologie, die sich in ihrer Ganzheit sowohl als trügerisch als auch als großartig erweist" (WILDER 1979, 178). BANDLER & GRINDER kennzeichnen dieses Werk als "gleichzeitig irrelevant und tiefsinnig" (1976, 223). Dies gilt, wie ich zu zeigen versucht habe, auch für WATZLAWICK.

SCHWEITZER & HERZOG fragen: "Was täte der Homo Therapeuticus Familiarum heute ohne die integrierende Kraft dieser stets nur halbverstandenen und gerade deshalb so verehrten Leitfiguren?" (1990, 72) und sie antworten: Man muß sich ihren Ruhm zunutze machen z.B. als "autorisierter Schriftausleger" (75) wie DELL für MATURANA (DELL 1985) oder WATZLAWICK für BATESON, dieser allerdings als selbst ernannter und vorschneller Adept (SLUZKI & RANSOM 1976, 190). Das publizierende "Stammesmitglied" (SCHWEITZER & HERZOG 1990, 77) braucht das Idol "fast einhellig sowohl als Quelle der intellektuellen Kraft wie als Schiedsrichter für richtiges Denken. Vielfach muß die bloße Nennung seines Namens und ein kurzes Zitat zur Untermauerung einer bestimmten Position dienen" (ERICKSON 1990, 4).[40] Die einfachen Stammesmitglieder dagegen müssen durch "name dropping" beweisen, daß sie dem Club der Modernen oder Postmodernen angehören. Die beiläufige Nennung von BATESON, MATURANA, VARELA, KEENEY und wie sie alle heißen gehört zum guten Ton und scheint das gegenseitige Erkennungszeichen zu sein. Und wehe man sagt statt dessen FESTINGER, KELLEY usw. Dann muß man sich - wie mir geschehen - darauf gefaßt machen, als Gesprächspartner durchgefallen zu sein.

Um in ihren Augen auf der Höhe der Zeit zu sein, braucht man außer Namen aber noch etwas anderes, nämlich die richtigen Begriffe z.B. "Epistemologie". BATESON benutzt diesen Begriff in mindestens fünf

---

40 Oft wird die präzise Quelle nicht angegeben, so daß man suchen muß, um die genaue Stelle zu finden und um aus dem Zusammenhang zu erschließen, was denn solche Sätze sollen. Ich vermute schon lange, einige derjenigen, die BATESON zitieren, haben nur die Standardsätze im Kopf, die sie irgendwo aufgeschnappt haben, wie: "Unterschiede, die einen Unterschied machen" (BATESON 1981, u.a. 410f, 488, 586) oder "The map is not the territory" (u.a. 518, 584). Ich versichere, daß ich intensiv versucht habe, BATESON durchzuarbeiten und zu verstehen (im März 1988 in einem Hotel in Wien), aber das ist mir nicht gelungen. Deshalb habe ich überhaupt auf den "Schriftausleger" WATZLAWICK zurückgegriffen: so wurde er zur Zielscheibe meines Ärgers.

Varianten (DELL 1985): Erkenntnistheorie, Paradigmata/Weltanschauung, biologische Kosmologie, Wissenschaft, Charakterstruktur.[41] Für ihn "war beinahe alles Epistemologie ... Wie ein schwarzes Loch schien Batesons Epistemologie alles in seiner Nachbarschaft anzuziehen und zu verschlingen" (DELL 1985, 4). Doch wenn etwas fast alles ist, dann ist es am Ende gar nichts mehr.

Als BOGDAN erkannte, daß für BATESON "die Unterscheidung zwischen Epistemologie, Ontologie und Psychologie künstlich und zwecklos war" (1987,29), verspürte er den Impuls, "'Halt!' zu schreien und sich in den Boden zu stemmen (to dig in my heels): immerhin ist es eine nützliche Unterscheidung" (29), auf die er nicht verzichten wollte. "Ein großer Teil des Glanzes der Familientherapie leitet sich ab von der Annahme, daß 'systemisches Denken' radikal mit dem Rest der Verhaltenswissenschaften bricht ... Wie glanzvoll es auch sein mag, der Vorschlag ist schwer zu verdauen, daß eine Theorie der zwischenmenschlichen Interaktion ohne psychologische Konzepte auskommen könnte." So ist für ihn "Epistemologie eine sprachliche Umweltverschmutzung" (27). Trotzdem, wenn man dazu gehören will, empfiehlt es sich, öfter mal etwa so zu reden: "Es ist ein epistemologischer Fehler, wenn Du meinst, ... (egal was folgt, es ist beeindruckend und modern)."

Neben Epistemologie ist es inzwischen ebenfalls nützlich "Autopoiese" ins Spiel zu bringen, wie es auch WATZLAWICK nebenbei und folgenlos tut (1988, 83). Für die Zugehörigkeit zum Clan spielt es keine Rolle, daß es sich auch hier um eine "terminologische Nebelbombe" handelt, "die Praktiker beeindruckt und Theoretiker verwirrt (und die vorwiegend aus diesen beiden Gründen verwendet wird)" (KRIZ 1989, 144).[42] Auf einem Kongreß stellte KRIZ die Testfrage: "Welche Fragen oder Probleme aus ihrem Arbeitsbereich könnten durch das Autopoiese-Konzept geklärt oder besser verstanden werden?" (1989, 144). Die Antwort war Schweigen.

BATESON - so wird berichtet - gab sein Erbe an MATURANA weiter. Am Ende seines Lebens soll er auf die Frage, wer denn die Forschung zur Epistemologie weiterführen werde, geantwortet haben: "Das Zentrum für diese Studien ist jetzt in Santiago, Chile, unter einem Mann na-

---

41 Nach BROCKHAUS handelt es sich dagegen lediglich um "Lehre vom Wissen, Erkenntnistheorie".

42 Der skeptische SIMON fragte MATURANA in einem Interview, was sie denn jetzt gerade täten. Hier die Antwort: "We are in a conversation, and to be in a conversation means to be in a situation of recurrent interaction until we enter into a domain of complete coordination of conduct and then we separate. In that process, our ongoing structural changes will follow a congruent course as drifts contingent to our interactions" (1985, 41).

mens Maturana" (DELL 1985, 5, dort zit. nach KEENEY 1979, 23). Dieser nun überflügelt BATESON: "Was Maturana liefert, ist nicht einfach eine Theorie, es ist eine Kosmologie: Eine Erklärung für alles, eine Erklärung des Wissens" (TOMM in einem Interview, s. REITER-THEIL 1988, 191).

Gemeinsam sind sie wahre Über-Wissenschaftler. DELL meint, MATURANAS ontologische Biologie (zusammen mit der höchst kompatiblen kybernetischen Epistemologie von BATESON) könne endlich eine Grundlage für die Sozialwissenschaften liefern, denn seine Arbeit behandle gleichzeitig (a) das Problem des Beobachters, (b) den epistemologischen Status der Objektivität und (c) die Beziehung zwischen Geistes- und Naturwissenschaften (1985, 16). "Maturana (und Bateson) mögen uns endlich mit einer soliden Basis ausstatten, die die Sozial- und Verhaltenswissenschaften so schmerzhaft vermissen" (17).

LASK fragt sich, ob irgend jemand weiß, was "Epistemologie oder schlimmer noch öko-systemische Epistemologie" eigentlich ist (1987b, 396). Das scheint nicht der Fall zu sein, denn die Diskussion über Epistemologie geht endlos weiter, z.B. durch Rede von HELD & POLS (1985a), Gegenrede (von FOERSTER 1985) und Widerwort (HELD & POLS 1985b). AUERSWALD (1987) findet fünf epistemologische Wenden und behauptet, nur die letzte sei die wahre.

Endlich gibt es auch Wutausbrüche gegen dieses entsetzliche und unnötige "Episto-Babbel" (LASK 1987a), dieses neues Orakel (FALZER 1986, 363) und den neuen Jargon (SLUZKI 1987). SLUZKI sieht "sich in einem Urwald von Konzepten, einsinkend in einen Sumpf weicher Bedeutungen und verweht zwischen dem Treibsand idiosynkratisch gebrauchter Ausdrücke" (SCHWEITZER & HERZOG, 1990, 77), und fragt am Ende erschöpft: "Ist mit diesen Metaphern intendiert, uns zu erinnern, daß der Weg zur Erkenntnis mühselig ist? Sind sie Tricks, angezettelt vom Autor (oder einer größeren Gruppe von Verschwörern), um unseren IQ zu testen? Oder gibt der Autor einfach seine eigenen Schwierigkeiten mit klarer Kommunikation an den Leser weiter?" (SLUZKI 1987, 395)

SCHWEITZER & HERZOG (1990) machen sich Gedanken über den Schriftausleger des ganz Großen. Sie empfehlen, seine Äußerungen müssen ähnlich kryptisch sein wie die des Autors, "er muß sie aber präsentieren, als ob sie vollständig klar wären. Dem Leser wird dadurch klar, daß er relativ dumm, der Autor hingegen relativ klug ist, da dieser ja seine kryptischen Äußerungen als klar bezeichnet, sie also offensichtlich selbst verstanden hat" (75; auch ERICKSON 1990, 15).

WATZLAWICK scheint diesem Rat gefolgt zu sein. "Die Suche nach Ordnung ist die Grundlage aller wissenschaftlichen Forschung", so steht es in der Einleitung zur "Menschlichen Kommunikation" (1969,

38), und am Ende zitiert er WITTGENSTEIN: "Wovon man nicht sprechen kann, darüber muß man schweigen" (1969, 253; WITTGENSTEIN 1969, 83). An die Adresse Watzlawicks gerichtet, wäre dieses durch ein weiteres, ebenso bekanntes Bonmot aus dem gleichen Text von WITTGENSTEIN zu ergänzen: "Alles was überhaupt gedacht werden kann, kann klar gedacht werden. Alles was sich aussprechen läßt, läßt sich klar aussprechen" (1969, 32). Hinzufügen möchte ich mit POPPER, einen seiner Gewährsmänner: "Mangel an Klarheit ist eine Sünde und Anmaßung ist ein Verbrechen" (1974, 44).
Gegen alle diese Verwirrungen geht LASK an und wundert sich, warum wir als Mitglieder einer Profession so unsicher sind, "daß wir eine neue Sprache erfinden und uns in philosophischem Unsinn ergehen müssen ... wir brauchen uns solcher Worte wie 'Zugangsweise', 'Theorie' und 'Modell' nicht zu schämen" (LASK 1987a, 214). Aber er hat auch einen Trost: "Glücklicherweise kommt und geht die Popularität aller dieser philosophischen Superstars mit solcher Geschwindigkeit, daß ich kaum von ihnen gehört habe, bevor sie wieder gegangen sind" (1987, 208f). "Keine kybernetische Ordnung" - so auch SCHWEITZER & HERZOG - "scheint allzulang Bestand zu haben, zu jeder Ebene wird schnell eine Metaebene gefunden" (1990, 73). So gesehen muß man die Erwartung VOGTS, demnächst gäbe es die "5th conference on post-evolution-co-systemic-neo-contructivist-therapy" (1990, 89), als Drohung empfinden.
Ich wünschte, sie gingen und kämen nie wieder. Denn auch ich habe es wie LASK satt, um dies alles zu verstehen, wie es ja meine Aufgabe sein sollte, ein Philosoph, ein Kybernetiker, ein Linguist und jetzt auch noch ein Biologe zu sein.

7.2. Systemische Pädagogik?

HUSCHKE-RHEIN versteht "systemisches Denken und Handeln als ein praxisnahes Stück 'not-wendiger Bildung' ... und als einen not-wendigen Aspekt der pädagogischen Theorie, in der das gespaltene und verdrängte Grundverhältnis des Menschen zur Natur als pädagogische Dimension re-integriert und neu 'verbunden' wird" (1988, 7).[43] Folgerichtig entwickelt er eine systemische Pädagogik, die theoretisch auf der Systemtheorie der lebenden Systeme beruhen und praktisch "Erziehung und Bildung zum systemischen Denken und Handeln, d.h.

---

43 HUSCHKE-RHEIN meint aus wissenschaftslogischen Gründen, die metasprachliche Verwendung eines Begriffs durch einfache Anführungszeichen markieren zu sollen(7). Tatsächlich geschieht die Apostrophierung ziemlich willkürlich und ist eine irritierende Begleiterscheinung.

zum Denken und Handeln unter Beachtung der Systembeziehungen zu den (anderen) lebenden Systemen" bedeuten soll. In seinem Hauptwerk "Systemtheorien für die Pädagogik" referiert er ausführlich[44] systemtheoretisches und konstruktivistisches Gedankengut, um vor diesem Hintergrund die "Umrisse einer neuen Pädagogik" (1989, 7) zu entwerfen.

Es ist zu fragen, ob die Einführung dieser Theorien unser Denken und Handeln tatsächlich verändern kann. Um die Antwort vorwegzunehmen: Meines Erachtens handelt es sich um die additive und folgenlose Einführung einer neuen Semantik (die den Rahmen bildet für ein zweifellos großes Engagement des Autors für die Natur). Dies soll beispielhaft gezeigt werden. Ich beziehe mich dabei vor allem auf HUSCHKE-RHEIN (1988, 1989, 1990), dessen Bücher zur Zeit wärmstens empfohlen werden und der - etwa im Unterschied zu Stellungnahmen in OELKERS & TENORTH (1987) - die praktische Relevanz des neuen Denkens betont; allerdings ohne diesem Anspruch gerecht zu werden.

Unter der "Ausgangsfrage eines praxisrelevanten Systemansatzes: 'In welchen Kreisläufen 'Systemkontexten' sind wir drin, wenn wir dies oder das tun?'" (1989, 7), und der forschungsrelevanten Perspektive "In welche Systeme gehört die Tatsache/Handlung (x)? (115), sowie dem Motto "Alles Systemwissen in der Pädagogik ist praktisches Wissen" (200), wird der Leser mit einer Fülle von Einzelwissen und vor allem mit einer Flut von neuen Begriffen[45] konfrontiert. Ich beschränke mich hier darauf, einerseits dem auch im therapeutischen Bereich inzwischen hoch angesehen Konzept der Autopoiese nachzugehen und andererseits zu fragen, was es mit dem systemischen Denken und Handeln auf sich hat, das nun auch in der Erziehungswissenschaft rezipiert wird.

---

44 Man mag diese Ausführlichkeit als Verdienst ansehen. Mir scheint das Werk äußerst additiv entstanden zu sein. Er liebt es, die unterschiedlichsten Versionen von Theorien hintereinander zu referieren. Es fiel mir schwer, aus dem Wust der Abhandlungen einerseits die Stellungnahme des Autors und andererseits die Bedeutung für die Pädagogik herauszufiltern. So meint man anfangs, er schlösse sich dem Autopoiese-Konzept an (76), stellt später fest, daß er es anzweifelt (81ff), und findet schließlich, daß er es wieder zustimmend aufnimmt (88f, 201) Insgesamt empfand ich die Arbeit als eine ähnliche Zumutung wie WATZLAWICK.

45 Vor allem im 4. Kapitel: Komplexität (Reduktion/ Selektion/ Kontingenz/ Anschlußfähigkeit/ Emergenz/ Sinn); Autopoiesis (Selbstreferenz/ Rekursion/ Reziprozität/ Konstruktivismus/ operationale Geschlossenheit/ Beobachtung als 'Operation', usw.

Das "Paradigma der 'Selbstorganisation' bzw. der 'Autopoiese'" wird von HUSCHKE-RHEIN schon 1988 als für die Pädagogik wichtiger Grundbegriff eingeführt und kurz erläutert. Er "bedeutet zugleich 'Autonomie' und 'Integration': Autonomie ist immer bezogen auf ein Selbstsein innerhalb von Gesamtstrukturen, aber so, daß das Selbstsein dabei nicht aufgegeben, sondern gerade verwirklicht wird" (77). 1989 soll das Konzept der Autopoiesis genauer untersucht werden. Zu seiner Beschreibung werden Begriffe und Aussagen verwandt, die schon bei den Urhebern MATURANA und VARELA (1987) wie auch bei LUHMANN (1985) an Komplexität nichts zu wünschen übrig lassen: Selbstreferenz, Rekursion, Reziprozität, strukturelle Koppelung, energetische und materielle Offenheit, operationale Geschlossenheit (62-91) usw.

Menschen als lebende Wesen werden als autopoietische Systeme betrachtet, die mit anderen Menschen oder ihrer Umwelt strukturell gekoppelt sein können. "Sie stehen in ständigem Austausch mit ihrer Umgebung; ihre Aktionen werden aber durch ihre eigene Struktur determiniert, auch wenn sie als strukturell plastische Systeme ihre Struktur unter dem Einfluß der Umgebung ständig ändern" (ROTTHAUS 1990, 36).[46] Aus diesen Prämissen, die den Mensch analog zur einzelnen biologischen Zelle sehen, folgen zwei Annahmen, die für pädagogisches Handeln wichtig zu sein scheinen und die schon bei WATZLAWICK auftauchten: die individuelle Konstruktion der Wirklichkeit und die Unmöglichkeit der Instruktion.

"'Objektive Tatsachen' kann es nicht geben ... Was wir für 'wirklich' halten, ist zunächst nichts als die Sichtweise eines Beobachters, der seine Wahrnehmung der Wirklichkeit selbst 'konstruiert' hat - weil es, nach konstruktivistischer Auffassung -[47] überhaupt keinen anderen Zugang zur Wirklichkeit gibt als über ihre 'Konstruktionen'" (HUSCHKE-RHEIN 1989, 49). Da ein lebendes System aufgrund der eigenen Struktur seine eigene Realität schafft, kann es zwischen Menschen keine "instruktive Interaktion" geben in dem Sinne, "daß sich bestimmte Verhaltensweisen bei einem anderen Menschen so hervorrufen oder verhindern lassen, wie dies im Idealfall bei unbelebten Objekten der Fall ist" (SIMON 1988b, 333). Aus der

---

46 Andere Autoren sind noch weniger leserfreundlich, z.B: "Autopoietische Systeme sind sich selbst erzeugende, dynamische Systeme, die ihre eigenen Grenzen bestimmten und aufbauen ... Autopoietische Systeme sind abgeschlossene Systeme ..., die nur eine Art von Zuständen generieren, nämlich autopoietische Zustände. Autopoietische Systeme sind autonom ...; sie sind materiell und energetisch offen ... Autopoietische Systeme sind rekursiv ..., selbstreferentiell ..., strukturdeterminiert" (PORTELE 1989, 32f).

47 Falsche Zeichensetzung im Original.

Umwelt wirken allenfalls "Perturbationen" (MATURANA & VARELA 1987, 106), d.h. Störungen, Verstörungen oder Auslöser auf das System ein.
Das unzweifelhaft vorhandene koordinierte Handeln und Sprechen zwischen Menschen, die nicht über die gleichen Strukturen verfügen, wird durch den Begriff der strukturellen Koppelung eher benannt als erklärt[48]. Es entsteht dabei ein "Bereich ineinandergreifender Verhaltensweisen", der von MATURANA "konsensueller Bereich" genannt wird (255f). Damit Kommunikation entstehe, "müssen Sender und Empfänger operational kongruent sein" MATURANA 1982, 262).[49] "Sprache ist ein System konsensueller Interaktionen" (PORTELE 1989, 67). Das durch strukturelle Koppelung neu gebildete System aus zwei oder mehreren Systemen bildet eine koontogenetische Einheit, deren Entwicklungsverlauf ebenfalls nicht determiniert ist.
Unabhängig davon, ob man das versteht oder nicht, kann man fragen, ob dadurch ein neues Menschenbild mit den entsprechenden Konsequenzen für erzieherisches Handeln entsteht. In einfache (vereinfachende) Worte übersetzt bedeutet das Autopoiesis-Konzept: "Das Verhalten des lebenden Systems ist durch seine aktuelle Struktur determiniert" (SIMON 1988, 65). "Jeder Mensch verhält sich in systemtheoretisch-konstruktivistischem Sinn grundsätzlich so, wie er ist" (ROTTHAUS 1990, 37). Jeder Mensch entscheidet aufgrund seiner Eigenart darüber, was er aufnimmt, wie und wann er sich verändert. Der Mensch ist Schöpfer seiner Gedanken und Gefühle. Diese selbsterzeugten Schemata (Struktur) wiederum bedingen, was und wie etwas aus der Umwelt aufgenommen wird. Niemand kann ihm vorschreiben, wie er sich und die Welt zu sehen hat oder was er tun soll.
So gesehen gibt es keine unmittelbare Beeinflussung, so daß eine Handlung des einen den anderen direkt und vorhersehbar verändert. Die Umwelt kann allenfalls etwas auslösen. Wenn wir als außenstehende Beobachter meinen, Beeinflussung wahrzunehmen, scheint uns das nur so. Wenn Menschen miteinander handeln und reden, schaffen sie sich aufgrund zueinander passenden Strukturen gemeinsame Bereiche. Bezogen auf menschliche Kommunikation bedeutet dies, "daß ein Austausch nur in Grenzen stattfinden kann, die das jeweilige Re-

48 "Wenn zwei oder mehr Organismen in rekursiver Weise als strukturell plastische Systeme interagieren und jeder Organismus so zum Medium der Verwirklichung der Autopoiese des anderen wird, ergibt sich wechselseitige ontogenetische Strukturenkoppelung" (MATURANA 1982, 255).

49 "Mit anderen Worten: der Bereich möglicher Zustände des Senders und der Bereich möglicher Zustände des Empfängers müssen kongruent sein, so daß jeder Zustand des Senders einen eindeutigen Zustand des Empfängers auslöst" (MATURANA 1982, 262).

pertoire des einzelnen, sich in Beziehung zu setzen, bestimmt" (VOSS 1990, 18). Auf diese Art ausgedrückt, ist das nun keineswegs überraschend.

Warum ist dieses Konzept dennoch so leidenschaftlich begrüßt worden? Offensichtlich imponiert vor allem die damit implizierte Autonomie des Menschen und das Eingeständnis, einen anderen Menschen nicht formen zu können. "Die konstruktivistische Therapie ... radikalisiert die Sicht aufs Individuum, indem sie zunächst einmal fragt, wie denn sein Wirklichkeitsverständnis eigentlich aussieht" (HUSCHKE-RHEIN 1989, 48). "Es gibt keine andere Theorie, die in einer derartig zwingenden Weise die Autonomie und die Subjekthaftigkeit zum Thema hat. Etwas allgemeiner können wir sagen: sie respektiert in unvergleichlicher Weise die Würde des Subjekts, seine Nicht-Objektivierbarkeit, seinen unendlichen Reichtum, seine Nicht-Definierbarkeit, seine Unendlichkeit" (51). "Von therapeutischer Macht kann in diesem Modell keine Rede mehr sein; im Gegenteil: es ist ein Stück Anerkennung eigener Ohnmacht, und zwar der realistisch eingeschätzten Ohnmacht, angesichts der selbstreferentiellen Verfassung eines anderen Menschen, also seiner grundsätzlichen 'Selbstbezüglichkeit' und angesichts der übergroßen Komplexität menschlicher Systeme überhaupt wesentliche Veränderungen bewirken zu können" (50). "Ganz entscheidend ist darum - vor allem bei der Übertragung auf pädagogische oder therapeutische Interventionen - die Aussage der Autoren, daß kein System für ein anderes 'instruierend' sein könne. Dies bedeutet natürlich eine 'Ohrfeige' für den normalen Pädagogik- und Sozialisationsbegriff" (76f).

Dies kann ich nicht nachvollziehen, wenn ich z.B. an die Antipädagogik denke (OELKERS & LEHMANN 1990) und mehr noch an die alltägliche Erfahrung, daß es selbstverständlich Instruktion und Lernen gibt, wenn dabei u.a. die Fähigkeit und das Interesse des Lernenden berücksichtigt wird. Das ist aber beileibe nicht neu und wird erst interessant, wenn ganz konkrete Lernprozesse mit konkreten Kindern und konkreten Erziehern - und nicht mit abstrakten autopoietischen Systemen - zu planen sind.

Wenig später heißt es allerdings, daß die Annahme der Nichtsteuerbarkeit "für den Pädagogen der Weg ins Nullbockland" wäre und daß eher gefragt werden müsse, "wie denn Pädagogen die übermäßige Komplexität heute steuern könnten" (HUSCHKE-RHEIN 1989, 90). Ähnlich argumentiert auch ROTTHAUS: "Wenn wir dem folgen, bedeutet das, daß der Erziehungserfolg prinzipiell nicht vorhersehbar ist. Es bedeutet aber gleichzeitig keineswegs, daß es völlig gleichgültig wäre, wie wir erzieherisch und therapeutisch handeln. Es entbindet uns deshalb auch keineswegs davon, unsere Aktionen verantwortlich zu überdenken und zu planen" (1990, 35). Also muß der Pädagoge doch davon ausgehen, daß er Einfluß nimmt, und somit stellt sich die praktisch wichtige Frage, wie er das tun kann, etwa im Sinne der "optimalen Passung" zwischen dem Entwicklungsstand des zu Erziehenden und dem Angebot an ihn (HECKHAUSEN 1968). Was ist daran so aufregend und neu, daß man die Besonderheit des zu Erziehenden berücksichtigen muß? Geht denn noch irgendeine Psychologie oder Pädagogik vom Nürnberger Trichter aus, von dem Tabula-rasa-Modell des Kindes oder Menschen überhaupt?

Auch das zuvor so vehement begrüßte Konzept der Autopoiesis muß im weiteren Verlauf seiner Argumentation relativiert werden: es geht nicht allein um die individuelle Konstruktion der Wirklichkeit, und diese kann nicht willkürlich konstruiert werden, weil es vorgegebene komplexe Strukturen gibt, möglicherweise handelt es sich sogar um ein Artefakt (HUSCHKE-RHEIN 1989, 72). "Der Konstruktivismus übersieht, daß die Mehrzahl der gehirninternen Konstrukte und damit auch die Mehrzahl der Konstrukte, die für Sozialisationsprozesse bedeutsam sind, *gesellschaftlich* vermittelt ist ... Wenn schon die soziale Wirklichkeit nur sehr bedingt 'mein' Konstrukt ist, so gilt das noch mehr für die *ökologische* Realität ... in dem Maße nämlich, in dem Realitäten nicht kognitiv erzeugte Realitäten sind, sondern evolutionäre Voraussetzungsrealitäten, ... wird eine Differenzierung des Realitätsbegriffs unausweichlich, und zwar entsprechend den 'harten' (nicht substituierbaren) und den 'weichen' (durch Ideen formbaren) Realitäten" (85). So fragt HUSCHKE-RHEIN: "Sollten wir nicht zwischen psychischen, sozialen und ökologischen Realitäten unterscheiden" (81)? Mir scheint, das ist etwas wenig angesichts der von ihm immer wieder beschworenen Komplexität.

Das Konzept der Autopoiesis legt eine fast grenzenlose Autonomie des Subjektes zugrunde. Soweit will HUSCHKE-RHEIN nicht gehen, vielmehr stellt er fest: Demgegenüber "erkennen wir heute wieder die basale Verbundenheit aller lebenden und sogar nichtlebenden chemisch-physikalischer Systeme"(90), und zwar von Systemen, die eine eigene Struktur haben. "Das Konzept der Selbstorganisation ... ist ohne die grundlegenden Erkenntnisse der kosmologischen Selbstorganisation des Universums herausgearbeitet worden. Dadurch fehlt dem Autopoiesiskonzept (und damit der Systemtheorie) eine wesentliche Dimension" (99). Um dem abzuhelfen, werden nun verschiedene Überlegungen zur Evolution (LASZLO, JANTSCH, WEIZSÄCKER, WHYTE, RIEDL, CAPRA), als Beispiele "für unsere These der strukturierten Komplexität'" (107) mitgeteilt. Die Ausführungen gipfeln in einem Merksatz, einem Zitat aus JANTSCH (1982) und seiner Erläuterung: "Die Umwelt einer Zelle besteht nicht nur aus ihren Nachbarzellen, sondern aus der gesamten Biosphäre mit ihrer Chemie und ihrem Energiefluß, ja aus dem Sonnensystem mit seinen Phänomenen der

Strahlung und der Schwerkraft (JANTSCH S. 388) ... Hier wird deutlich, was ich unter 'systemisch' verstehe: nämlich die internen, realen, intersystemischen Relationen zwischen den Systemen, nicht aber die isolierende, logistische Vorstellung der Relationen, die 'ein' System mit 'seiner' Umwelt hat" (111), d.h., es geht um die wirklichen Beziehungen, die ein Mensch hat (63), und es geht um wirkliche Systeme (107), die uns allerdings nicht als Abbild begegnen, sondern rekonstruiert werden müssen (78, 83).
Was bleibt übrig vom radikalen Konstruktivismus? "Die 'Autonomie' eines Systems oder eines Elementes besteht nicht einfach in seinem 'Selbstsein' gegenüber seiner Umwelt, von der es sich hat abgrenzen können (wie bei MATURANA oder LUHMANN); vielmehr besteht die Autonomie in einer solchen Form des Selbstseins, die es einem Element oder einem (Sub-)System ermöglicht, einerseits in einem größeren Systemverbund integriert zu sein, andererseits aber 'dennoch' ein hohes Maß an autonomem Verhalten ('Selbstsein') zu bewahren; also integrierte oder strukturierte Autonomie" (111).
Es ist nichts gewonnen, wenn für pädagogisches Handeln vom "autopoietischen", "tendenziell sich selbst steuernden und selbsreferentiell geschlossenen System" (201) ausgegangen wird, das "gleichzeitig in einem derart hohen Maß auf andere Systeme angewiesen ist, daß es sich selbst nur entwickeln kann durch ständige (positive) Beziehungen zu anderen selbstreferentiellen Systemen (Personen) und zu anderen Kontextsystemen" (201f). Mir scheint, das ist nichts anderes als die Aussage, daß der Mensch autonom und interdependent, frei und abhängig zugleich ist, daß "sich Menschsein nur in zwischenmenschlichen Bezügen realisiert" (BOCK 1991, 100). Was ist gewonnen, wenn HUSCHKE-RHEIN Pädagogen zu "Helfern und Helferinnen, zu Mitspielern und Mitspielerinnen in Systemprozessen" erklärt (202)? Haben wir dadurch irgend etwas dazu gelernt? Ändert sich dadurch irgendeine pädagogische Handlung?
Unterscheidet sich diese äußerst allgemeine Aussage vom Menschenbild der gegenwärtigen kognitiven Psychologie? Nur der rigoroseste Behaviorist würde behaupten, daß die Umwelt das Verhalten eines Menschen als black box eindeutig determiniert. Inzwischen ist es weitgehend eine Selbstverständlichkeit, davon auszugehen, daß sich das Individuum in *seiner* Welt verhält. "Die 'Welt' des Individuums besteht vor allem in den von ihm internalisierten 'kognitiven Repräsentationen' dieser Welt, in den von ihm übernommenen oder selbst gebildeten 'Grundüberzeugungen', Erwartungen oder Schemata der anderen und des eigenen Selbst. Erst die Erfassung dieser kognitiven Systeme eröffnet ein Verständnis menschlichen Verhaltens" (THOMAE 1991, 111). Der Prozeß der Entwicklung der menschlichen Persönlichkeit geschieht dabei "im lebenslangen Interaktionsprozeß zwi-

schen Individuum und Umwelt" (113). Darüber mehr zu wissen, wäre pädagogisch relevant, nicht jedoch die Wiederholung von Bekanntem in einer neuen Sprache.
Was versteht HUSCHKE-RHEIN unter systemischem Denken und Handeln? Das ist unter dem Wust der referierten Dinge nicht ganz einfach zu erkennen. Ausgangspunkt einer "am Mit-Sein mit den (anderen) lebenden Systemen orientierten Pädagogik" ist, "daß die Menschen - abgesehen von allen anderen möglichen Bestimmungen - systemtheoretisch zunächst als Elemente ('Teile') des Systems Natur zu bestimmen sind,[50] und daß sie darum in komplexen Relationen stehen sowohl zum Gesamtsystem der Natur, als auch untereinander, als auch zu anderen lebenden (Sub-)Systemen, die ihr 'Sein' bestimmen" (1988, 54). Es gibt - so der Autor - Basisbedingungen für das physische, psychische und 'geistige' Überleben und Wohlsein (54f), die er "als elementare Systemgesetze oder Systembedingungen" beschreibt und die "'notwendige', nicht jedoch schon 'hinreichende' Bedingungen für das menschliche und das pädagogische Handeln" sind (1988, 55).
Er beklagt, daß Schulen, Hochschulen und auch die spezialisierten Wissenschaften kein vernetztes Denken lehren. Daraus folgt der erste systemtheoretische Grundsatz: "Nicht das Teil oder das Ding selber ist das Wichtigste, sondern die Beziehungen, die zwischen einem Ding und seinem Kontext oder zwischen den Dingen bestehen," den man wahrnehmungspsychologisch - wir erkennen Strukturen, nicht Details - verdeutlichen kann (60). Diese Aussage erinnert fatal an diejenigen WATZLAWICKS, die den Mensch im Unterschied zu seinen Beziehungen als irrelevant erklären. Sie widerspricht zugleich dem Autopoiese-Konzept.
Der zweite Grundsatz beruht darauf, daß lineare Eingriffe - aufgrund des kausal-analytischen Denkens - oft unerwünschte Nebeneffekte mit sich bringen: "Der im Einzelfall noch sinnvolle und systemstabilisierende Eingriff technologischen oder kausal-analytischen Handelns wird, quantitativ maximiert, zum qualitativen Sprung führen: zur Destabilisierung oder Zerstörung des Systems" (63). "Es gilt darum ein neues Denken (und Handeln) zu lernen, das in Systemen denkt, das in 'Schleifen' und 'Wechselwirkungen' denkt und handelt, kurz 'vernetzt' denkt und handelt. Von diesem nämlich wird das Überleben der Menschheit abhängen. Und hierzu wird die Pädagogik ihren Beitrag leisten müssen" (65).[51] "Wichtig für das neue Denken und Handeln ist die Einsicht, daß wir an vorgegebenen Systemen der Natur oder der Gesellschaft nicht einfach 'herumexperimentieren' können, ohne uns

50 Falsche Zeichensetzung im Original.

51 Ich kann mir nicht verkneifen, daran zu erinnern, daß das Denken schwerlich denken kann.

so genau wie möglich die Handlungsfolgen vor Augen zu stellen. Die Naturbasis auch der gesellschaftlichen Systeme ist weit größer, als wir früher angenommen haben" (67).

Vor diesem Hintergrund nun werden verschiedene (kybernetische, biologische und soziologische) Systemtheorien referiert, und es wird auf Begriffe aufmerksam gemacht, die auch pädagogisch nutzbar sein sollen wie: Rückkopplung und Kreisprozesse (72), Selbstorganisation, Autonomie und Integration; Koevolution (77).

Da der Mensch ein lebendes System ist, muß die Pädagogik etwas von lebenden Systemen lernen können - meint HUSCHKE-RHEIN. Der Mensch "steht nicht mehr als 'Regler' ... außerhalb der Systeme, sondern er ist selbst ein Teil der Systeme (85)". Diese Erkenntnis soll geeignet sein, "die Defizite erziehungswissenschaftlicher und methodologischer Theoriebildung auszugleichen" (86). Es folgen Ausführungen zu Reziprozität, Komplexität, Selbstorganisation, Langfristigkeit, Rekursion, Selbstranszendenz (89-92). Schließlich werden systemökologische Grundregeln eingeführt, die auch systempädagogische Prinzipien sein sollen, z.B.: "Die richtige Bewertung des Verhältnisses von qualitativem und quantitativem Wachstum ist eines der wichtigsten Bildungsziele der Systempädagogik" (93). Aus der Vielfalt der Arten schließt er auf drei pädagogische Prinzipien: Dezentralität, Regionalität, Subsidiarität (95).

Vom Problem der Energiekrise ausgehend, folgert er "Es handelt sich hier um Grundlagen-Fragen der menschlichen Daseinsgestaltung mit bedeutenden Konsequenzen für die Erziehungspraxis, und zwar in demselben Sinne, wie dies früher bei der selbstverständlichen Einbeziehung philosophischer Grundfragen in die Pädagogik der Fall war" (101). Im Klartext ist das die Aufforderung zum Energiesparen.

Völlig abstrus wird die Argumentation, wenn er schließlich drei "naturbezogene Handlungsnormen" (1989, 207) bzw. "praxisrelevante Basisnormen", "Rezyklisierung, Diversität und Transformation" einführt, die jeweils drei Aspekte umfassen sollen. Rezyklisierung etwa habe den systemtheoretischen und evolutionären Aspekt, daß eine "Neuerung jeweils an die gegebenen Bedingungen 'verträglich' 'angeschlossen' werden muß", und den pädagogischen Aspekt, daß jede pädagogische Handlung im Zusammenhang mit dem Kontextsystem gesehen werden muß, und schließlich einen ökologischen Aspekt: "das 'recycling' von wiederverwertbaren Abfällen" (213). Es ist Unsinn, ein und denselben Begriff für so unterschiedliche Phänomene zu gebrauchen. Geht es dem Autor am Ende nur um Recycling - verbrämt mit einer systemischen Weltschau und verkauft als ein Ansatz einer neuen Pädagogik?

Am Ende entwickelt er den systempädagogischen Dreischritt: um Menschen im Umgang mit Energie sparsamer werden zu lassen,

braucht der Pädagoge Basiswissen (über die Energieproblematik), ein Basisprinzip ("Sparsamkeit") und einen Praxistopf (Handlungsvorschläge). Das ist eine der größten Banalitäten seines Buches.
Zusammengefaßt reduziert sich diese Argumentation auf die Aufforderung, in größeren Zusammenhängen zu denken. Wie das aber gehen soll, schreibt er nicht. Es finden sich in seinen Büchern keine Beispiele, die etwa angeben, was systemisches Denken für den Umgang mit einem Kleinkind, Kind oder Jugendlichen bedeutet.
Jede Pädagogik muß Ziele formulieren - so natürlich auch HUSCHKE-RHEIN, dem es vor allem um die Komplexität der Welt geht. "Die wichtigste Bildungsaufgabe besteht heute in der Erziehung und Bildung zum systemischen Denken und Handeln" (1988, 110), d.h., "die Bildungsaufgabe besteht heute darum in besonderer Weise darin, das partikulare, d.h. vereinzelte und 'teilartige' Bewußtsein des Subjekts wieder mit dem 'Ganzen' des Systems in allen wesentlichen Systemdimensionen zu vermitteln" (111). Es soll sich dabei um Realsysteme (Universum, Natur, Gesellschaft, Subjekt) und Theoriesysteme (System des Wissens, Metasysteme, Theorien, Praxis) (114) handeln. Ein Jahr später hört sich dies wie folgt an: "Wir können die Systemkomplexität des menschlichen Organismus ... auch so verstehen, daß die Komplexität der ganzen bisherigen Evolution in einem einzigen Organismus enthalten und gleichsam verdichtet ist. Der menschliche Geist ist in der Lage, diesen Zusammenhang (prinzipiell) zu erkennen. Es sollte darum eine selbstverständliche Bildungsaufgabe sein, das Bewußtsein dieses Zusammenhangs zu vermitteln. Diejenigen Systemtheoretiker, die einem integrativen Systemverständnis zuneigen, verstehen die Erkenntnis dieses Zusammenhangs als 'Rück-bindung' im wörtlichen Sinne: als 're-ligio'" (1989, 114).[52] "Allerdings müssen wir dann ein anderes Denken lernen, eben: ein integrales Denken. Autonomie ... ist nur um den Preis ihrer Integration in strukturierten Systemen zu haben" (114), d.h., "daß die Pädagogik einen Beitrag zur Erziehung zu einem entsprechenden Bewußtsein leisten muß: eine Erziehung nicht nur zur 'Autonomie', sondern auch zur 'Integration' in die übrigen Makrosysteme, deren Teil die Menschen sind (1988, 78).

---

52 Das wird unter der Überschrift "Die spirituell-geistige Dimension" (194ff) weiter ausgeführt. Hier soll eine Kostprobe genügen: "Stellen wir uns eine Zelle des menschlichen Organismus vor, etwa eine Zelle des Auges ... und wir erkennen sogleich ihre weiterreichenden Verbindungen zu anderen Ebenen und anderen Komplexitätsniveaus." HUSCHKE-RHEIN führt dann weiter aus, daß diese Zelle aufwärts über das Organ, den Organismus und den Geist mit dem Universum verbunden ist und abwärts über Moleküle usw. ebenfalls. "Mit allen diesen Systemen ist die Zelle, oder sagen wir besser: sind 'wir' permanent verbunden, ob wir das wissen oder nicht" (1989, 113).

Diese Verbundenheit zwischen allen Systemen (physikalischen, biologisch-ökologischen, sozialkulturellen, sozialökologischen, therapeutischen, psychischen Systemen und der spirituellen Dimension) führt zu einer Grundthese der systemischen Pädagogik: "Menschen sind Elemente *aller* Systeme ... Systemisches Denken wird darum die Verbindung *zwischen* allen diesen Systemen suchen" (1989, 170). Aufgabe der Pädagogik sei es deshalb, "Angebote zur Integration oder besser: zur Re-Integration der getrennten Systeme zu machen" (197). Das ist sehr löblich, wenn es bedeutet, Respekt vor dem Leben und der Natur zu erwecken, aber diesen Grundsatz kann man auch formulieren ohne das ganze systemische, evolutionäre, kosmologische und schließlich spirituelle Beiwerk, das nichts anderes als Ballast darstellt.

"Alle pädagogischen Prozesse" sind "Transformationsprozesse ..., in denen sich selbstreferentielle Systeme (Personen) über Zustände zeitweiliger Homöostase vom Anfangszustand relativ starker Fremdbestimmung (Außensteuerung) permanent in Richtung größere Selbststeuerung transformieren" (1989, 226). Die Qualität der Transformation zeige sich in einem möglichst hohen Grad von Integration der komplexen Weltbeziehungen. "Es geht also bei der pädagogischen Entwicklung um das Gelingen dieser 'integrativen Autonomie'..., d.h. einer Selbstbezüglichkeit, die zwar einerseits selbstbestimmt bleibt ('autonom'), die aber andererseits darüber nicht vergißt ..., daß diese Autonomie nur im Kontext anderer Systeme, und zwar durch integrierende Vernetzung mit diesen anderen Systemen möglich wird" (226f). Nachdem HUSCHKE-RHEIN den Menschen als integriert und autonom definiert hat (111), gibt er jetzt als Entwicklungsziel an, eben dieses zu werden. Das ist nicht sehr erhellend, ebensowenig wie die Tatsache, daß es dabei Veränderung und zeitweilig ein Gleichgewicht gibt. Auch dies ist schon bei WATZLAWICK übermäßig dramatisiert worden.

Welche Systeme sind für die Pädagogik wichtig? HUSCHKE-RHEIN behandelt zunächst "drei pädagogisch relevante Systemtypen: 'Sachsysteme' (Lernsysteme), 'Sozialsysteme' (Interaktionssysteme; ökosoziale Systeme)[53] und 'Helfersysteme' (therapeutische Systeme)" (7). Die Ausführungen zu Lernen und Erziehung als Systembegriffen beginnen mit dem Merksatz: "Lernen ist nicht mehr die 'Übertragung' von 'Information' von einem System auf das andere, wie es die Informationstheorien und ein stupides Computer-Denken nahelegen: Lernen ist vielmehr eine Beziehung ('Systemrelation'), durch die ein Mensch ('selbstreferentielles System') zu Überlebenszwecken auf seine Um-

53 Dazu genüge hier die Bemerkung, daß HUSCHKE-RHEIN BRONFENBRENNER (1981) referiert, den man besser im Original lesen sollte, und methodische Konsequenzen zieht, zu denen man auch auf ganz anderem Wege kommen kann, in dem man z.B. FLICK (1991) liest.

welt ('Systemumwelt') bezogen ist "(9); dann leiten sie über zu der Erkenntnis: "Alle Lern- und Erziehungsprobleme, ... , entstehen aus der Organisation von Selbstsein auf hohem Komplexitätsniveau im Verhältnis zu einer Umwelt" (9).
Es wird ausgeführt, daß im Laufe der Evolution sowohl die Lernmöglichkeiten (neuronale Lernprozesse im menschlichen Gehirn, 12) als auch die Komplexität des zu Lernenden größer geworden ist und daß deshalb ausgewählt werden muß. Die Abhandlung gipfelt in der pädagogischen Folgerung: "Damit werden aber nicht einfach Lernen und Erziehung 'an sich' immer wichtiger, sondern die dosierte und begründete Auswahl des zu Lernenden und der begründete Rückzug auf solche Traditionen, die in der Lage sind, das Problem der diffundierenden Komplexitätssteigerung besser zu lösen. Diese Lösung aber kann nur im Rückbezug auf die ökologischen Systeme liegen" (15).
Schließlich folgt, nach Ausführungen über Lernen und Erziehung in der soziokulturellen Evolution, die zweite pädagogische Erkenntnis: "Daß aber Erziehung nicht bloß als Teilsystem funktional verstanden werden darf, etwa zur Optimierung von Lernen als Informationsübertragung für hochspezialisierte Programme, sondern auch und heute vor allem, wie übrigens schon immer in ihrer Tradition, allgemeinverbindliche Normen, eben: 'Allgemeinbildung' vermitteln muß, daß ist schließlich die notwendige Folgerung und eine der Thesen dieses Bandes" (20). Wie wahr.
Im dritten Kapitel wird der systemische Ansatz in der Familientherapie "wegen seines hervorragenden Beispielwertes für die Pädagogik" (35) in zwei Versionen[54] behandelt. Exemplarisch wichtig sei vor allem das Verhältnis Therapeut-Klient, die Tatsache, daß Ratsuchende Mitglied weiterer Systeme sind, das Problem der Systemsteuerung und "die wissenschaftstheoretische (Gretchen-)frage danach, was ein System 'eigentlich' oder 'überhaupt' ist" (35).
Was folgt nun genauer für die Pädagogik, wenn Huschke-Rhein die frühe systemische Therapie (d.h. Familie als mehr oder weniger offenes System, aufteilbar in Subsysteme, mit Tendenzen zur Homöostase und Transformation) sowie die konstruktivistische Version (Autopoiesis, konstruierte Wirklichkeit) referiert und gar noch ergänzt durch die koevolutive Therapie (Willi 1985, so auch schon 1988, 80-84)), die Transaktionssanalyse und psychoanalytisches Gedankengut?
Bezogen auf die vier exemplarisch wichtigen Erkenntnisse kann man wie folgt zusammenfassen. Die konstruktivistische systemische Therapie führt zu der Erkenntnis, daß der Therapeut keine Macht hat, sondern nur Mitspieler und Mitkonstrukteur in einem System sein kann. Nun folgt die rhetorische Frage "Hat nicht der Pädagoge letzt-

54 Fast ohne Quellenangaben.

lich den gleichen Status wie der Therapeut?" (50). Die Familie kann als ein System aufgefaßt werden, wobei "'ihre Beziehungen' zu den anderen Personen das zentrale Forschungs- und Handlungsthema darstellt" (36), aber "kein Element kann durch das System vollständig determiniert und definiert werden. Das ist eine Aussage mit erheblichen Konsequenzen für die Praxis" (37; allerdings verrrät der Autor nicht, an welche er dabei denkt. Die Familie als pädagogisches System besteht aus verschiedenen Subsystemen (39). Wichtig ist die Art der Relationen (z.B. Grenzen, 41) und die Offenheit bzw. Geschlossenheit des Systems. Sie wird zum pädagogischen System weniger durch ihre Personen als durch ihre Relationen, also ihr "pädagogisches Verhältnis" (40). "Das ist in nuce schon eine Relationenaussage, wie sie auch für die systemtheoretische Betrachtung zum Ausgangspunkt genommen werden müßte". Bedeutsam sei die Frage nach der Steuerung, der "'Transformation' der 'Elemente' (40).
Auch die Begriffe Homöostase und Transformation seien für die Pädagogik von Bedeutung: "Im Gegensatz zu vielen anderen Systemen sind pädagogische Systeme ständig in Transformation begriffen: Kinder werden älter, Schüler lernen hinzu ... Die bedeutet ein ständiges Reservoir an potentiellen oder faktischen Konflikten ... Obwohl kein soziales System ohne Konflikte denkbar ist, kann kein soziales oder pädagogisches System ohne ein gewisses Maß an Homöostase, also internem Gleichgewicht existieren" (164). Diese Selbstverständlichkeiten sind schon von Watzlawick eingeführt worden; auch in dieser neuen Version vermitteln sie keinen Erkenntnisgewinn.
Schließlich referiert HUSCHKE-RHEIN in diesem Kapitel relativ zufällig verschiedene therapeutische Methoden (43ff), allerdings ohne zu diskutieren, ob und - wenn ja - wie diese Methoden für das pädagogische Handeln von Bedeutung sein können oder womöglich sogar kontraindiziert sind, wie etwa die paradoxe Verschreibung, die im übrigen als "Trick" (1989, 44) bezeichnet und so verkürzt dargestellt wird, daß man annehmen muß, der Autor habe nicht verstanden, um was es dabei geht.
HUSCHKE-RHEIN will auch einen Beitrag zur pädagogischen Forschung leisten. Für diesen Zweck sammelt er Systemtypologien, Systemkategorien und entwickelt ein Arbeitsmodell. Wenn man forschen will, so braucht man zweifellos Entscheidungen über den Untersuchungsbereich, das zu untersuchende System. Dazu HUSCHKE-RHEIN: "Beim systemischen Ansatz betrachten wir pädagogische Phänomene von Anfang an in realen, praxisbedeutsamen Zusammenhängen, terminologisch: in Kontexten, die der Komplexität der Phänomene durch rekursive Relationen gerecht werden" (1989, 199). Er erweist sich als Meister im Benennen von Systemen: Primär-, Kontext-/Inter- und Suprasystem als hierarchische Gliederung (117, 120ff); Kontext-, Rele-

vanz-, Problem- und Aktionssysteme als formale Kategorien (118); Sach-, Personen- und Helfersysteme als inhaltliche Typologie (119). Hinzu kommen Elementarsystem (zwei Personen) (120), Umgebungs- oder Perisysteme (lokale oder regionale Aspekte) (120f), Horizontsysteme (121) usw. Diese Begriffsvielfalt wird "wissenschaftstheoretisch (methodologisch)" begründet, weil die Realität schließlich auch komplex und multidimensional ist (117), aber sie verwirrt nur und nutzt nichts. Zudem ist die Begründung für einen Begriff gelegentlich abenteuerlich. Der Begriff "Intersystem" etwa soll Verbindungen zwischen den Systemen betonen; er soll auch bedeuten, daß Intersysteme zwischen anderen liegen; er soll auf Interaktion und Verbindungen zwischen den Elementen hinweisen (121) und es soll sich um regionale Kontexte und um soziale Netzwerke handeln. Nun weiß man überhaupt nicht mehr, was gemeint sein könnte.
Auch sein Arbeitsmodell (126) mit den Schritten "Voraussetzungen, Systemisierung, Relationierung, Relevanzsystem, Aktionssystem" und diversen Unterpunkten ist nur scheinbar beeindruckend. Im Klartext heißt es, daß man Vorwissen haben und eine Untersuchungseinheit festlegen muß, daß man Elemente und Beziehungen und deren Qualität feststellen muß, um schließlich intervenieren zu können. Aus seinen mageren Beispielen sei das Altenprojekt ausgewählt. Als Relevanzsystem für Altenheimbewohner erweist sich das Kontaktfeld mit den Komponenten: Verwandte/Kinder, Bekannte/Freunde, Aktivitäten/Hobbies/Treffs und Besorgungen/Ärzte/Läden/Bank (137). Als Aktionssystem kam heraus: eine Veranstaltung zum Thema Kontakt sowie eine Veranstaltungsreihe Gruppenspiele auch für Ältere. Wer hätte das gedacht, wer hätte solche Konzeptenicht auch anders - ohne Systemtheorie und autopoietisches Brimborium - entwickeln können?
Doch wohl nicht zu unrecht erwarte ich von einem Autor, der eine Theorie praxisrelevant machen will, Vorschläge, wie seine Grundsätze in die Praxis umzusetzen sind. HUSCHKE-RHEIN bleibt im großen und ganzen bei allgemeinen Aussagen wie: "Alles Systemwissen in der Pädagogik ist praktisches Wissen, weil es sich auf reale Systeme bezieht und praktische Folgen hat" (1989, 200). Dabei verweist er auf die von ihm behandelten Systeme (Lernsystem, Interaktionssystem und therapeutisches System) bzw. seinen ganzen Text.
In dem ist allerdings kaum etwas wirklich Praktisches zu finden. Die (relative) Ohnmacht des Pädagogen, die dem Autopoiesis-Konzept entnommen ist, habe ich schon erwähnt. "Die Methoden, die danach den planenden Therapeuten oder Pädagogen noch übrig bleiben, müssen auf die Selbsttätigkeit, Selbstverantwortung und Selbstorganisation ihrer 'Objekte' setzen, die damit aufhören, nach dem überholten Subjekt-Objekt-Schema zu funktionieren ... die Lehrer ... werden zu schlichten Mitspielern und Mitspielerinnen, zu Beratern und Berate-

rinnen, zu Helfern und Helferinnen" (1989, 191). "Erfolge lassen sich ... aus prinzipiellen Gründen nicht mehr planen; gewünschte Effekte sind eher das Resultat unsteuerbarer Prozesse auf Seiten des Klienten, des Kindes oder des Schülers" (191). Ein wichtiges Prinzip, "eine neue Praxis der Kindererziehung" (33) lasse sich aus der Selbstorganisation des Individuums ableiten: "die Kunst ..., vorhandene Kräfte durch geringfügige Steuerimpulse selbstregulierend zu nutzen" (1988, 67), um dann zu sehen, "was mit dem anderen passiert" (1989, 34).

Es mag tatsächlich angemessen und wünschenswert sein, mit den geringsten pädagogischen Anstößen oder Eingriffen etwas bewirken zu wollen, aber was ist ein geringfügiger Steuerimpuls bezogen auf welches Ziel? Wenn er dies schon nicht genauer angibt, dann hätte zumindest ein Beispiel für geringe und für zu starke Steuerung nützlich sein können. Eine pädagogisch-psychologische Abhandlung über Lernprozesse im allgemeinen (z.B. STEINER 1988), Verhaltensmodifikation im besonderen (z.B. ROSS & PETERMANN 1987) oder Vorschläge für die Schulpraxis (WAHL, WEINERT & HUBER 1984) und Fallstudien (REDLICH & SCHLEY 1980) sind wesentlich aufschlußreicher.

Für die praktische Pädagogik bedeute "ein Handeln, das sich an Kreisprozessen orientiert, die Rehabilitation des 'intuitiven' pädagogischen Handelns: An die Stelle endloser Datenmengen über praxisrelevante Details tritt die Konzentration auf qualitative Schwerpunkte, die Zielrichtung des Handelns bestimmen und nur geringfügige Steuerimpulse erfordern" (1989, 199; s.a. 1988, 66). Soll die Intuition darüber entscheiden, welche Daten qualitativ wichtig sind? Ich bin der Überzeugung, daß es geradezu umgekehrt wünschenswert ist, daß sich Pädagogen über ihre subjektiven Theorien klar werden und sie gegebenenfalls verändern (SCHLEE & WAHL 1987, WAHL 1991).

Die zunehmende Komplexität der Welt führe zu der Frage: "Wie können Kinder die pluralistische Überforderung in ihr selbstreferentielles System integrieren?" (1989, 140) Es gelte eine Integrationsarbeit zu leisten als "Balance zwischen zu viel 'Stimulation' durch zu viele Personen und zu wenig Stimulation durch zu wenige Personen ... Eine der wichtigsten Aufgaben gegenwärtiger Pädagogik besteht also in der Bereitstellung von entwicklungspädagogischen Integrationsmodellen für alle Altersstufen" (141). Im Klartext heißt das, Kinder können nur dann etwas verstehen, "wenn keine 'Überforderung' stattfindet" (214). So einfach darf sich das HUSCHKE-RHEIN aber nicht machen. Es ist natürlich auch beeindruckender, wenn der gleiche Sachverhalt wie folgt ausgedrückt wird: "Das Entscheidende war, daß solche Zunahme von Komplexität im frühen Kindesalter nur dann gelingt, wenn die Komplexitätszuwächse 'verträglich' sind, systemtheoretisch 'anschlußfähig' und 'kompatibel' bleiben" (1989, 214).

Die Rückbesinnung auf den Menschen als Teil der Natur führe zu "einer naturbezogenen und leibnahen pädagogischen Praxis" (200). "Wenn wir anfangen, auf unseren Organismus und seine Bedürfnisse zu achten, werden sich Leben und Erziehung gründlich verändern; angefangen vom Lebens- und Wohnraum der Kinder, den Bedürfnissen nach Pausen, Bewegung und Ruhe" (181). Schließlich sei die Erkenntnis zu beachten, "daß die 'wachsende Komplexität' der Erfahrungen eines Kindes (oder eines Menschen) begleitet werden muß von stabilen und emotional verläßlichen Personenbeziehungen" (187).
So redet der Systempädagoge HUSCHKE-RHEIN viel und sagt wenig. Ähnlich wie WATZLAWICK führt er große Theorien und viele Begriffe ein, deren Konsequenzen trivial oder nicht erkennbar sind. Mit Fachausdrücken geht er äußerst schlampig um, z.B. verwirft er das Autopoiesis-Konzept, um es dann doch immer wieder zu gebrauchen. Seine Ausführungen zu verschiedenen Systemen sind additiv, so daß man nicht weiß, was der Anfang des Buches mit dem Ende zu tun haben soll. Konturen einer Pädagogik werden immer wieder angekündigt. Die zusammenfassenden Ausführungen dazu (1989, 201-204) sind altbekannt oder banal, wenn man sie der systemischen und konstruktivistischen Sprache entkleidet. Sie sind mystifizierend, wenn Huschke-Rhein alle denkbaren Systeme pädagogisch re-integrieren will.
TREML (1990) nennt einige Vorzüge der Systemtheorie und stellt einige kritische Fragen, die er zu ihren Gunsten beantwortet. Er meint, sie habe uns eine interdisziplinäre Sprache gegeben, "mit der sich unterschiedliche wissenschaftliche Disziplinen miteinander unterhalten können" (150). Ich glaube nicht, daß sich ein Psychologe und ein Biologe besser verstehen können, wenn sie ein gemeinsames Wort, z.B. autopoietisches System, für derart unterschiedliche Dinge wie eine einzelne biologische Zelle und Menschen im allgemeinen benutzen. Ein gemeinsames Vokabular, das sich auf unterschiedliche Realitäten bezieht, dürfte eher ein Scheinverstehen begünstigen.
TREML begrüßt, daß mit der Systemtheorie "übersehene oder vergessene Zusammenhänge potentiell transparent werden ... Zumindest aber dürfen wir Originalität erwarten" (151). Das zweite mag sein; das erste scheint mir nicht der Fall: Neue Worte schaffen nicht per se neue Fragen oder Erkenntnisse. Mit dem Autopoiesis- oder auch dem Konzept der integrierten Autonomie ist die Frage nach der Determiniertheit bzw. Freiheit des Menschen auch nur wieder gestellt,aber keine neue Antwort gegeben. Wenn ich z.B. in Zukunft bei meiner Tätigkeit als Schöffin im Amtsgericht von diesem Modell ausgehe, werde ich die oft entscheidende Frage nach der Verantwortlichkeit bzw. Schuldunfähigkeit eines Täters nicht besser oder schlechter beantworten können, als es jetzt der Fall ist. Die Behauptung, es gäbe keine In-

struktion, hilft keinem Lehrer, der z.B. mit Gewalt oder Desinteresse zu tun hat.
Schließlich hebt TREML über die Systemtheorie hervor: "Durch die Abstraktheit der Grundbegriffe garantiert sie Universalität, durch die Differenziertheit der analytischen Aussagen genügend Trennschärfe, um traditionelle Aussagen zu übersetzen und in einem größeren Verweisungshorizont zu stellen" (152). Ich denke, die von mir zitierten Stellen lassen das Gegenteil erkennen.
Kritisch bemerkt TREML, daß es sich um eine neue Fremdsprache handele und um Theoretiker, bei denen man den Verdacht nicht los werde, "daß man sie gar nicht verstehen darf, sondern bestenfalls in ihrem Sprachspiel mitspielen darf" (153). Er stellt fest, daß die Theorie kein praktikables Handlungswissen zur Verfügung stelle, aber das gewinne man sowieso "in den Situationen selbst, also in der Praxis" (154). Also soll Theorie nichts mehr mit Praxis zu tun haben? Er äußert den Trivialitätsverdacht: "Die mühsame systemtheoretische Reformulierung alter ungelöster Probleme scheint oft wenig mehr gebracht zu haben als eine semantische Umformulierung" (155), um sogleich zu bemerken, diese dadurch entstehende Distanz könne aber an alte Erkenntnisse erinnern.
Für mich bleibt übrig, daß HUSCHKE-RHEIN ein schwer zu bewältigendes Gebirge aufbaut, es kreißen läßt und heraus kommt allenfalls ein altbekanntes, aufgeputztes Mäuschen. Mit einer neuen Pädagogik kann das alles nichts zu tun haben.

7.3. Systemsicht und ihre Methoden

Die Systemtheoretiker haben mit mehr Erfolg als die akademische und die Alltags-Psychologie darauf aufmerksam gemacht, daß Verhalten und Erleben nicht nur von den individuellen Dispositionen, sondern auch von dem Kontext, in dem Menschen handeln und erleben, abhängig ist. Sie haben erreicht, daß Störungen nicht mehr ausschließlich als Ausdruck eines lebensgeschichtlich determinierten persönlichen Problems verstanden werden, sondern daß sie ihre Ursache oder Aufrechterhaltung auch in aufeinander bezogenen Verhaltensstrukturen und Deutungsmustern der Familie haben können. Sie haben die Abkehr vom "medizinischen" zum "sozialwissenschaftlichen Krankheitsmodell" (BELSCHNER 1973) populär gemacht, was interaktionistischen Persönlichkeitspsychologen (z.B. MISCHEL 1968) und Verhaltenstherapeuten in dem Maße nicht gelungen ist.
Darüber hinaus sind die Ideen der Systemiker jedoch vage und unüberschaubar, "so daß eigentlich nur sehr selten zwei Personen von den gleichen Vorannahmen ausgehen, wenn sie über Systemtheorie

reden" (SIMON 1988b, 1). Es ist wenig gewonnen, wenn daraufhin argumentiert wird, es ginge ja gar nicht um eine Theorie, sondern um eine "Sichtweise" (WILDER 1979, 184), eine "Weltsicht" (SLUZKI 1983), eine "Bewegung" (HOFFMAN 1982, 15; LIDDLE 1984, 13), zu der man sich bekennt oder nicht. BRUNNER zieht die Konsequenz aus dieser Immunisierungsstrategie: "Die Berufung auf die Systemtheorie scheint gelegentlich den Charakter einer Zauberformel zu erhalten. Die Universalität systemtheoretischer Begrifflichkeit verführt zu der Meinung, ihre Benutzung befreie von einer elaborierten Theorienbildung" (1986, 64).

Dies gilt in noch höherem Maße für die Konstruktivisten. Wenn alles konstruiert ist und so oder so konstruiert sein darf, dann ist es völlig unsinnig, die eine Konstruktion mit der anderen zu vergleichen. Auch eine empirische Überprüfung von Theorien ist hinfällig, wenn jede Konstruktion Gültigkeit beanspruchen darf. Es bleiben die großen Entwürfe und eine vielleicht funktionierende intuitive Praxis, aber es fehlt dringend "der empirisch fundierte Mittelbau (Erklärungs-/Beschreibungs- und Handlungsmodelle)" (WELTER-ENDERLIN 1989, 140), die Brücke zwischen dem philosophischen Überbau und dem alltäglichen Handeln.

Der Praktiker[55] kann darauf nicht warten, sondern muß sich mit dem vorhandenen Wissensbestand begnügen. Ich denke, er kann eine komplexere Sichtweise, in der das Individuum in seinem Kontext betrachtet wird, einnehmen. Dabei wird er aber mehr brauchen als eine allgemeine Systemsicht oder ein Lippenbekenntnis zum Konstruktivismus. Ähnlich wie ein Wissenschaftler muß er sich über die Bedeutung und die Verwendung seiner Begriffe im klaren sein. Er muß vielfältige mehr oder weniger explizite Hypothesen über individuelle kognitive und affektive Prozesse, über zwischenmenschliche Beziehungen und erzieherische Einflußmöglichkeiten haben oder entwickeln, und er muß diese Hypothesen prüfen und revidieren können.

Dabei ist er weder reiner Systemiker, bei dem das Individuum zur black box verkümmert, noch reiner Konstruktivist, bei dem zwischenmenschliche Beeinflussungsprozesse kaum möglich sind. Die Beachtung des Individuums und des Systems sind für ihn keine unvereinbaren Gegensätze. So schließen sich die Fragen: "Warum produziert dieses System (Familie, Schulklasse, Kollegium) ein Mitglied, das sich so und so verhält?" und "Warum verhält sich dieses Individuum in dieser Situation auf diese oder jene Weise?" nicht gegenseitig

---

55 Ich beziehe mich ausdrücklich nicht auf Probleme der Forschung. Es wird dort zunehmend gefordert, Theorien und Hypothesen auf ein mittleres Abstraktionsniveau zu beschränken, um die Verbindung von Theorie, klinischer Praxis und Beobachtung zu vereinfachen (z.B. WYNNE 1988).

aus, sondern ergänzen sich. Wie komplex dieser Prozeß ist, wenn man bewußt handelt, soll vor allem am Beispiel der Familie gezeigt werden.

In der praktischen Arbeit mit Familien muß zunächst geklärt werden, was mit Familie gemeint ist, wie es etwa BRUNNER versucht: "Ein soziales System (wie z.B. die Familie) verstehe ich also als ein System, dessen Mitglieder derart in einer wechselseitigen Abhängigkeit zueinander stehen, daß das individuelle und kollektive Verhalten und Erleben mutuell simultan kontingent ist" (1986, 62). Diese formale Definition bedeutet beim therapeutischen Vorgehen, daß nur "diejenigen Mitglieder eines familiären Verbandes in die Therapie einbezogen werden, von denen man begründet annehmen kann, daß eine Veränderung ihres Verhaltens und Erlebens zu einer deutlichen Veränderung des identifizierten Problems führt" (REINECKER 1985, 291).

Als Pädagoge möchte man z.B. die Kommunikation und das Konfliktlöseverhalten in Familien ändern. Auch hier muß man sich zuerst fragen, welche Mitglieder der Familie am ehesten in der Lage sind, durch eine Änderung ihres Verhaltens auch das eines einzelnen oder aller anderen zu ändern. Oftmals wird man sich dann für das Elternpaar entscheiden und mit ihnen ein Training durchführen.[56] Arbeitet man in einem anderen Kontext, so gilt es ebenfalls zu entscheiden, welche Mitglieder eines vorweg abzugrenzenden Systems zu beachten sind, um ein bestimmtes Problem zu verstehen oder zu beheben. Die bloße Berufung auf vernetztes Denken und darauf, alles stünde mit allem in Beziehung, ist wenig sinnvoll und macht eher handlungsunfähig. Es muß vielmehr herausgearbeitet werden, wer oder was mehr oder weniger mit einem Problem zusammenhängt.

Es mag z.B. sein, daß schwerwiegende psychische Erkrankungen in einer Familie nur durch eine Drei-Generationen-Perspektive verständlich werden (SPERLING et al. 1982), so wie etwa BOWEN annimmt, "daß es dreier oder mehr Generationen bedürfe, damit Schizophrenie sich entwickelt" (1975, 254). Für weniger gravierende Probleme wie etwa Verhaltensauffälligkeiten und Erziehungsschwierigkeiten mag es genügen, die Eltern-Kind-Beziehung zu betrachten, wie es z.B. SIELAND in dem Bericht über eine Therapie darstellt (1982). Wenn ich bestimmte Vorgänge in meinem Institut verstehen möchte, werde ich mich auf die Mitglieder dieses Instituts beschränken und nicht noch deren Familien und sonstige Eingebundenheiten berücksichtigen. Denn erstens kann ich nur im Institut handeln und zweitens spielt sich

---

56 Einen Überblick über Eltern- und Familientraining gibt LEVANT (1983) und über präventive Familienarbeit JUSTEN-HORSTEN & MINSEL (1987). Die Zentralstelle für Psychologische Information und Dokumentation hat 1987 eine Bibliographie zur Elternberatung und Elterntraining zusammengestellt.

das Wesentliche zwischen den Mitgliedern ab; außerdem ist meine Denkkapazität begrenzt.[57]
Die Abgrenzung des zu betrachtenden Systems ist lediglich ein erster Schritt. Als nächstes ist es nützlich festzustellen, ob es für das jeweilige System Typologien oder Dimensionen gibt, die erkenntnisleitend sein können und das Aufstellen von Hypothesen ermöglichen (JORASCHKY & CIERPKA 1990, 45). Es gibt bisher und wahrscheinlich prinzipiell keine verbindlichen Typologien für die verschiedenen Systeme. Der Praktiker muß sich deshalb mit mehreren Modellen vertraut machen. Zwar können diese ihm keine Gewißheit geben, aber seine Wahrnehmung anregen und steuern. Auf jeden Fall nutzt der allgemeine Vorschlag WATZLAWICKS, Beziehungen zu beobachten, ebenso wenig wie die allgemeine Annahme, daß Familien ihre Wirklichkeit konstruieren.
Für Familien bietet sich etwa das Circumplex-Modell von OLSON et al. (1983) an, in dem Familien aufgrund der Dimensionen Kohäsion, Adaptabilität und Kommunikation eingeteilt werden. MINUCHINS Konzept der verstrickten und der losgelösten (disengaged) Familie (1977) ist ein relativ klares Modell mit einfach nachvollziehbaren Begriffen wie Grenzen, Subsysteme, Koalitionen. SIMON (1988a) hält folgende beziehungsdiagnostische Dimensionen bei gestörten Familien für wesentlich: bestätigender - disqualifizierender Kommunikationsstil, eindeutige - uneindeutige Beziehungsdefinition, schließende - öffnende interindividuelle Grenzen, Generations- und Außengrenzen, zentrifugale - zentripedale Kohäsion, heraufspielendes - herunterspielendes Konfliktverhalten, Orientierung am eigenen - fremden Ziel, komplementäre - symmetrische Beziehungsformen, abwertende - aufwertende Bewertung als Person, ausdrückender - unterdrückender Ausdruck von Emotion und verändernder - erhaltender Anpassungsmodus (1988a, 270).
In einem erzieherischen Kontext können relevante Dimensionen sein: Aufgabenerfüllung, Rollenverhalten, Kommunikation, Emotionalität, affektive Beziehungsaufnahme, Kontrolle, Werte und Normen (CIERPKA 1989, 210). Hier ist nicht der Ort zu untersuchen, wie sich diese Kategorien miteinander vertragen. Es genügt, darauf zu verweisen, daß es eine Fülle von Zugängen gibt, die heuristisch nützlich sein können. Diese Nützlichkeit stößt aber schnell an Grenzen. Der theoreti-

---

57 SIMON stellt eine vierköpfige Familie vor, deren Struktur relativ leicht zu durchschauen ist. Dennoch erkennt man an diesem Fall die ungeheuere Komplexität selbst dieser kleinen Gruppe (1988a, 205-255). Je größer die gewählte Einheit, umso eher wird man sich wahrscheinlich im System verirren und dadurch handlungsunfähig werden.

sche und empirische Status dieser Konstrukte[58] ist oft ungeklärt, d.h. es fehlen klare Operationalisierungen und deshalb auch eindeutige Beobachtungsanleitungen, und man weiß nicht genau, ob und welcher Zusammenhang zwischen Auffälligkeit in einer Familie und den mit den Begriffen gemeinten Verhaltens- und Erlebensweisen besteht.

Wenn man über solche Begriffe verfügt, muß man als nächstes entscheiden, auf welche Mechanismen innerhalb eines Systems zu achten ist. Mangels Operationalisierung ist dies oft schwierig und zunächst auch der Intuition überlassen. Wie erkenne ich etwa, ob die Grenzen zwischen familiären Subsystemen diffus, normal oder unangemessen starr sind? Was soll ich beobachten? Was soll ich erfragen? Wie soll ich beurteilen? Wenn die Familie miteinander interagiert, beobachtet man z.B.: Wer redet mit wem, wer unterbricht wen, wer sitzt neben wem, wer paßt auf wen auf, wer weist wen zurecht, wer verbündet sich mit wem gegen wen? Will man aktiv erkunden, fragt man z.B.: Wer läßt sich von wem überzeugen, wer tröstet wen, wer schimpft wen aus, wer übernimmt die Verantwortung, wer ist wem nahe?

Diese z.T. theoretisch begründeten, z.T. intuitiv erfaßten Beobachtungsdaten muß man nun zu einem Eindruck und zu einer Beurteilung zusammenfassen und an einer Vorstellung der normalen Familie bzw. an einer Idee, was für eine bestimmte Familie günstig wäre, messen. Auf jeden Fall, so meine ich, muß man sein Urteil explizit begründen können oder, wenn das noch nicht möglich ist, nach weiteren Daten suchen.

Neben beobachtungsleitenden Konstrukten ist es unabdingbar, Hypothesen über Zusammenhänge zu haben oder zu entwickeln. Einige seien hier beispielhaft aufgeführt: Jugendliche entwickeln problematische Verhaltensweisen, wenn ein Elternteil die Generationslinie überschreitet und mit dem Kind gegen den anderen Elternteil paktiert oder wenn sich ein Großelternteil mit einem Kind gegen die Eltern zusammentut (HALEY 1981, 108). Psychosomatische Familien zeichnen sich durch Verstrickung, Rigidität, Überprotektion und Mangel an Konfliktlösung aus (MINUCHIN, ROSMAN & BAKER 1978). In Familien mit einem schizophrenen Mitglied kann man häufig Pseudo-Gemeinschaft oder Pseudo-Feindschaft feststellen (SIMON & STIERLIN 1984, 143). Eine ganz und gar eindeutige, klar fokussierte Kommunikation wie auch eine ganz und gar uneindeutige müssen als pathologieträchtig angesehen werden (SIMON 1988a, 144). "Die Kombination einer sogenannten 'symbiotischen' engen Beziehung zwischen Mutter und Kind und einem eher randständigen 'schwachen' Vater ist bei allen möglichen Krankheitsbildern zu finden" (CIERPKA 1989, 226). Dieses und

---

58 Immerhin sind sie etwas weniger abstrakt als WATZLAWICKs Begriffe Homöostase, Doppelbindung, negative und positive Rückkopplung.

vieles mehr können Hypothesen sein, die jedoch im Einzelfall nicht zutreffen müssen. Für erzieherische Situationen ist es unabdingbar, auf den Erziehungsstil zu achten (SCHNEEWIND & HERRMANN 1980), und im Sinne der Lerntheorie darauf, ob Verhaltenserwartungen klar und Reaktionen auf Fehlverhalten systematisch sind.
Die Schwierigkeiten hören an dieser Stelle nicht auf. Selbst wenn man sich ein einigermaßenes Bild von der Familie machen kann, wie soll man verändernd eingreifen. Auch hier helfen großartige Begriffe wie Koevolution, Zirkularität und Autopoiesis nicht. Man braucht praktikable Methoden und muß sich für solche entscheiden, die man selbst anwenden kann, die der Familie helfen (auf jeden Fall nicht schaden) und die dem Problem angemessen sind.
Es ist unmöglich, hier diagnostisches, erzieherisches und therapeutisches Verhalten ganz allgemein abzuhandeln. Ich beschränke mich deshalb auf den pädagogischen Bereich und frage, ob Haltungen und Methoden aus systemischer oder konstruktivistischer Sicht dort zu gebrauchen oder ob nicht die traditionellere Verfahren vorzuziehen sind.
Die Praxis der sich derart verstehenden Familientherapie ist vermutlich am meisten durch die Konzepte "Hypothetisieren, Neutralität, zirkuläres Fragen und positives Umdeuten" (CECCHIN 1988; PENN 1983; SELVINI PALAZZOLI et al. 1981; TOMM 1985, 1988a, 1988b, 1989) beeinflußt worden.
Daß man Hypothesen über die einzelnen Menschen und Systeme, mit denen man es zu tun hat, braucht, habe ich schon erwähnt. In der konkreten pädagogischen Arbeit wird man aber kaum die großen umfassenden Hypothesen aufstellen, die ein System scheinbar abschließend beschreiben. Es wird nicht darum gehen, "die grundlegende Regel" zu finden, deren Veränderung die pathologischen Verhaltensweisen rasch zum Verschwinden bringen kann" (SELVINI PALAZZOLI et al. 1978, 13f). Es wird nicht um raffinierte Interventionen gehen, sondern vielmehr um kleinste Schritte. Als Pädagoge muß man sich über solche Hypothesen Rechenschaft abgeben, die mit den eigenen begrenzten Beeinflussungs- bzw. Veränderungsmöglichkeiten zu tun haben.[59] Man muß sich der Vorbedingungen und Konsequenzen seiner Handlungen bewußt sein, sie zumindest im nachhinein reflektieren können (GÖTZ-MARCHAND 1976).
Wenn man etwa eine Auseinandersetzung zwischen einem Ehepaar mitbekommt, muß man sich fragen: Soll ich jetzt etwas sagen oder tun? Wenn ja, was? Mit welchem Ziel? Mit welchem Inhalt? Mit wel-

59 So argumentiert auch TOMM innerhalb eines familientherapeutischen Settings: "Der Therapeut nimmt an, daß alles, was er sagt, für das endgültige Therapieergebnis bedeutsam ist ... Auch das Unterlassen von bestimmten Aktivitäten ist nicht bedeutungslos" (1988a, 147).

chen Mitteln? Was ist die Folge? Wenn man als Familienhelfer in eine Familie kommt, wird man sich zunächst Gedanken machen, wie man Anschluß an die mißtrauische und verbitterte Familie findet. Man wird sich fragen: Wenn ich - wie es in der Literatur empfohlen wird (z.B. HECKER 1986, 169f) - den Einstieg über praktische Hilfe versuchen will, welche könnte das sein? Welches Angebot meinerseits entlastet die Familie, ohne sie zugleich durch unerwünschte Nebeneffekte - der Familie wird z.B. Unfähigkeit signalisiert - zu belasten? Im Verlauf der Arbeit mit der Familie wird man sich weiter fragen: Wann ist der Zeitpunkt gekommen, der Familie neue Verhaltensweisen, z.B. im Umgang mit den Kindern, beizubringen? Schließlich muß man eventuell entscheiden, ob man die Familie konfrontieren muß, um sie zu aktiven Veränderungen zu bewegen. Dieser Prozeß der Hypothesenbildung und -prüfung wird die ganze Arbeit begleiten.

Ähnliche Überlegungen wird man mehr oder weniger bewußt anstellen, wenn man als Lehrer eine neue Schulklasse übernimmt oder als Freizeitpädagoge eine Reise mit älteren Menschen antritt. Ich plädiere für größtmögliche Bewußtheit der eigenen Annahmen und Handlungen. Es geht darum, implizite Theorien explizit zu machen und - wenn nötig - zu ändern, wie es in der kooperativen Verhaltensmodifikation (REDLICH & SCHLEY 1978) und generell in dem Forschungsbereich der subjektiven Theorien (SCHLEE & WAHL 1987) geschieht.

Unter Neutralität ist ursprünglich verstanden worden, daß das Verhalten des Therapeuten so wirken soll, daß die Familie nicht weiß, für wen er eventuell Partei ergreift oder welche Meinung er hat (SELVINI PALAZZOLI 1981, 137). CECCHIN bedauert, daß dies als die "Kultivierung einer Position des Unbeteiligt-Seins angesehen wurde", und schlägt vor, "Neutralität als das Kreieren eines Zustands von Neugier auf seiten des Therapeuten" (198, 190f) zu beschreiben. Obwohl ich mich ungern über Begriffe streite, scheint mir der Begriff "Allparteilichkeit", d.h. der mitgedachten Akzeptanz und des Schutzes aller Familienmitglieder, günstiger zu sein als der eher technisch anmutende der "Neutralität".

TOMM differenziert "bestätigende Neutralität" und "strategische Neutralität". Bei der ersten bemüht sich der Therapeut, "Individuen als Persönlichkeiten zu achten und sie als Mitmenschen zu akzeptieren unabhängig davon, was sie tun mögen" (1988a, 154). Die zweite wird als strategische Technik eingesetzt, um z.B. durch eine bestimmte Frage oder Aufgabe eine Veränderung zu bewirken. "Während die neutrale Haltung darauf beruht, daß man akzeptiert, 'was ist', orientiert man sich beim strategischen Vorgehen an dem, 'was sein soll'" (154). D.h., einerseits muß man die bisherigen Versuche jedes einzelnen Mitglieds der Familie, ihr Leben zu meistern, positiv sehen, und andererseits die Möglichkeit zur Veränderung anerkennen und fördern.

Auch Pädagogen werden diese beiden Seiten abwägen müssen. Es besteht wohl kein Zweifel daran, daß Veränderung nur in einem Kontext der Akzeptanz und des Vertrauens möglich ist. Es ist jedoch nicht so, daß eine akzeptierende und warme Beziehung automatisch zu konstruktiven Veränderungen führte.[60] Der Pädagoge ist für die Weiterentwicklung seiner Klienten mitverantwortlich und wird mehr tun müssen. Er wird z.B. ermutigen und bekräftigen, anregen und vormachen, informieren, erklären und Zusammenhänge bewußt machen. Er wird dabei nicht umhin können zu bewerten und zu beeinflussen. Zusammengenommen nutzt ihm also die Übernahme des Konzepts "Neutralität" kaum. Dem Pädagogen dürfte wesentlich mehr gedient sein, sich mit der Bedeutung des empathischen Verstehens auch in pädagogischen Situationen (ROGERS 1973, 277ff) vertraut zu machen, aber auch zu lernen, wann direktivere Methoden angemessen sind. Soweit ich die Literatur übersehe, gibt es keine konkreten Hinweise, wie sich das eine mit dem anderen verträgt, wie sich die eine Vorgehensweise durch die andere ablösen oder ergänzen läßt, wann insbesondere der Zeitpunkt für das aktive Fördern von Veränderung gekommen ist, und sei es durch - manchmal schmerzliche - Konfrontation.

Die Methode des zirkulären Fragens gilt bei Konstruktivisten gegenwärtig als bestes Verfahren, um die innere logische Organisation individueller und familiärer Systeme zu rekonstruieren (SIMON 1988a, 188). Sie soll dazu anregen, in Begriffen von Verhältnissen, d.h. Unterschieden zu denken (SELVINI PALAZZOLI et al. 1981, 131). Die ursprüngliche Idee war es, eine Person über die Beziehung von zwei anderen zueinander zu fragen ("Erzähle uns, wie du das Verhältnis zwischen deiner Mutter und deiner Schwester siehst."): Klatsch in Anwesenheit der Betroffenen, wie CECCHIN griffig formuliert.[61]

Es gibt verschiedene Versuche, zirkuläre Fragen zu systematisieren. Zunächst kann man die Inhalte der Fragen unterscheiden. Es soll nach spezifischem Verhalten unter spezifischen Umständen ("Wenn Lorenzo zu toben beginnt und deine Mutter pufft, was macht dann dein Vater?"), nach Verhaltensunterschieden ("Wer mischt sich mehr ein, deine Großmutter oder dein Großvater?"), nach Einstufungen eines spezifischen Verhaltens ("Ordne einmal die verschiedenen Mitglieder deiner Familie nach ihrer Tendenz, am Sonntag zu Hause zu bleiben, ein."), nach Veränderungen vor und nach bestimmten Ereignissen

---

60 Diese Annahme entspricht der nicht haltbaren These ROGERS, daß die sogenannten Basisvariablen "Empathie, Echtheit und Wertschätzung" hinreichende und notwendige Bedingungen erfolgreicher klientenzentrierter Gesprächspsychotherapie seien (MINSEL & BENTE 1982, 31f).

61 So auf verschiedenen Kongressen.

("Haben Deine Mutter und dein Bruder mehr gestritten, bevor dein Vater krank wurde oder nachher?") und nach Unterschieden in bezug auf hypothetische Ereignisse ("Wenn eines von euch Kindern zuhause bleiben würde ohne zu heiraten, wer wäre da wohl am besten für euren Vater?") gefragt werden. Es wird angenommen, daß mit diesen Fragen der Therapeut hypothesengeleitet und systematisch Informationen über die Familie gewinnen kann, aber auch der Familie sehr viel Neues bekannt wird und schließlich der Widerstand der Familie umgangen wird (SELVINI PALAZZOLI et al. 1981, 132). In späteren Publikationen wird der Aspekt betont, daß zirkuläres Fragen als solches die Familie verändert - ohne zusätzliche Interventionen wie z.B. die ursprünglich präferierten therapeutischen Paradoxa, mit denen eine therapeutische Sitzung dramatisch beendet wurde (SELVINI PALAZZOLI et al. 1977, 1978).
TOMM unterscheidet in diesem Zusammenhang eher technisch zwischen verschiedenen Arten von Fragen: den linealen, zirkulären, strategischen und reflexiven (1988b). Lineale Fragen sind untersuchend ("Wer tat was wo wann und warum?") und verändern kaum. Mit zirkulären Fragen werden die Auswirkungen und Unterschiede von Verhalten geklärt ("Wenn Peter tobt, was tut dann die Mutter, und wie reagiert der Vater?"). Sie sollen befreiende Wirkung haben, weil sich die Mitglieder einer Familie der Zirkularität ihrer Interaktionsmuster bewußt werden. Die reflexiven Fragen sind veränderungsorientiert (TOMM 1990). Sie sollen den Familien ermöglichen, neue Deutungen, neue Wertsysteme und neue Verhaltensweisen zu generieren. Mit ihnen wird z.B. nach der Zukunft gefragt ("Wie wird sich Ihrer Meinung nach das Vater-Tochter Verhältnis entwickeln, wenn Ihr Mann seine Enttäuschung weiterhin so deutlich zeigt?"), werden Suggestionen eingebettet ("Nehmen wir mal an, Ihre Frau wäre bereit, Ihnen zu vergeben. Inwieweit könnten Sie sich dann selbst verzeihen?") und Hypothesen eingeleitet ("Wenn Sie Peters Aggressivität als Ängstlichkeit ansehen würden, würden Sie sich anders verhalten?") (TOMM 1988b). Strategische Fragen sind korrektiv und einschränkend ("Wann übernehmen Sie die Verantwortung für Ihr Leben und fangen an, sich eine Stelle zu suchen?"). Sie können "sehr nachdrücklich dazu benutzt werden, problematische Gedanken und Verhaltensmuster in Frage zu stellen (1990, 37).
Schließlich skizziert STIERLIN (1988) deutlicher die Zielsetzungen. Zirkuläre Fragen sollen dazu dienen, die Wahrnehmungsmuster der Klienten kennenzulernen und zu relativieren. "Sie zielen darauf ab, jetzige und frühere Beziehungsmuster (Koalitionen etc.)" (63) und Beziehungsunterschiede zu verdeutlichen (64). Sie "suchen zu klären, durch welche Ereignisse Beziehungsveränderungen ausgelöst wurden". Mit ihnen soll ermöglicht werden, zugeschriebene Eigenschaf-

ten nicht als unveränderbar, sondern als Reaktion auf zwischenmenschliche Beziehungen zu verstehen. "Sie suchen den Mythos zu untergraben, die Symptome träten unwillkürlich ohne das Dazutun des Symtomträgers auf". Sie "lenken die Aufmerksamkeit auf das Positive, die Ressourcen, die Entwicklungsmöglichkeiten", und sie "führen hypothetisch neue Wahlmöglichkeiten ein und erzeugen positive Erwartungen bezüglich der Zukunft" (64).
Es ist umstritten, ob dieses Verfahren in jeder therapeutischen Situation indiziert ist und ob familiäre Veränderungen nicht auch auf eine andere Art geschehen können. REICH etwa meint, daß zirkuläres Fragen und positives Umdeuten erst dann angemessen ist, wenn eine direkte Deutung nicht möglich ist, d.h., von der Familie nicht akzeptiert werden kann (1990, 120f).
Anzumerken ist vor allem, daß blindes Befragen dieser Art Gefahren in sich birgt. TOMM (1990, 23f) nennt einige: Man kann sich hinter einer unaufhörlichen Anzahl von Fragen verstecken und sich damit die anderen vom Leibe halten. Eine längere Abfolge von Fragen kann "schnell inquisitorische Züge erhalten oder auch als Bestrafung empfunden werden". Man kann unversehens in Bereiche abrutschen, die mit den momentanen Belangen und Bedürfnissen der Familie nichts mehr zu tun haben (36). Gerade unsichere und ängstliche Anfänger, so ist meine Erfahrung in Ausbildungsseminaren, fragen relativ blind drauflos und vergessen dabei oft, daß es um - auch einfühlendes - Verstehen geht, um das Aufstellen und Überprüfen von Hypothesen und daß Pausen, Nachdenken und Nachfragen dann nichts Schädliches sind, wenn der einzelne Klient oder die Familie das ernsthafte Bemühen des Beraters spürt. Ich fürchte, diese Methode, zu früh gelernt, verhindert gerade die wichtigere Haltung und das Interesse, den anderen zu verstehen, sein Dilemma nachvollziehen zu können.
Insgesamt bringt das zirkuläre Fragen den Befragten - ob gewollt oder nicht - leicht in eine abhängige Rolle: Der Therapeut fragt, die Klienten haben zu antworten. Die Patienten haben sich den Spielregeln des Therapeuten zu fügen. Sie werden kaum in der Lage sein, das zirkuläre Fragen zu untersagen.
Für pädagogisches Arbeiten halte ich diese Interviewmethode - mit wenigen Ausnahmen - für kaum geeignet. Wenn Menschen sich in eine Therapie begeben, wissen sie in der Regel nicht genau, was auf sie zukommt. Sie wissen oft nur, daß sie sich in eine fremde, ungewöhnliche Situation begeben, in der andere Interaktionsformen herrschen als in alltäglichen Kontakten. Sie unterstellen dem Therapeuten die Kompetenz zu wissen, welche Art der Interaktion in der Therapie am besten ist. Also werden sie die Methode der zirkulären Befragung mitmachen, auch wenn sie nicht jede Frage beantworten.

Im Unterschied dazu erwarten Menschen in erzieherischen Kontexten, daß mit ihnen geredet wird wie im Alltag sonst auch, daß sie nicht erst eine neue Form der Kommunikation lernen (oder ertragen) müssen und daß sie mehr beteiligt werden als nur durch Antworten auf eine Fragenkette, die ihnen ungewöhnlich erscheinen muß. Sie erwarten ein Gespräch mit Rede und Gegenrede, Fragen und Antworten auf beiden Seiten, Verstehen und Verstandenwerden. Es ist für mich z.B. unvorstellbar, daß jemand bei einer familienhelfenden Tätigkeit unversehens in zirkuläres Fragen verfallen würde. Die Familie wüßte wahrscheinlich gar nicht, was ihr geschieht, und würde wohl eher meinen, nun sei ihr Helfer übergeschnappt. Ich kann mir nur vorstellen, daß einerseits bei einem auf beiden Seiten wohldefinierten und eingegrenzten Problem mit Zustimmung des Klienten diese Fragemethode angewandt wird ("Wären Sie einverstanden, daß wir das Problem, daß Peter nicht in die Schule gehen will, mal mit einigen Fragen von verschiedenen Seiten ansehen?"). Andererseits können vereinzelte Fragen dieser Art nützlich sein, wenn z.B. eine Verhaltensänderung möglich scheint, aber für den anderen bislang nicht durchdacht ist und deshalb unterbleibt ("Wenn Sie mehr Zeit für sich hätten, was würden Sie gern tun? Wenn Sie sich mehr Zeit für sich nehmen würden, wie würde Ihr Mann reagieren?").

Allerdings kann sich der Familienhelfer oder irgendein anderer Pädagoge die Methode als Denkweise zu eigen machen, und zwar für die eigene Person als Mitglied in einem System ("Was würde passieren, wenn ich jetzt nicht eingreife? Wenn sich die Familie nicht ändert, was tue ich dann?") und als hypothesen-generierendes Verfahren ("Wenn der Mann nicht aufhört zu trinken, was wird die Frau tun, wie wird es den Kindern ergehen? Wenn die Frau mehr Zeit für sich in Anspruch nimmt, wie wird der Mann reagieren?"). Jedoch selbst in dieser Version befreit zirkuläres Denken nicht davon, Kenntnisse zu haben, z.B. über Strukturen der Familien (mit Drogenmißbrauch: STANTON & TODD 1982; Magersucht:[62] MINUCHIN, ROSMAN, BAKER 1978; SELVINI PALAZZOLI 1984) und über relativ allgemeingültige Prozesse wie etwa die (gelegentlich) fatalen Auswirkungen des intermittierenden Verstärkens, mit dem Verhalten stabilisiert wird.

Für viele Lebensbereiche nützlich ist wahrscheinlich das Konzept des positiven Konnotierens und des Umdeutens, wenn es dazu dient, Verstehen und Akzeptanz zu fördern. Mit dem Konzept der positiven

---

62 Als ich z.B. zum ersten mal mit einem jungen magersüchtigen Mädchen zu tun hatte, half mir vor allem, erst einmal kennen zu lernen, was bisher über Familien mit diesem Krankheitsbild herausgefunden worden war. Weitere Literatur siehe findet man in der Bibliographie der Zentralstelle für Psychologische Information und Dokumentation an der Universität Trier 1985.

Konnotation verbindet sich für mich einerseits eine Haltung und andererseits eine Umdenkmethode. Wenn man davon ausgeht, daß jede Verhaltensweise einen Sinn hat, dann ermöglicht diese Überzeugung, auch noch in allzu bizarrem oder merkwürdigem Verhalten einen Sinn zu suchen. In dieser Hinsicht ähnelt dieses Konzept der Haltung der "bedingungslosen positiven Zuwendung bzw. Akzeptierung" bei ROGERS (u.a. 1973, 277). Aber das Konzept lenkt darüber hinaus die Aufmerksamkeit auf unterschiedliche Deutungen und mögliche Umdeutungen. Es erlaubt Verhaltensweisen, die als unpassend, verrückt oder unverständlich erscheinen, in einem anderen als dem üblichen Kontext zu sehen, ihnen einen Sinn zuzuweisen, der "den 'Tatsachen' der Situation ebenso gut oder sogar besser gerecht wird, und damit ihre Gesamtbedeutung ändert" (WATZLAWICK, WEAKLAND & FISCH 1974, 118). Es scheint so, daß diese Umdeutung nicht nur entlastet, sondern oft Veränderung überhaupt erst ermöglicht.

Schon im Alltag bedienen wir uns manchmal dieser Methode, wenn wir eine Eigenschaft umbenennen, wenn z.B. die vermeintliche Arroganz eines anderen als Unsicherheit neu erkannt wird. WEEKS & L'ABATE zeigen, wie bestimmte Verhaltensweisen eine andere Bedeutung gewinnen, wenn man sie anders bezeichnet: "kontrollieren wollen" wird zu "Struktur und Überblick in seine Umwelt bringen wollen" oder "gefühllos sein" zu "sich vor Verletzungen schützen wollen" (1985, 87). Mir scheint, das ist eine gute Übung für positives Konnotieren, aber auch für empathisches Verstehen im Sinne ROGERS.

Kann man jedoch als Pädagoge außer einer anderen Sichtweise auch etwas für das konkrete Handeln aus den systemischen Interventionen lernen oder gebrauchen? Ich fürchte kaum, weil sich auch an dieser Stelle zeigt, daß therapeutische Interventionen etwas anderes sind als pädagogisches oder auch beraterisches Handeln. Dies läßt sich an der Indikation bzw. Nicht-Indikation für paradoxe Interventionen deutlich machen.

PAPP (1983, 29ff) unterscheidet zwischen Interventionen, die auf Einwilligung beruhen (compliance Based), und solchen, die den Widerstand nutzen (defiance Based). Nur wenn ein Symptom als geheime Waffe in einem versteckten Kampf genutzt wird - wenn z.B. nur durch gegenseitiges Besiegen der Zusammenhalt gewährleistet ist (L'ABATE 1985, 123) - oder wenn es Teil eines sich wiederholenden Interaktionszirkels ist, wenn also gravierende Dysfunktionalität vorliegt, sollen paradoxe Methoden eingesetzt werden.

Ist das Problem jedoch Ausdruck einer akuten Krise, so ist direkte Beratung angezeigt. Diese auf Mitarbeit beruhenden Hilfen sind: Ratschläge, Erklärungen, Vorschläge, Interpretationen oder bestimmte Hausaufgaben. Sie sollen wörtlich genommen werden und die Familienregeln und -rollen direkt ändern (PAPP 1983, 32). Gemeint sind

Vorgehensweisen wie: den Eltern beizubringen, wie sie die Kinder kontrollieren können, Aufgaben unter den Familienmitgliedern neu zu verteilen, Privatheit zu regulieren, Altersprioritäten zu setzen, fehlende Information zu vermitteln, offene Kommunikation zu fördern, persönliche Rückmeldung zu geben und die Familieninteraktion direkt zu kommentieren. Beispiele für solche eher psychoedukativen Interventionen sind, wenn die Therapeuten eine Mutter anweisen, konsequent für den Schulbesuch eines Kindes zu sorgen oder die Wutausbrüche eines Kindes nicht zu dulden.

Defiance based (paradoxe) Interventionen dagegen verlangen positives Umdeuten, das zu einer Verschreibung führt, die rituell wiederholt wird und systemisch mit dem Rest der Familie verbunden ist (L'ABATE 1985, 125). Anders als bei den direkten Interventionen, die darauf beruhen, daß die Familie den Anweisungen folgt, wird hier darauf gesetzt, daß sich die Familie wehrt. Wie dies auf höchst phantasievolle und komplexe Art geschieht, zeigt folgender Fall (PAPP 1983, 34). An ihm soll auch verdeutlicht werden, wie ungemein schwierig eine passende Intervention dieser Art ist und wie wenig sie sich für den pädagogischen Alltag eignet.

Bei einer Familie, deren präsentiertes Problem das delinquente Verhalten des adoleszenten Sohnes war, fiel das Symptom damit zusammen, daß der Vater eine neue Stelle angenommen hatte und für lange Zeitspannen nicht zuhause war. Etwa zur selben Zeit hatten die älteren Kinder das Haus verlassen. Die Mutter und der Sohn waren also oft allein, und es entwickelte sich eine ungewöhnlich nahe Beziehung zwischen den beiden. Die Mutter, die sich auf die Zeit mit ihrem Mann ohne Kinder gefreut hatte, war zutiefst enttäuscht und wandte sich an ihren Sohn, um getröstet zu werden. Sie glaubte, daß eine gute Ehefrau sich niemals bei ihrem Mann beklage, und sie war stolz darauf, die Probleme der Kinder immer von ihm ferngehalten zu haben. Der Sohn reagierte sehr sensibel auf die Not der Mutter und versuchte, ihr nahe zu bleiben. Immer wenn es ihm zu viel wurde, begann er mit delinquenten Handlungen. Die Mutter versuchte dann, mit ihrem Sohn und seinen Problemen fertig zu werden, bis sie eskalierten und der Mann zuhilfe kommen mußte. Dies geschah in regelmäßigen Zyklen.

Der Therapeut erklärte der Familie, daß es zum augenblicklichen Zeitpunkt notwendig sei, daß der Sohn mit seinem Verhalten weitermache, weil er damit den Vater zur Mutter nach Hause holen könne. Die Mutter könne dies nicht selber zu tun, denn das würde sie als Verrat an ihrer Rolle der guten Ehefrau empfinden. Der Vater könne von sich aus nicht nach Hause kommen, denn er besitze nicht dasselbe emotionale Gespür für seine Frau wie der Junge und könne also nicht merken, wie einsam sie war. Da die Eltern nicht in der Lage seien, ihr Eheproblem zu lösen, sei es für den Jungen notwendig, dies weiterhin

durch sein delinquentes Verhalten zu tun. Auf diese Intervention reagiert die Familie mit Protest.
Wenn man dieses Beispiel[63] analysiert, kann man verdeutlichen, daß die direkten Interventionen in den Aufgabenbereich des Pädagogen fallen können, die paradoxen aber in ein therapeutisches Setting gehören. Paradoxe Interventionen - so L'ABATE - "müssen vier sequentiellen Schritten folgen (a) positive Umdeutung; (b) Verschreibung; (c) ritualisierte Ausführung und (d) systematische Verknüpfung" (1985, 125).
Positive Umdeutung heißt nicht einfach, daß man sagt, dieses Verhalten sei gut für die Familie. Damit würde man nur auf Unverständnis stoßen und an Glaubwürdigkeit verlieren. Eine akzeptable Umdeutung verlangt, daß die vorhandenen Verhaltensweisen aller Familienmitglieder in eine neue passende Struktur eingefügt werden, die die Familie als adäquat ansieht (BOGDAN 1987, 30; HILDENBRAND 1990; REICH 1990, 121) und die jede Attribution von Fehlern vermeidet (HOFFMAN 1985, 392). Der Familie muß glaubhaft gemacht werden, daß ihr strukturiertes Zusammenspiel in irgendeinem Sinn nützlich für die Familie ist. Der Zugang zur positiven Umdeutung geschieht in der Regel dadurch, daß man fragt, wie alle beobachtbaren Verhaltensweisen dem gemeinsamen Zweck dienen könnten, "die Kohäsion und Einheit der Familiengruppe zu erhalten" SELVINI PALAZZOLI et al. 1978, 59). Es handelt sich also meist um "Loyalitätsinduktionen" (L'ABATE 1985, 120). Nur wenn diese positive Verknüpfung gelingt, ist die Verschreibung und eventuell die ritualisierte Ausführung für die Familie glaubwürdig. Es handelt sich dann keinesfalls um einen Trick, wie HUSCHKE-RHEIN (1989, 44) fälschlich verallgemeinert meint. Die Intervention muß so formuliert werden, daß der Wunsch nach Veränderung stärker wird als die bisherige Annahme, es könne sich nichts ändern. Im obigen Beispiel bedeutet das, daß die Familie zu der Entscheidung kommt, sie wolle den Jungen nicht weiter dazu gebrauchen, die Familie zusammenzuhalten, indem sie ihn dafür opfere und tatsächlich alle leiden.
Wieweit dabei Einsicht eine Rolle spielt, ist umstritten. WATZLAWICK wehrt sich vehement dagegen (1988, 28, 55). WEEKS & L'ABATE beobachten alle möglichen Reaktionen von "Gleichgültigkeit bis hin zu Humor, Verblüffung, Schock, Verwirrung, Ärger, Verleugnung und Verletztheit; am häufigsten jedoch Humor und Verwirrung, jedoch nie den Abbruch der Therapie" (1985, 181). GRUNEBAUM & CHASIN plä-

---

63 Zur weiteren Differenzierung, verbunden mit einer Vielzahl von Fällen, siehe WEEKS 1985 und WEEKS & L'ABATE 1985. Eher additiv finden sich paradoxe Methoden und Beispiele in WATZLAWICK, WEAKLAND & FISCH 1974 und SELVINI PALAZZOLI et al. 1978.

dieren dafür, in voller Offenheit die Familie zu fragen: "Wenn wir die Dinge nun einmal so statt so anschauen, was würde sich dadurch ändern?" (1980, 115), und dabei auf ihr Verstehen und ihre Einsicht zu setzen.

Deutlich geworden ist - so hoffe ich -, daß eine derartige Intervention eine große Fähigkeit verlangt, familiäre Verhaltensweisen, Einstellungen, Erfahrungen und Ereignisse so miteinander zu verbinden, daß eine für die Familie glaubhafte neue Deutung entsteht, in der es nicht mehr um Schuld, sondern um Loyalität geht und die zugleich den Wunsch nach Veränderung provoziert. Ich vermute, daß dies nur gelingt, wenn der Therapeut eine eindeutige Autorität darstellt, die Therapiesitzungen als nicht alltäglich empfunden werden und relativ sparsamer Kontakt zwischen der Familie und dem Therapeuten herrscht.

Zugleich muß man wissen, daß es auch andere Situationen gibt, in denen es gerade umgekehrt hilfreich ist, eine Verhaltensweise als krank zu bezeichnen (GRUNEBAUM & CHASIN 1980, 113, 117), wie es etwa die neuere Forschung zum Umgang mit schizophren erkrankten Menschen nahelegt, bei der die Anerkennung der Krankheit und das Erlernen des Umgangs mit ihr die wesentliche Entlastung ist.

In pädagogischen Situationen sind diese Bedingungen nur zum Teil gegeben. Es ist für mich nur begrenzt vorstellbar, man könnte mit diesem Instrumentarium außerhalb therapeutischer Kontrakte arbeiten, etwa mit dem Einsatz paradoxer Appelle. SCHULZ VON THUN empfiehlt sie als Notlösung, wenn Kinder oder Jugendliche mit unerwünschten Handlungen Unabhängigkeit und Unbeeinflußbarkeit beweisen wollen. Fordert man sie auf, das Verhalten auf Wunsch des Erziehers zu zeigen, stehen sie vor der Wahl, es weiter zu tun - nun aber als Ausdruck von Gehorsam - oder es zu lassen, weil es als verordnete Handlung keinen Sinn mehr macht. So kann man etwa einer lärmenden Klasse auftragen, sehr starken Lärm zu machen (1981, 244). Es ist bei diesem Vorgehen aber sehr genau zu überlegen, welche Verhaltensweisen man verschreiben darf.

Als Fazit bleibt, daß man als Nicht-Therapeut zwar auch nach einer positiven Deutung des Geschehens suchen kann, sich aber direkter Interventionen bedienen muß. Diesen Überlegungen entspricht, wie ein Überblick über die Literatur zeigt, daß paradoxe Methoden eher bei schweren psychischen Erkrankungen wie Magersucht, Bulimia und Schizophrenie angewandt werden. Direkte Methoden werden dagegen bevorzugt, wenn es in irgendeiner Form um Um- und Neulernen geht, etwa wenn ein Verhaltensdefizit behoben oder ein Verhaltensüberschuß vermindert werden soll.

Dazu bieten sich aber neben den Verfahren, wie sie PAPP (1983) genannt hat, Vorstellungen an, die der humanistischen Psychologie entstammen (GORDON 1974, 1977; WEINBERGER 1988). In schwierigeren

Situationen bleiben weiterhin die Möglichkeiten, die in der Verhaltenstherapie bzw. -modifikation (u.a. REINECKER 1987; ROSS & PETERMANN 1987; SCHWARZER 1983), der Kooperativen Verhaltensmodifikation (REDLICH & SCHLEY 1978) und im schulischen Kontext (WAHL, WEINERT & HUBER 1984) angewandt werden. Diese basieren auf systematisch untersuchten und empirisch bestätigten Verfahren, die vor allem für die Beteiligten, also auch die zu Erziehenden transparent sein müssen, so sich alle auf sie einigen können.

Wenn man sich dagegen einen einfachen Überblick darüber verschaffen will, was wir aus sozialpsychologischer Sicht inzwischen über Kommunikation und zwischenmenschliche Beziehungen wissen, so cheinen mir persönlich KNAPP (1984), DUCK (1986) und FORGAS (1987) ordentliche und handfeste Alternativen.

Ich bin davon überzeugt, daß für die pädagogische Praxis mehr gewonnen ist, wenn eine systemische Sicht, in der Zusammenhänge unterstellt werden, durch eine doppelte Ergänzung abgerundet wird: Das ist zum einen der verhaltenstherapeutische Zugang, bei dem die Wechselbeziehungen zwischen sich stabilisierenden Verhaltensweisen im Mittelpunkt stehen, und das sind zum anderen Aspekte der humanistischen Psychologie, die eine Haltung des Respekts vor dem Menschen vermitteln und Vertrauen auf sein Potential wecken.

8. Literaturverzeichnis

ABELES, GINA. 1976. Researching the Unresearchable: Experimentation on the Double Bind. In CARLOS E. SLUZKI & DONALD C. RANSOM (Eds.). Double Bind: Foundation of the Communicational Approach to the Family. New York, London, San Francisco: Grune & Stratton, 113-149.

AHLERS, CORINA & GAM, ELISABETH. 1989. Systemtherapie: Das Land mit den vielen Möglichkeiten oder: ein Land ohne Zukunft? Zeitschrift für Systemische Therapie 7, 33-40.

ALBERT, HANS. 1968. Traktat über kritische Vernunft. Tübingen: J.C.B. Mohr.

ANDERSON, CAROL M., REISS, DOUGLAS J. & HOGARTY, GERARD E. 1986. Schizophrenia and the Family. A Practitioner's Guide to Psychoeducation and Management. New York: Guilford.

ARGYLE, MICHAEL. 1979. Körpersprache und Kommunikation. Paderborn: Junfermann.

ARGYLE, MICHAEL & HENDERSON, MONIKA. 1986. Die Anatomie menschlicher Beziehungen. Paderborn: Junfermann.

ASCH, SOLOMON E. 1946. Forming Impressions of Personality. Journal of Abnormal and Social Psychology 41, 258-290.

ASCH, SOLOMON E. 1951. Effects of Group Pressure upon the Modification and Distortion of Judgements. In: Guetzkoew (Ed.). Groups, Leadership and Men. Pittsburg: Carnegie Press, 177-190. (1969. Änderung und Verzerrung von Urteilen durch Gruppen-Druck. In: MARTIN IRLE (Ed.). Texte aus der experimentellen Sozialpsychologie. Neuwied: Luchterhand, 57-73.)

ASCH, SOLOMON E. 1956. Studies of Independence and Submission to Group Pressures. Psychological Monographs 70, Nr. 9 (Whole Nr. 416).

AUERSWALD, E.H. 1965. Epistemological Confusion in Family Therapy and Research. Family Process 26, 317-330.

AUSTIN, JOHN L. 1972. Zur Theorie der Sprechakte. Stuttgart: Reclam. (1962. How to do Things with Words. London: Oxford University Press.)

AYER, A.J. o.J. Language, Truth and Logic. Dover: New York.

BANDLER, RICHARD & GRINDER, JOHN. 1976. The Structure of Magic I: A Book about Language and Therapy. Palo Alto: Science & Behavior Books.

BATESON, GREGORY et al. 1974. Auf dem Wege zu einer Schizophrenie-Theorie. In: Gregory Bateson et al. (Eds.). Schizophrenie und Familie. Frankfurt: Suhrkamp, 11-43. (1956. Towards a Theory of Schizophrenia. Behavioral Science 1, 251-246.)

BATESON, GREGORY. 1981. Ökologie des Geistes. Frankfurt: Suhrkamp.

BAVELAS, JANET B. 1983. Situations that Lead to Disqualification. Human Communication Research 9, 130-145.

BAVELAS, JANET B. 1985. A Situational Theory of Disqualification: Using Language to "Leave the Field". In JOSEPH P. FORGAS (Ed.). Language and Social Situations. New York: Springer, 189-211.

BECKER, DAVID. 1990. Ein Brand, dessen Flammen verschwunden sind, der weiterschwelt. Frankfurter Rundschau 23.6.1990.

BELL, RICHARD. Q. 1968. A Reinterpretation of the Direction of Effects in Studies of Socialization. Psychological Review 75, 81-95. (1979. Eine Reinterpretation der Wirkungsrichtungen in Untersuchungen zur Sozialisation. In: FRANZ BAUMGÄRTEL (Ed.). Familiensozialisation. Probleme - Daten - Aufgaben. Braunschweig: Westermann, 25-44.)

BELSCHNER, WILFRIED. 1973. Behandlungsmodelle. In: WILFRIED BELSCHNER et al. (Eds.). Verhaltenstherapie in Erziehung und Unterricht. Stuttgart: Kohlhammer, 36-59.

BERTRAM, WULF. 1986[2]. Angehörigenarbeit. München, Weinheim: Psychologie Verlags Union.

BLICKLE, GERHARD & GROEBEN, NORBERT. 1988. Gegen einen objektivistisch halbierten Kognitivismus: Kognitiv-konstruktives Sprachverstehen und nichtparadoxale Wirkungen von Lob und Tadel - Teil 2. Zeitschrift für Sozialpsychologie 19, 103-117.

BOCK, IRMGARD. 1991. Pädagogische Anthropologie. In: LEO ROTH (Ed.). Pädagogik. Handbuch für Studium und Praxis. München: Ehrenwirth, 99-108.

BODIN, ARTHUR M. 1981. The Interactional View: Family Therapy Approaches of the Mental Research Institute. In: ALAN S. GURMAN & DAVID P. GNISKERN (Eds.). Handbook of Family Therapy. New York: Brunner & Mazel, 267-309.

BOGDAN, JEFFREY. 1987. "Epistemology" as a Semantic Pollutant. Journal of Marital and Family Therapy 13, 27-35.

BOSCOLO, LUIGI et al. 1985. Twenty More Questions: Selections from a Discussion. In: David Campbell & Rosalind Draper (Eds.). Applications of Systemic Family Therapy. The Milan Approach. London: Grune & Stratton, 275-293.

BOWEN, MURRAY. 1975. Familienpsychotherapie bei Schizophrenie in der Klinik und in der Privatpraxis. In: IVAN BOSZORMENYI-NAGY & JAMES L. FRAMO (Eds.). Familientherapie. Theorie und Praxis. Band I. Reinbek: Rowohlt, 244-276.

BRODERICK, CARLFRED B. & PULLIAM-KRAGER, HARVEY. 1979. Family Process and Child Outcomes. In: WESLEY BURR et al. (Eds.). Contemporary Theories about the Family. Vol. II: Research-Based Theories. New York: Free Press, 604-614.

BRUNER, JEROME. 1985. The Role of Interaction Formats in Language Acquisition. In: JOSEPH P. FORGAS (Ed.). Language and Social Situations. New York: Springer, 31-46.

BRUNNER, EWALD J. 1986. Grundfragen der Familientherapie. Berlin: Springer.

BRÜDERL, LEOKADIA (Ed.). 1988. Theorien und Methoden der Bewältigungsforschung. München: Juventa.

BRÜDERL, LEOKADIA (Ed.). 1988. Belastende Lebenssituationen. Untersuchungen zur Bewältigungs- und Entwicklungsforschung. München: Juventa.

BUCHHOLZ, MICHAEL B. 1990. Perspektiven einer hermeneutischen Familienforschung. Familiendynamik 15, 22-42.

BÜHLER, KARL. 1982. Sprachtherie. Stuttgart: Fischer. (1934. Jena: Fischer.)

BURNETT, ROSALIE, MCGHEE, PATRICK & CLARKE, DAVID (Eds.) 1987. Accounting for Relationships. London, New York: Methuen.

CARLSON, RAE. 1984. What's Social About Social Psychology? Where's the Person in Personality Research? Journal of Personality and Social Psychology 47, 1304-1309.

CECCHIN, GIANFRANCO. 1988. Zum gegenwärtigen Stand von Hypothetisieren, Zirkularität und Neutralität: Eine Einladung zur Neugier. Familiendynamik 13, 190-203.

CIERPKA, MANFRED. 1989. Das rote Tuch der linearen Kausalität. System Familie 2, 223-228.

CLARK, HERBERT H. & CLARK, EVE V. 1977. Psychology and Language. An Introduction to Psycholinguistics. New York: Harcourt Brace Jovanovich International Edition.

COLGAN MCCARTHY, IMELDA & O'REILLY BYRNE, NOLLAIG. 1988. Mis-Taken Love: Conversations on the Problem of Incest in an Irish Context. Family Process 27, 181-199.

CRONEN, VERNON E., JOHNSON, KENNETH M. & LANNAMANN, JOHN W. 1983. Paradox, Doppelbindung und Rückkoppelungsschleifen: eine alternative theoretische Perspektive. Familiendynamik 8, 102-138.

CUNNINGHAM, JOHN D. & ANTIL, JOHN K. 1981. Love in Developing Romantic Relationships. In: STEVE DUCK & ROBIN GILMOUR (Eds.). Developing Personal Relationships. Personal Relationships, Vol. 2. London, New York: Academic Press, 27-51.

DAVITZ, JOEL R. 1969. A Dictionary and Grammar of Emotion. In: M.B. Arnold (Ed.). Feelings and Emotion. New York: Academic Press, 251-258.

DE SHAZER, STEVE. 1989. Der Dreh. Überraschende Wendungen und Lösungen in der Kurzzeittherapie. Heidelberg: Carl Auer.

DELL, PAUL. 1985. Understanding Bateson and Maturana: Toward a Biological Foundation for the Social Sciences. Journal of Marital and Family Therapy 11, 1-20.

DELL, PAUL. 1986a. In Defense of "Lineal Causality". Family Process 25, 513-521.

DELL, PAUL. 1986b. Why Do We Still Call Them "Paradoxes"? Family Process 25, 223-234.

DÖRNER, DIETRICH. 1983. Empirische Psychologie und Alltagsrelevanz. In: Gerd Jüttemann (Ed.). Psychologie in der Veränderung. Weinheim: Beltz, 13-29.

DÖRNER, KLAUS, EGETMEYER, ALBRECHT & KOENNING, KONSTANZE. 1987. Freispruch der Familie. Bonn: Psychiatrie-Verlag.

DUCK, STEVE (Ed.). 1982. Dissolving Personal Relationships. Personal Relationships, Vol. 4. London, New York. Academic Press.

DUCK, STEVE (Ed.). 1984. Repairing Personal Relationships. Personal Relationships, Vol. 5. London, New York. Academic Press.

DUCK, STEVE. 1986. Human Relationships. An Introduction to Social Psychologie. London: Sage.

DUCK, STEVE W. (Ed.). 1988a. Handbook of Personal Relationships. Theory, Research and Interventions. Chichester: John Wiley.

DUCK, STEVE W. 1988b. Relating to Others. Brooks, Cole, Dorsey, London: Open University Press.

DUCK, STEVE & GILMOUR, ROBIN (Eds.). 1981a. Studying Personal Relationships. Personal Relationships, Vol. 1. London, New York: Academic Press.

DUCK, STEVE & GILMOUR, ROBIN (Eds.). 1981b. Developing Personal Relationships. Personal Relationships, Vol. 2. London, New York: Academic Press.

DUCK, STEVE & GILMOUR, ROBIN (Eds.). 1981c. Personal Relationships in Disorder. Personal Relationships, Vol. 3. London, New York: Academic Press.

ERICKSON, GERALD D. 1990. Gegen den Strich: Die Familientherapie gehört nicht ins Zentrum. Familiendynamik 15, 2-21.

FALZER, PAUL R. 1986. The Cybernetic Metaphor: A Critical Examination of Ecosystemic Epistemology as a Foundation of Family Therapy. Family Process 25, 353-364.

FERRIER, LINDA. 1978. Word, Context and Imitation. In: ANDREW LOCK (Ed.). Action, Gesture and Symbol. London: Academic Press, 471-483.

FESTINGER, LEON. 1978. Theorie der kognitiven Dissonanz. Bern: Huber. (1957. A Theory of Cognitive Dissonance. Stanford: Stanford University Press.)

FILIPP, SIGRUN-H. (Ed.). 1981. Kritische Lebensereignisse. München, Wien, Baltimore: Urban & Schwarzenberg.

FLICK, UWE et al. (Ed.). 1991. Handbuch Qualitative Sozialforschung. München: Psychologie Verlags Union.

FÖRSTER, HEINZ VON. 1981. Das Konstruieren einer Wirklichkeit. In: PAUL WATZLAWICK (Ed.). Die erfundene Wirklichkeit. München, Zürich: Piper, 39-60.

FÖRSTER, HEINZ VON. 1985. Apropos Epistemologies. Family Process 24, 517-521.

FORGAS, JOSEPH P. 1979. Social Episodes: The Study of Interaction Routines. London: Academic Press.

FORGAS, JOSEPH P. (Ed.). 1981. Social Cognition. Perspectives on Everyday Understanding. London: Academic Press, 259-272.

FORGAS, JOSEPH P. 1987. Sozialpsychologie. Eine Einführung in die Psychologie der sozialen Interaktion. München, Weinheim: Psychologie Verlags Union.

FRENCH, JOHN R.P. & RAVEN, BERTRAM. 1959. The Bases of Social Power. In: Dorwin Cartwright (Ed.). Studies in Social Power. Ann Arbor: Institute for Social Research, 150-167.

FREY, DIETER & IRLE, MARTIN (Eds.) 1985. Theorien der Sozialpsychologie. Band III: Motivations- und Informationsverarbeitungstheorien. Bern: Huber.

GAGE, NATHANIEL L. & BERLINER, DAVID C. 1979. Pädagogische Psychologie. Vol. 1. München: Urban & Schwarzenberg.

GERGEN, KENNETH J. 1982. Toward Transformation in Social Knowledge. New York, Heidelberg, Berlin: Springer.

GERGEN, KENNETH J. & DAVIS, KEITH, E. (Eds.) 1985. The Social Construction of the Person. New York, Berlin, Heidelberg, Tokyo: Springer.

GLASERSFELD, ERST VON. 1981. Einführung in den radikalen Konstruktivismus. In: PAUL WATZLAWICK (Ed.). Die erfundene Wirklichkeit. München, Zürich: Piper, 16-38.

GÖTZ-MARCHAND, BETTINA. 1976. Über den Aufbau einer individuellen Theorie der Intervention. Gruppendynamik im Bildungsbereich 3, 2-13.

GÖTZ-MARCHAND, BETTINA, GÖTZ, JOCHEN & IRLE, MARTIN. 1978. Präferenz von Dissonanzreduktionsalternativen in Abhängigkeit von ihrer Stelllung, Bekanntheit und Revidierbarkeit. In: MARTIN IRLE (Ed.). Kursus der Sozialpsychologie. Teil II: Sozialisation, soziale Attitüden und soziale Interaktionen. Neuwied: Luchterhand, 338-366.

GOFFMAN, ERVING. 1971. Verhalten in sozialen Situationen. Gütersloh: Bertelsmann. (1963. Behavior in Public Places. New York: Free Press.)

GOFFMAN, ERVING. 1977. Rahmen-Analyse. Frankfurt: Suhrkamp.

GOLANN, STUART. 1988. On Second-Order Family Therapy. Family Process 27, 51-65.

GOLDSTEIN, MICHAEL J. 1988. The Familiy and Psychopathology. Annual Review of Psychology 39, 283-299.

GOODNOW, JACQUELINE. 1981. Everday Ideas About Cognitive Development. In: JOSEPH P. FORGAS (Ed.). Social Cognition. Perspectives On Everyday Understanding. London: Academic Press, 85-112.

GORDON, THOMAS. 1974[5]. Familienkonferenz. Hamburg: Hoffmann & Campe.

GORDON, THOMAS. 1977. Lehrer-Schüler-Konferenz. Wie man Konflikte in der Schule löst. Hamburg: Hoffmann & Campe.

GRAUMANN, CARL J. 1979. Die Scheu des Psychologen vor der Interaktion. Ein Schisma und seine Geschichte. Zeitschrift für Sozialpsychologie 10, 284-304.

GRAUMANN, CARL J. & WINTERMANTEL, MARGRET. 1989. Discriminatory Speech Acts. A Funcional Approach. In: Daniel Bar-Tal et al. (Eds.). Stereotyping and Prejudice. New York: Springer, 183-204.

GROEBEN, NORBERT & BLICKLE, GERHARD. 1988. Gegen einen objektivistisch halbierten Kognitivismus: Kognitiv-konstruktives Sprachverstehen und nichtparadoxale Wirkungen von Lob und Tadel - Teil 1. Zeitschrift für Sozialpsychologie 19, 85-102.

GRUNEBAUM, HENRY & CHASIN, RICHARD. 1980. Kritisches zu Umdeutungen oder: Die Vorteile eines pathologischen Begriffssystems. Familiendynamik 5, 106-117.

GUNTERN, GOTTLIEB. 1980. Die kopernikanische Wende in der Psychotherapie: Der Wandel vom psychoanalytischem zum systemischen Paradigma. Familiendynamik 5, 2-41.

HÄFFNER, HEINZ & GATTAZ, WAGNER F. (Eds.). 1990. Search for the Causes of Schizophrenia. Berlin: Springer.

HAHLWEG, KURT et al. 1989. Rückfallprophylaxe für schizophrene Patienten durch psychoedukative Familienbetreuung. System Familie 2, 145-156.

HALEY, JAY. 1976. Development of a Theory: A History of a Research Project. In: CARLOS E. SLUZKI & DONALD C. RANSOM (Eds.). Double Bind: The Foundation of the Communicational Approach to the Family. New York, London, San Francisco. Grune & Stratton, 59-104.

HALEY, JAY. 1981. Ablösungsprobleme Jugendlicher. Familientherapie - Beispiele - Lösungen. München: Pfeiffer.

HARGENS, JÜRGEN. 1987. Die Wirklichkeit: Wahrheit oder Illusion? Psychologie heute 14, 48-53.

HARRE, ROM. 1985. Situational Rhetoric and Self-Presentation. In: JOSEPH P. FORGAS (Ed.). Language and Social Situations. New York: Springer, 175-186.

HATFIELD, ELAINE & TRAUPMANN, JANE. 1981. Intimate Relationships. A Perspective from Equity Theory. In: STEVE DUCK & ROBIN GILMOUR (Eds.). Studying Personal Relationships. Personal Relationships, Vol. 1. London, New York: Academic Press, 165-178.

HATFIELD, ELAINE et al. 1985. Equity and Intimate Relations: Recent Research. In William Ickes (Ed.). Compatible and Incompatible Relationships. New York: Springer, 91-117.

HAUßER, KARL. 1983. Identitätsentwicklung. New York: Harper.

HECKER, MARGARETE. 1986. Sozialpädagogische Familienhilfe - ein neuer Zweig sozialer Arbeit. In: KARL GERLICHER, JOACHIM JUNGMANN & JOCHEN SCHWEITZER (Eds.). Dissozialität und Familie. Dortmund: verlag modernes lernen, 158-178.

HECKHAUSEN, HEINZ. 1968. Förderung der Lernmotivierung und der intellektuellen Tüchtigkeit. In: HEINRICH ROTH (Ed.). Begabung und Lernen. Stuttgart: Klett, 193-228.

HEIDER, FRITZ. 1946. Attitudes and Cognitive Organization. Journal of Psychology 21, 107-112.

HEIDER, FRITZ. 1977. Psychologie der interpersonalen Beziehungen. Stuttgart: Klett. (1958. The Psychology of Interpersonal Relations. New York: Wiley.)

HELD, BARBARA S. & POLS, EDWARD. 1985a. The Confusion About "Epistemology" - and What to Do About It. Family Process 24, 507-522.

HELD, BARBARA S. & POLS, EDWARD. 1985b. Rejoinder: On Contradiction. Family Process 24, 521-524.

HENRY, JULES. 1973. Pathways to Madness. New York: Vintage Books (erste Auflage 1965).

HERKNER, WERNER. 1980. Attribution - Psychologie der Kausalität. Bern, Stuttgart, Wien: Huber.

HERRMANN, THEO. 1972. Sprache. Einführung in die Psychologie, Vol. 5. Frankfurt: Akademische Verlagsgesellschaft.

HERRMANN, THEO. 1982. Sprechen und Situation. Berlin: Springer.

HILDENBRAND, BRUNO. 1990. Geschichtenerzählen als Prozeß der Wirklichkeitskonstruktion in Familien. System Familie 3, 227-236.

HOFFMAN, LYNN. 1982. Grundlagen der Familientherapie. Hamburg: ISKO-Press.

HOFFMAN, LYNN. 1985. Beyond Power and Control: Toward a "Second Order" Family Systems Therapy. Family Systems Medicine 3, 381-396.

HOFFMANN, NICOLAS. 1976. Depressives Verhalten. Salzburg: Müller.

HOFFMANN, NICOLAS. 1979. Grundlagen kognitiver Therapie. Bern: Huber.

HÖRMANN, HANS. 1976. Meinen und Verstehen. Grundzüge einer psychologischen Semantik. Frankfurt: Suhrkamp.

HOMANS, GEORGE C. 1968. Elementarformen sozialen Verhaltens. Köln, Opladen: Westdeutscher Verlag. (1961. Social Behavior - Its Elementary Forms. New York: Harcourt Brace.)

HUBSCHMID, TEDY. 1989. Rehabilitative Familientherapie. System Familie 2, 165-173.

HUSCHKE-RHEIN, ROLF. 1988². Systempädagogische Wissenschaftslehre als Bildungslehre im Atomzeitalter. Systemische Pädagogik. Band I. Köln. Rhein-Verlag.

HUSCHKE-RHEIN, ROLF. 1989. Systemtheorien für die Pädagogik. Systemische Pädagogik. Band III. Köln-Rheinverlag.

HUSCHKE-RHEIN, ROLF. 1990. Erziehung, Sozialisation, Lernen und Umweltlernen. In: ROLF HUSCHKE-RHEIN (Ed.). Zur Praxisrelevanz der Systemtheorien. Systemische Pädagogik. Band IV. Köln: Rhein-Verlag, 132-149.

IRLE, MARTIN. 1975. Lehrbuch der Sozialpsychologie. Göttingen: Hogrefe.

JACKSON, DON D. 1980. Das Studium der Familie. In: PAUL WATZLAWICK & JOHN H. WEAKLAND (Eds.). Interaktion. Bern: Huber, 21-45. (1965. The Study of the Family. Family Process 4, 1-20.)

JANTSCH, ERICH. 1982. Die Selbstorganisation des Universums. München: Deutscher Taschenbuch Verlag.

JONES, EDWARD E. & DAVIS, KEITH E. 1965. From Acts to Dispositions. In: LEONARD BERKOWITZ (Ed.). Advances in Experimental Social Psychology, Vol. 2. New York, London: Academic Press, 220-226.

JORASCHKY, PETER & CIERPKA, MANFRED. 1990. Von der geteilten zur ungeteilten Konstruktion der Realität. Familiendynamik 15, 43-61.

JUSTEN-HORSTEN, AGNES & MINSEL, WOLF-RÜDIGER. 1987. Präventive Familienarbeit im Überblick. Zeitschrift für Personenzentrierte Psychologie und Psychotherapie 6, 133-140.

KEENEY, BRADFORD P. 1979. On Paradigmatic Change: Conversations with Gregory Bateson. Unveröffentlichtes Manuskript.

KEENEY, BRAFORD P. 1987. Ästhetik des Wandels. Hamburg: Isko-Press.

KELLEY, HAROLD H. 1967. Attribution Theory in Social Psychology. In: D. LEVINE (Ed.). Nebraska Symposium on Motivation, Vol. 15. Lincoln: University of Nebraska Press, 192-240.

KELLEY, HAROLD H. 1983. Love and Commitment. In: HAROLD H. KELLEY et al. (Eds.). Close Relationships. New York, San Francisco: W.H. Freeman, 265-314.

KELLEY, HAROLD H. et al. (Eds.). 1983a. Close Relationships. New York, San Francisco: W.H. Freeman.

KELLEY, HAROLD H. et al. 1983b. Analysing Close Relationships. In HAROLD H. KELLEY et al. (Eds.). Close Relationships. New York, San Francisco; W.H. Freeman, 20-67.

KELLY, GEORGE A. 1955. The Psychology of Personal Constructs. New York: Norton.

KEUPP, HEINRICH (Ed.). 1972. Der Krankheitsmythos in der Psychopathologie. Darstellung einer Kontroverse. München: Urban & Schwarzenberg.

KEUPP, HEINRICH. 1976. Abweichung und Alltagsroutine. Die Labeling-Perspektive in Theorie und Praxis. Hamburg: Hoffman & Campe.

KNAPP, MARK L. 1984. Interpersonal Communication and Human Relationships. Boston: Allyn & Bacon.

KOESTLER, ARTHUR. 1979. Sonnenfinsternis. Frankfurt: Ullstein.

KRAMPEN, GÜNTER. 1982. Differentialpsychologie der Kontrollüberzeugung. Göttingen: Hogrefe.

KRAMPEN, GÜNTER. 1989. Handlungstheoretische Persönlichkeitspsychologie. Göttingen: Hogrefe.

KREUZER, FRANZ. 1986. Gödel-Satz, Möbius-Schleife, Computer-Ich. Franz Kreuzer im Gespräch mit Paul Watzlawick, Werner Schimanovich, Eckehart Köhler, Paul Badura-Skoda und Werner Leinfellner. Wien: Deuticke.

KRIZ, JÜRGEN. 1988. Pragmatik systemischer Therapie-Theorie. Teil I: Probleme des Verstehens und der Verständigung. System Familie 1, 92-102.

KRIZ, JÜRGEN. 1989. Konstruierte Wirklichkeiten über familientherapeutisches Arbeiten. System Familie 2, 142-144.

KRÜGER, H. JOACHIM & STEINMANN, INGO. 1981. Zur psychosozialen Lage von Studierenden. In: INGRID N. SOMMERKORN (Ed.). Identität und Hochschule. Blickpunkt Hochschuldidaktik 64. Hamburg: Arbeitsgemeinschaft für Hochschuldidaktik, 11-51.

KUHN, THOMAS S. 1967. Die Struktur wissenschaftlicher Revolution. Frankfurt: Suhrkamp. (1962. The Structure of Scientific Revolution. Chicago: University of Chicago Press.)

L'ABATE, LUCIANO. 1985. Paradoxical Techniques: One Level of Abstraction in Family Therapy. In: GERALD R. WEEKS (Ed.). Promoting Change Through Paradoxial Therapy. Homewood, Illinois: Dow Jones-Irwin, 111-133.

LAING, RONALD D. 1973. Das Selbst und die Anderen. Köln: Keipenheuer & Witsch. (1961. The and Others. London: Tavistock.)

LAING, RONALD D. 1974. Mystifizierung, Konfusion und Konflikt. In: GREGORY BATESON et al. (Eds.). Schizophrenie und Familie. Frankfurt: Suhrkamp, 274-304. (1965. Mystification, Confusion and Conflict. In: IVAN BOSZORMENY-NAGY AND JAMES L. FRAMO (Eds.). Intensive Family Therapy. New York: Harper & Row.)

LANGER, ELLEN J. 1983. The Psychology of Control. Beverly Hills: Sage.

LASK, BRYAN. 1987a. Cybernetico-epistobabble, the Emperor's New Clothes and Other Sacred Cows. Journal of Family Therapy 9, 207-215.

LASK, BRYAN. 1987b. Jargon, Ambiguity, Pomposity and other Pests. Family Process 26, 396-397.

LEFF, JULIAN P., KUIPERS, LIZ & BERKOWITZ, RUTH. 1983. Intervention in Families of Schizophrenics and its Effect on Relapse Rate. In: WILLIAM R. MCFARLANE (Ed.). Family Therapy in Schizophrenia. New York, London: Guilford, 172ff.

LEVANT, RONALD F. 1983. Toward a Counseling Psychology of the Family: Psychological-Educational and Skills-Training. Programs for Treatment, Prevention, and Development. The Counseling Psychologist 11, 5-27.

LEVOLD, TOM, WEDEKIND, ERHARD & GEORGI, HANS. 1990. Familienorientierte Behandlungsstrategien bei Inzest. System Familie 3, 74-87.

LEWIN, KURT. 1982a. Feldtheorie und Experiment in der Sozialpsychologie. In: KURT LEWIN. Feldtheorie. Werkausgabe, Vol. 4. Bern, Stuttgart: Huber, Klett-Cotta, 187-213. (1939. Field Theory and Experiment in Social Psychology: Concepts and Methods. American Journal of Sociology 44, 868-897.)

LEWIN, KURT. 1982b. Die psychologische Situation bei Lohn und Strafe. In: KURT LEWIN. Psychologie der Entwicklung und Erziehung. Werkausgabe, Vol. 6. Bern, Stuttgart: Huber, Klett-Cotta, 113-167. (1964. Darmstadt: Wiss. Buchgesellschaft.)

LEWIN, KURT 1982c. Definition des "Feldes zu einer bestimmten Zeit". In: KURT LEWIN. Feldtheorie. Werkausgabe, Vol. 4. Bern, Stuttgart: Huber, Klett-Cotta, 133-154. (1943. Defining the "Field at a Given Time". Psychological Review 50, 292-310.)

LIDDLE, HOWARD A. 1984. Beyond Family Therapy: Challenging the Boundaries, Roles, and Mission of a Field. Journal of Strategic and Systemic Therapies 4, 4-14.

LÜCK, HELMUT. 1985. Psychologie sozialer Prozesse. Opladen: Leske & Budrich.

LUHMANN, NIKLAS. 1985. Soziale Systeme. Grundriß einer allgemeinen Theorie. Frankfurt: Suhrkamp.

MANDEL, KARL HERBERT & MANDEL, ANITA. 1971. Einübung in Partnerschaft. München: Pfeiffer.

MATURANA, HUMBERTO. 1982. Erkennen: Die Organisation und Verkörperung der Wirklichkeit. Braunschweig: Vieweg.

MATURANA, HUMBERTO R. & VARELA, FRANCISCO J. 1987. Der Baum der Erkenntnis. Bern, München, Wien: Scherz.

MCFARLANE, WILLIAM R. 1983a. Introduction. In: WILLIAM R. MCFARLANE (Ed.). Family Therapy in Schizophrenia. New York, London: Guilford, 1-13.

MCFARLANE, WILLIAM R. 1983b. Family Research in Schizophrenia: A Review and Integration for Clinicians. In: WILLIAM R. MCFARLANE (Ed.). Family Therapy in Schizophrenia. New York, London: Guilford, 311-323.

MCFARLANE, WILLIAM R. & BEELS, C. CHRISTIAN. 1983. A Decision-Tree Model for Integrating Family Therapies for Schizophrenia. In: WILLIAM R.

MCFARLANE (Ed.). Family Therapy in Schizophrenia. New York, London: Guilford, 325-335.

MEAD, GEORGE H. 1934. Mind, Self and Society. Chicago: University of Chicago Press. (1968. Geist, Identität und Gesellschaft aus der Sicht des Sozialbehaviorismus. Frankfurt: Suhrkamp.)

MEISTER, KARL J. 1987. System ohne Psyche. Opladen: Westdeutscher Verlag.

MILLER, GEORG A., Galanter, Eugene & Pribram, Karl H. 1973. Strategien des Handelns. Pläne und Strukturen des Verhaltens. Stuttgart: Klett. (1960. Plans and the Structure of Behavior. New York: Holt, Rinehart & Winston.)

MILLAR, FRANK E. & ROGERS, L. EDNA. 1976. A Relational Approach to the Study of Interpersonal Communication. In: GERALD R. MILLER (Ed.). Explorations in Interpersonal Communications. Beverly Hills, London, Sage, 87-103.

MINSEL, WOLF-RÜDIGER & BENTE, GARY. 1982. Entwicklung der Gesprächspsychotherapie und ihr neuester Stand. In: JÜRGEN HOWE (Ed.). Therapieformen im Dialog. München: Kösel, 23-54.

MINUCHIN, SALVADOR. 1977. Familie und Familientherapie. Theorie und Praxis der strukturellen Familientherapie. Freiburg: Lambertus.

MINUCHIN, SALVADOR, ROSMAN, BERNICE L. & BAKER, LESTER. 1978. Psychosomatic Families. Anorexia Nervosa in Context. Cambridge, London: Harvard University Press. (1981. Psychosomatische Krankheiten in der Familie. Stuttgart: Klett-Cotta.)

MISCHEL, WALTER. 1968. Personality and Assessment. New York: Wiley.

MONTADA, LEO. 1983. Verantwortlichkeit und das Menschenbild in der Psychologie. In: GERD JÜTTEMANN (Ed.). Psychologie in der Veränderung. Weinheim: Beltz, 162-188.

MONTADA, LEO. 1985. Entwicklungsberatung als angewandte Entwicklungspsychologie. In: JOCHEN BRANDTSTÄDTER & HORST GRÄSER (Eds.). Entwicklungsberatung unter dem Aspekt der Lebensspanne. Göttingen: Hogrefe, 30-43.

MONTGOMERY, BARBARA. 1988. Quality Communication in Personal Relationships. In STEVE W. DUCK (Ed.). Handbook of Personal Relationships. New York: Wiley, 343-359.

MORRIS, CHARLES W. 1972. Grundlagen der Zeichentheorie. München: Hanser. (1938. Foundations of the Theory of Signs. International Encyclopedia of Unified Science, Vol. 1, Nr. 2. Chicago: University of Chicago Press, 77-137.)

MORRIS, CHARLES W. 1973. Zeichen, Sprache und Verhalten. Düsseldorf: Schwann. (1946. Signs, Language and Behavior. New York: Prentice-Hall.)

OELKERS, JÜRGEN & TENORTH, HEINZ-ELMAR. 1987. Pädagogik, Erziehungswissenschaft und Systemtheorie. Weinheim: Beltz.

OELKERS, JÜRGEN & LEHMANN, THOMAS. 1990[2]. Antipädagogik - Herausforderung und Kritik. Weinheim/Basel: Beltz.

OLSON, DAVID H. et al. 1983. Families - What makes them work. Beverly Hills: Sage.

PAPP, PEGGY. 1983. The Process of Change. New York/London: Guilford.

PEARCE, W. BARNETT & CRONEN, VERNON E. 1980. Communication, Action and Meaning. The Creation of Social Reality. New York: Praeger.

PENN, PEGGY. 1983. Zirkuläres Fragen. Familiendynamik 8, 198-220.

PETERMANN, FRANZ & PETERMANN, ULRIKE. 1987. Training mit Jugendlichen. München: Psychologie Verlags Union.

PETERSON, DONALD R. 1983. Conflict. In: HAROLD H. KELLEY et al. (Eds.). Close Relationships. New York, San Francisco: W. H. Freeman, 360-396.

PIAGET, JEAN. 1983. Meine Theorie der geistigen Entwicklung. Frankfurt: Fischer.

POPPER, KARL R. 1969[3]. Logik der Forschung. Tübingen: J.C.B: Mohr. (1934. Logik der Forschung. Zur Erkenntnistheorie der modernen Naturwissenschaft. Wien: Julius Springer.)

POPPER, KARL R. 1974. Objective Knowlegde. An Evolutionary Approach. Oxford: Clarendon Press.

PORTELE, GERHARD. 1989. Autonomie, Macht, Liebe. Frankfurt: Suhrkamp.

QUEKELBERGHE, RENAUD VAN. 1982. Kognitive Therapien. In: REINER BASTINE et al. (Eds.). Grundbegriffe der Psychotherapie. Weinheim: edition psychologie, 212-217.

RABKIN, RICHARD. 1976. Critique of the Clinical Use of the Double Bind Hypothesis. In: CARLOS E. SLUZKI & DONALD C. RANSOM (Eds.). Double Bind: The Foundation of the Communicational Approach to the Family. New York, London, San Francisco: Grune & Stratton, 287-306.

RAYNER, PETER. 1986. On Asking the Right Questions. Family Process 25, 123-131.

RAMSENTHALER, HORST. 1982. Pragmatische Kommunikationstheorie und Pädagogik. Weinheim, Basel: Beltz.

RAUSH, HAROLD L., GREIF, ANN C. & NUGENT, JANE. 1979. Communications in Couples and Families. In: WESLEY R. BURR et al. (Eds.). Contemporary Theories about the Family. Vol. I: Research-Based Theories. New York: The Free Press, 468-489.

REDLICH, ALEXANDER & SCHLEY, WILFRIED. 1978. Kooperative Verhaltensmodifikation im Unterricht. München: Urban & Schwarzenberg.

REDLICH, ALEXANDER & SCHLEY, WILFRIED. 1980. Hauptschulprobleme. München: Urban & Schwarzenberg.

REICH, GÜNTER. 1990. Psychoanalytische und systemische Familientherapie - Integrative Aspekte und Differenzen in Theorie und Praxis. In: ALMUTH MASSING (Ed.). Psychoanalytische Wege der Familientherapie. Berlin: Springer, 97-143.

REINECKER, HANS. 1985. Klinische Psychologie. In: DIETRICH DÖRNER & HERBERT SELG (Eds.). Psychologie. Stuttgart: Kohlhammer, 278-300.

REINECKER, HANS. 1987. Grundlagen der Verhaltenstherapie. München: Psychologie Verlags Union.

REIS, HARRY T. & SHAVER, PHILLIP. 1988. Intimacy as an Interpersonal Process. In: STEVE W. DUCK (Ed.). Handbook of Personal Relationships. Theory, Research and Interventions. New York: Wiley, 367-389.

REITER, LUDWIG & STEINER, EGBERT. 1986. Paradigma der Familie: Turings Maschine oder autopoietisches System? Familiendynamik 11, 234-248.

REITER-THEIL, STELLA. 1988. Interview mit Karl Tomm. System Familie 1, 191-193.

REITER-THEIL, STELLA. 1989. Sexueller Kindesmißbrauch polarisiert Wissenschaftler und Therapeuten. System Familie 2, 127-128.

ROGERS, CARL. R. 1972. Die klient-bezogene Gesprächstherapie. München: Kindler. (1942. Client-Centered Therapy. Boston: Houghton Mifflin.)

ROGERS, CARL R. 1973. Entwicklung der Persönlichkeit. Stuttgart: Klett. (1961. On Becoming a Person. A Therapist's View of Psychotherapy. Boston: Houghton Mifflin.)

ROMMETVEIT, RAGNAR. 1974. On Message Structure. A Framework for the Study of Language and Communication. London: Wiley.

ROSCH INGLEHART, MARITA. 1988. Kritische Lebensereignisse - eine sozialpsychologische Analyse. Stuttgart: Kohlhammer.

ROSEMANN, BERNHARD & KERRES, MICHAEL. 1986. Interpersonales Wahrnehmen und Verstehen. Bern: Huber.

ROSENTHAL, ROBERT & JACOBSON, LEONORE. 1971. Pygmalion im Unterricht. Weinheim: Beltz.

ROSS, ALAN O. & PETERMANN, FRANZ. 1987. Verhaltenstherapie mit Kindern und Jugendlichen. Stuttgart: Hippokrates.

ROTTHAUS, WILHELM. 1990. Die systemische Perspektive. Zum Verhältnis von Erziehung und Therapie aus systemischer Sicht. In: ROLF HUSCHKE-RHEIN (Ed.). Zur Praxisrelevanz der Systemtheorien. Systemische Pädagogik. Band IV. Köln: Rhein-Verlag, 28-39.

RÜTHER, WERNER. 1975. Abweichendes Verhalten und labeling approach. Köln: Carl Heymanns.

RUSSEL, BERTRAND. 1976. Die Philosophie des logischen Atomismus. München: Nymphenburger Verlagshandlung.

SATIR, VIRGINIA. 1973. Familienbehandlung. Kommunikation und Beziehung in Theorie, Erleben und Therapie. Freiburg: Lambertus. (1967. Conjoint Family Therapy: A Guide to Theory and Technique. Palo Alto: Science and Behavior Books.)

SCHLEE, JÖRG & WAHL, DIETHELM (Eds.) 1987. Veränderung subjektiver Theorien von Lehrern. Oldenburg: Universität Oldenburg, Zentrum für pädagogische Berufspraxis.

SCHMIDT, SIEGFRIED F. (Ed.). 1991[4]. Der Diskurs des Radikalen Konstruktivismus. Frankfurt: Suhrkamp.

SCHNEEWIND, KLAUS A. 1987. Familienentwicklung. In: ROLF OERTER & LEO MONTADA (Eds.). Entwicklungspsychologie. München, Weinheim: Psychologie Verlags Union, 971-1014.

SCHNEEWIND, KLAUS A. & HERRMANN, THEO. 1980. Erziehungsstilforschung. Bern: Huber.

SCHÜLEIN, JOHANN A. 1977². Psychotechnik als Politik. Zur Kritik der Pragmatischen Kommunikationstheorie von Watzlawick et al. Frankfurt: Syndikat.

SCHÜTZ, ALFRED. 1974. Der sinnhafte Aufbau der sozialen Welt. Frankfurt: Suhrkamp. (1932. Wien: Julius Springer.)

SCHULZ VON THUN, FRIEDEMANN. 1981. Miteinander reden: Störungen und Klärungen. Reinbek: Rowohlt.

SCHWARZER, CHRISTIANE. 1983. Gestörte Lernprozesse. Weinheim/Basel: Beltz.

SCHWEITZER, JOCHEN & HERZOG, WOLFGANG. 1990. Homo Therapeuticus Familiarum. Familiendynamik 15, 72-84.

SCHWEITZER, JOCHEN & VON SCHLIPPE, ARIST. 1986. Das Circumplex-Model of Marital- and Family-Systems. In: ARIST VON SCHLIPPE & JÜRGEN KRIZ (Eds.). Familientherapie. Kontroverses - Gemeinsames. Wildberg: Bögner-Kaufmann.

SEARLE, JOHN R. 1971. Sprechakte. Ein sprachphilosophischer Essay. Frankfurt: Suhrkamp.

SELG, HERBERT & DÖRNER, DIETRICH. 1985. Psychologie als Wissenschaft - ihre Aufgaben und Ziele. In: DIETRICH DÖRNER & HERBERT SELG (Eds.). Psychologie. Eine Einführung in ihre Grundlagen und Anwendungsfelder. Stuttgart: Kohlhammer, 15-29.

SELIGMAN, MARTIN E. P. 1979. Erlernte Hilflosigkeit. München: Urban & Schwarzenberg.

SELVINI PALAZZOLI, MARA L. 1979. Interview: durchgeführt von Klaus Deissler. Kontext 1, 72-102.

SELVINI PALAZZOLI, MARA L. 1984². Magersucht. Stuttgart: Klett-Cotta.

SELVINI PALAZZOLI, MARA L. et al. 1978. Paradoxon und Gegenparadoxon. Stuttgart: Klett.

SELVINI PALAZZOLI, MARA et al. 1977. Die erste Sitzung einer systemischen Familientherapie. Familiendynamik 3, 197-207.

SELVINI PALAZZOLI, MARA L. et al. 1981. Hypothetisieren - Zirkularität - Neutralität: Drei Richtlinien für den Leiter der Sitzung. Familiendynamik 6, 123-139.

SELVINI PALAZZOLI, MARA L. & MATTEO. 1990. "Carl Auer? Kennen wir nicht und wollen wir nicht kennenlernen." Mara & Matteo Selvini im Gespräch. Colportage 6. (Blatt der Internationalen Gesellschaft für Systemische Therapie), 18-21.

SIELAND, BERNHARD. 1982. Therapie einer Mutter-Kind-Beziehung. In: KURT A. HELLER & HORST NICKEL (Eds.). Modelle und Fallstudien zur Erziehungs- und Schulberatung. Bern: Huber, 201-218.

SIMON, FRITZ B. 1983. Linearität und Puritanismus. Das Selbstverständnis des Therapeuten und die Verwirrung des "Kausalitäts"-Begriffs. Familiendynamik 8, 309-312.

SIMON, FRITZ B. 1988a. Unterschiede, die Unterschiede machen. Berlin: Springer.

SIMON, FRITZ B. (Ed.). 1988b. Lebende Systeme. Berlin: Springer.

SIMON, FRITZ B. 1988c. Die Klingel, oder: Wie Paradoxien mit der Zeit verschwinden. Familiendynamik 13, 53-56.

SIMON, FRITZ B. 1989. Das deterministische Chaos schizophrenen Denkens. Familiendynamik 14, 236-258.

SIMON, FRITZ B. et al. 1989. "Schizo-affektive" Muster: Eine systemische Beschreibung. Familiendynamik 14, 190-213.

SIMON, FRITZ B. UND SCHMIDT, GUNTER. 1984. Die Machtlosigkeit zirkulären Denken. Familiendynamik 9, 177-179.

SIMON, FRITZ B. UND WEBER, GUNTHARD. 1989. Alles klar - keiner weiß Bescheid. Familiendynamik 14, 259-262.

SIMON, RICHARD. 1985. An Interview with Humberto Maturana. Family Therapy Networker, 36-43.

SINGER, PETER. 1989. Praktische Ethik. Stuttgart: Reclam.

SLUZKI, CARLOS E. 1983. Process, Structure and World Views: Toward an Integrated View of Systemic Models in Family Therapy. Family Process 22, 469-476.

SLUZKI, CARLOS E. 1987. Bird Talk, Sacred Talk, Criminal Talk: On Jargon. Family Process 26, 395.

SLUZKI, CARLOS E. & RANSOM, DONALD C. 1976. Comment on Part One and Five. In: CARLOS E. SLUZKI & DONALD C. RANSOM (Eds.). Double Bind: The Foundation of the Communicational Approach to the Family. New York, London, San Francisco: Grune & Stratton, 43-55, 315-332.

SNYDER, MARK & SWANN, WILLIAM B. JR. 1980. Verhaltensbestätigung in der sozialen Interaktion: Von sozialer Wahrnehmung zu sozialer Realität. In: WERNER HERKNER (Ed.). Attribution. Psychologie der Kausalität. Bern: Huber, 377-395.

SPERLING, ECKHARD et al. 1982. Die Mehrgenerationen-Familientherapie. Göttingen: Vandenhoeck & Ruprecht.

STAHLBERG, DAGMAR, OSNABRÜGGE, GABRIELE & FREY, DIETER. 1985. Die Theorie des Selbstwertschutzes und der Selbstwerterhöhung. In: DIETER FREY & MARTIN IRLE (Eds). Motivations- und Informationsverarbeitungstheorien der Sozialpsychologie. Theorien der Sozialpsychologie, Bd. III. Bern: Huber, 79-124.

STANTON, M. DUNCAN & TODD, THOMAS C. 1982. The Family Therapy of Drug Abuse and Addiction. New York/London: Guilford.

STIERLIN, HELM. 1988. Prinzipien der systemischen Therapie. In: FRITZ B. SIMON (Ed.). Lebende Systeme. Berlin: Springer, 54-65.

THAYER, LEE. 1972. Communication Systems. In Ervin Laszlo (Ed.). The Relevance of General Systems Theory. New York: Braziller, 95-121.

THIBAUT, JEAN W. & KELLEY, HAROLD H. 1959. The Social Psychology of Groups. New York: Wiley.

THOMAE, HANS. 1991. Psychologische Anthropologie. In: LEO ROTH (Ed.). Pädagogik. Handbuch für Studium und Praxis. München: Ehrenwirth, 109-121.

THOMAS, WILLIAM I. 1928/1966. Situational Analysis: The Behavior Pattern and the Situation. Wiederabgedruckt in: MORRIS JANWITZ (Ed.). W.I. Thomas on Social Oganisation and Social Personality. Chicago: University Press.

THOMAS, WILLIAM I. & ZNANIECKI, FLORIAN. 1928. The Polish Peasant in Europe and America. Chicago: University Press.

TOMM, KARL. 1985. Circular Interviewing; A Multifaceted Clinical Tool. In: DAVID CAMPBELL & ROSALIND DRAPER (Eds.). Applications of Systemic Family Therapy. The Milan Approach. London: Grune & Stratton, 33-45.

TOMM, KARL. 1988a. Das systemische Interview als Intervention: Teil I. Strategisches Vorgehen als vierte Richtlinie für den Therapeuten. System Familie 1, 145-159.

TOMM, KARL. 1988b. Das systemische Interview als Intervention: Teil II. Reflexive Fragen als Mittel zur Selbstheilung. System Familie 1, 220-243.

TOMM, KARL. 1989. Das systemische Richtlinie als Intervention: Teil III. Lineale, zirkuläre, strategische oder reflexive Fragen? System Familie 2, 21-40.

TREML, ALFRED. 1990. Die Systemtheorie - Folgenloses Sprachspiel oder erfolgversprechendes Paradigma? In: ROLF HUSCHKE-RHEIN (Ed.). Zur Praxisrelevanz der Systemtheorien. Systemische Pädagogik. Band IV. Köln: Rhein-Verlag, 150-157.

ULICH, DIETER et al. 1985. Psychologie der Krisenbewältigung. Weinheim, Basel: Beltz.

VOGT, MANFRED. 1990. "At the frontiers of Family Therapy." Familiendynamik 15, 85-89.

VOSS, REINHARD. 1990. Systemische Konsultation und interdisziplinäre Kooperation. Förderung sozialer Netzwerke durch professionelle Unterstützung. In: ROLF HUSCHKE-RHEIN (Ed.). Zur Praxisrelevanz der Systemtheorien. Systemische Pädagogik. Band IV. Köln: Rhein-Verlag, 15-27.

WAHL, DIETER. 1991. Handeln unter Druck. Der weite Weg vom Wissen zum Handeln bei Lehrern, Hochschullehrern und Erwachsenenbildnern. Weinheim: Deutscher Studien Verlag.

WAHL, DIETER, WEINERT, FRANZ E. & HUBER, GÜNTHER L. 1984. Psychologie für die Schulpraxis. München: Kösel.

WATZLAWICK, PAUL. 1976. A Fragment from Patterns of Psychotic Communication. (1969). In: CARLOS E. SLUZKI & DONALD C. RANSOM (Eds.). Double Bind: The Foundation of the Communicational Approach to the Family. New York, London, San Francisco: Grune & Stratton, 175-178.

WATZLAWICK, PAUL. 1981 (Ed.). Die erfundene Wirklichkeit. München, Zürich: Piper.

WATZLAWICK, PAUL. 1987. Listen youse guys, languich ain`t no kleenex. Family Process 26, 397-398.

WATZLAWICK, PAUL 1988. Münchhausens Zopf oder Psychotherapie und "Wirklichkeit". Bern: Huber.

WATZLAWICK, PAUL, BEAVIN, JANET H. & JACKSON, DON D. 1969. Menschliche Kommunikation - Formen, Störungen, Paradoxien. Bern, Stuttgart: Huber. (1967. Pragmatics of Human Communication. A Study of Interactional Patterns, Pathologies, and Paradoxes. New York: W.W. Norton.)

WATZLAWICK, PAUL & BEAVIN, JANET. 1980. Einige formale Aspekte der Kommunikation. In: WATZLAWICK, PAUL & WEAKLAND, JOHN H. (Eds.). Interaktion. Bern: Huber, 95-110. (1966/1967. Some Formal Aspects of Communication. American Behavioral Scientist 10, 4-8.)

WATZLAWICK, PAUL & KREUZER, FRANZ. 1988. Die Unsicherheit unserer Wirklichkeit. Ein Gespräch über den Konstruktivismus. München: Piper.

WATZLAWICK, PAUL, WEAKLAND, JOHN H. & FISCH, RICHARD. 1974. Lösungen. Bern: Huber.

WEBER, MAX. 1964. Wirtschaft und Gesellschaft. Erster Halbband. Köln: Kiepenheuer & Witsch.

WEEKS, GERALD R. (Ed.) 1985. Promoting Change Through Paradoxical Therapy. Homewood, Illinois: Dow Jones-Irwin.

WEEKS, GERALD R. & L'ABATE, LUCIANO. 1985. Paradoxe Psychotherapie. Stuttgart: Enke.

WEINBERGER, SABINE. 1988[3]. Klientenzentrierte Gesprächsführung. Eine Lern- und Praxisanleitung für helfende Berufe. Weinheim/Basel: Beltz.

WELTER-ENDERLIN, ROSEMARIE. 1989. Auf das Ideen nicht zu Ideologien werden ... Für Brücken zwischen Praxis und Forschung. System Familie 2, 140-141.

WHITEHEAD, ALFRED N. & RUSSEL, BERTRAND. 1984. Principia Mathematica. Wien: Medusa Verlag. (1925. Cambridge: Cambridge University Press.)

WILDER, CAROL. 1979. The Palo Alto Group: Difficulties and Directions of the Interactional View for Human Communication Research. Human Communication Research 5, 171-186.

WILLI, JÜRG. 1985. Koevolution. Die Kunst gemeinsamen Wachsens. Reinbek: Rowohlt.

WYNNE, LYMAN C. 1988. Zum Stand der Forschung in der Familientherapie: Probleme und Trends. System Familie 1, 4-22.

Zentralstelle für Psychologische Information und Dokumentation an der Universität Trier (Ed.). 1985. Bibliographie zur Anorexia nervosa. Bibliographien zur Psychologie Nr. 15.

Zentralstelle für Psychologische Information und Dokumentation an der Universität Trier (Ed.). 1987. Elternberatung und Elterntraining. Bibliographien zur Psychologie Nr. 33.

ZIEGLER, JÜRGEN. 1977. Wahnsinn aus Methode. Bemerkungen zu Watzlawicks populärer Kommunikationstheorie. Argument-Sonderband 15, 7-27.

ZIEGLER, JÜRGEN. 1978. Kommunikation als paradoxer Mythos. Weinheim, Basel: Beltz.

ZIMBARDO, PHILIP G. 1973. The Psychological Power of Imprisonment. In: ELIOT ARONSON & ROBERT HELMREICH (Eds.). Social Psychology. New York: Van Nostrand, 162-165.

ZIMBARDO, PHILIP G. et al. 1974. The Psychology of Imprisonment: Privation, Power and Pathology. In: ZICK RUBIN (Ed.). Doing unto Others. Englewood Cliffs, N.J.: Prentice-Hall, 61-75.

ZIMBARDO, PHILIP G. 1983. Psychologie. Berlin: Springer.